KB057979

사랑을 말할 때

우리가
꺼내지 않았던
이야기들

사랑을 말할 때

우리가
꺼내지 않았던
이야기들

장애인의

성과
사랑 이야기

천자오루 지음
강영희 옮김

사□계절

일러두기

1. 이 책은 타이완에서 2018년 출간된 『幽黯國度: 障礙者的愛與性』의 한국어판이다.
2. 이 책에 등장하는 인명, 지명 등의 고유명사는 국립국어원 외래어표기법에 따라 표기했다. 단, 신해혁명 이전의 인물은 한국어 한자 독음으로 표기했다.
   예) 이백李白
3. 고유명사 가운데 언론사, 출판사 이름에서 '일보', '출판' 등 한국어에서 흔히 쓰이는 단어는 한국어 한자 독음으로 표기했다.
   예) 핑귀일보蘋果日報, 바팡출판八方出版

용기 있는 사람들의 사랑과 성에 관한 이야기

_ 김원영(변호사,『실격당한 자들을 위한 변론』저자)

1. 장애인의 사랑과 성 – 한국 사회의 경우

장애인의 성性에 관해 말하기는 쉽지 않다. 우선 이 문제에 관심을 가지는 것이 '바람직하지 않다'는 인식이 있다. 장애가 있는 사람이 굶거나 거리에서 살지 않도록 정부와 사회복지기관, 공동체 구성원으로서의 개개인이 어떤 역할을 해야 마땅한지는 의논의 대상이 되지만, 개인의 성욕에 대한 관심까지 필요한 걸까? 많은 장애인들의 생각도 그와 같다. "내가 무슨……. 그건 욕심이지!" 장애인은 성을 '밝히는' 것보다 순수한 영혼으로 세상에 미담을 만들어내는 편이 공동체의 환대를 받기에 유리하다.

다른 한편, 장애가 있다면 성에 대한 관심이 없으리라는 생각도 있다. 일부 예외를 제외하면 장애와 관련된 정신적·신체적 상태는 대부분 개인의 성욕이나 성적 지향은 물론 성적인 기능에 영향을 주지 않는다. 자신의 의사를 명료하게 표현하기 어렵고, 비장애인 성인과 같은 언어 능력이나 사회적 태도를 익히기 어렵다고 해서 발달장애인이 순진무구한 어린아이는 아니다. 지체장애를 가진 나 역시 꽤 친해졌다고 생각한 회사 동료에게 이런 질문을 받은 적이 있다. "저…… 그것을 하는 데 어려움은 없나요?" ("당신보다는 확실히 탁월할 거예요.") 물론 정반대의 인식도 있다. 발달장애인이나 특정 신체장애를 가진 사람들은 성을 '지나치게' 밝힌다는 생각이다.

이처럼 장애인의 성은 공적인 논제로 부적절하다는 입장, 장애인 개인이 지녀야 할 관심으로서는 지나친 욕심이라는 생각, 장애가 있다면 성에 대해 심리적·기능적으로 왜곡되리라는 인식 탓에 관련 논의는 진전이 어려웠다. 2000년대 들어 한국 사회에서 장애인권리운동이 급진적으로 전개되자 균열이 시작됐다. 장애인운동은 이동할 권리, 교육받을 권리, 정치 참여의 권리 등을 주장했으며 장애인의 재생산권reproductive right도 주장했다. 재생산권이란 장애인이 성적 파트너를 만나고, 임신을 하고, 아이를 양육하고, 가족을 이루는 일련의 과정에 동등하게 참여할 권리다. 1970년대까지 일부 장애인에게 시행되었던 단종斷種수술은 장애인의 재생산권을 부당하게 침해한 대표적 사례다. 한편, 자유롭게 연애하고 성생활을 하는 국내외 장애인들의 이야기가 조금씩 출판계나 언론에 소개되기도 했다. 사랑하고, 섹스하고, 아이를 낳아 기르는 이런 삶의 모습은 장애인이 무성적asexual 존재가 아님을 우리 사회에 알렸다.

지난 20년간 위와 같이 장애인의 사랑과 성, 재생산에 관한 이야기들이 한국 사회에 제출되었으나 최근까지도 그 이상의 논의는 없는 듯 보인다. 여전히 장애인은 성적 파트너를 만나 자유롭게 사랑하고, 성관계를 맺고, 아이를 낳아 기르기 쉽지 않다. 교육과 고용의 기회에서 소외된 장애인들에게는 다양한 사람과 관계를 맺는 일 자체가 쉽지 않다. 연인이나 부부의 관계로 돌입해도 주변 사람들이 이를 쉽게 승인하지 않는다("다시 한 번 생각해보렴. 현실을 봐. 감당할 수 있겠어?"). 승인 가능한 사랑의 범주는 협소하기 짝이 없다. 장애인과 장애인의 관계라면 '불편한 사람끼리 서로 돕는' 관계 따위로 축소되기 쉽고, 장애인과 비장애인의 관계라면 때로 과하게 낭만화된다(헌신적인 사랑, 누구보다 아름다운 장애인과 비장애인의 사랑이야기 어쩌고저쩌고). 장애인의 출산과 양육은 여전히 사회적 부담으로 여겨질 때가 많다.

그나마도 장애인의 사랑과 성은 이성애-정상 가족 재생산의 틀에서만 사회적 인정을 받고 공공정책의 대상이 된다. 장애인 성소수자들이 분명 존재하지만 우리 사회에서는 거의 가시화되지 않는다. 저출생 시대에 아이를 낳아 기르는 장애인은 "몸이 불편한 엄마의 아름다운 모성애"라는 호의적 언어에 기대어 얼마간 그 삶을 존중받지만, 재생산과 관련이 없는 장애인의 성에 대해 우리 사회는 어떤 언어를 지니고 있는가?

근본적인 쟁점도 있다. 장애인이 자유롭게 파트너를 만나고, 사랑하고, 성관계를 맺고, 가족을 구성할 권리를 실현하도록 우리 사회가 필요한 인프라를 구축하고 인식과 태도를 바꾸는 데 동의하더라도, 그 사람을 사랑할 파트너가 없다면 무슨 소용인가? 우리가 유튜브 채널에서 만나거나 책에서 읽은 '연애 잘하는' 장애인은 대개 중산층 이상, 고학력, 이동하고 대화하는 데 어려움이 있긴 하지만 불가능하지는 않은 사람들이다. 그러나 어떤 유형과 정도의 장애를 지닌 사람들은 타인과 에로틱한 관계로 진입하는 일이 현실적으로 거의 불가능하다. 침대 위에 누워 손가락 하나 움직이지 못하더라도 누군가는 얼마든지 매력적일 수 있지만, 같은 조건에 놓인 절대 다수는 사랑하고 섹스하고 가족을 만들고 아이를 낳는 과정에 참여하는 일이 매우 어려울 것이다. 발달장애인의 경우는 어떤가? 나는 매력적인 발달장애인을 여럿 알고 있지만, 다수의 발달장애인은 의사 표현이 어렵고, 이 사회에서 '성적으로 매력적인' 사람이 되기 위해 필요한 요소들을 학습하는 데 서툴다.[1]

---

1 물론 성적 주체로서 장애인의 매력은 사회적 인프라, 문화적 태도, 적절한 교육 시스템과 완전히 분리될 수 없다. 스스로를 성적 주체로 자각하고, 자신을 꾸미고, 자기를 표현하는 좋은 기회를 많이 얻는다면 발달장애인 개개인도 더 많은 매력을 발견하고 그 매력을 통해 파트너와 교감할 수 있을 것이다. 중증 지체장애인도 경제적으로 독립이 가능하고 적절한 교육과 문화생활을 누릴 인프라가 있는 사회라면 더 많은 성적 자유를 누릴 것이다. 다만 우리의 현실은 그리 쉽게 바뀌지 않는다. 현재의 환경적 제약, 부당한 선입견, 아름다움에 대한 협소한 기준이 얼마간은 상수常數로 존재하며 그 가운데에서 적지 않은 중증 신체/발달장애인들은 성적 주체로서 자신의 잠재성과 가치를 자각하고 개발하는 일에 어려움을 겪는다.

사랑을 말할 때
우리가 꺼내지 않았던 이야기들

2000년대 중반 『섹스 자원봉사』라는 제목의 책이 국내에 번역되었다. 〈핑크 팰리스〉라는 독립영화도 화제가 되었다. 전자는 자기 스스로 연인을 만들고 성관계를 맺기 어려운 장애인들의 자위행위를 도와주는 사람들의 이야기이며, 후자는 중증 장애인이 섹스를 위해 성매매 업소에 찾아가는 과정을 다룬다. 장애와 사회적 여건으로 인해 도저히 사랑과 섹스를 위한 파트너를 만날 수 없는 사람들에게는 성 서비스를 제공해야 하지 않는가라는 목소리가 (충분한 성찰을 거치지 않은 채) 이렇게 공론화되었다. 당시에는 적지 않은 논쟁이 이어졌는데, 2020년 현재 이런 논의는 한국 사회에서 찾아보기 어렵다.

2. '신체 접촉'으로서의 사랑과 성

이 책 『사랑을 말할 때 우리가 꺼내지 않았던 이야기들』은 타이완을 배경으로 장애인의 성을 둘러싼 다양한 쟁점을 소개한다. 위에서 제시한 여러 이야기가 타이완을 배경으로 그대로 펼쳐진다. 오랫동안 무성적 존재로 취급되었거나 성적인 존재가 되어서는 '안 된다는' 요구를 받아온 발달(지적)장애인과 이들의 가족, 이들을 지원하는 사회복지사 등의 도전과 갈등. 주위로부터 인정받지 못하는 사랑의 관계를 시작한 후 용기 있게 사랑과 성의 주체로서 자신을 만들어나가는 장애인들의 목소리. 비장애인 중심의 사회에서는 물론이고 동성애자 커뮤니티 내에도 진입하기 어렵던 자신을 받아들이고, 파트너를 만나 사랑의 관계를 지속하는 성소수자 장애인의 경험. 중증 장애인의 자위행위를 도와주는 단체 '손천사'를 둘러싼 논쟁 등 장애인의 성에 관한 거의 모든 이야기와 쟁점을 망라한다.

각각의 사례가 제기하는 논의는 가볍지 않다. 이를테면, 지적장애인이 누군가와 사랑을 하고 성관계를 했을 때 주위 사람들은 그를 어린아이처럼 보호할 것이 아니라 그의 선택을 존중하기 위해 애써야 마땅하다. 그러나 이러한 원칙은 우리가 잘 알고 있듯이 수많은 성폭행 사건의 피해자가 지적장애인 여성이라는 사실 앞에서 흔들린다. 어떤 장애 여성이 자신이 거주하는 장애인시설의 원장과 성관계를 했고, 그 여성이 분명하게 "원장님을 좋아한다"라고 진술했다고 하자. 우리는 이 여성의 성적 자기결정권을 어떻게 옹호해야 하는가? 만약 상대방이 같은 발달장애인이라면 어떤가? 도대체 성적 자기결정권이란 무엇인가?

중증 장애인을 위한 성 서비스 논의는 더욱 첨예하다. 장애인에게 성매매를 허용해야 한다는 주장부터, 온건하게는 민간에서 무료로 제공하는 성 서비스에 대해서는 사회적 비난을 가해서는 안 된다는 주장까지 있지만, 이러한 주장은 다음의 질문을 반드시 수반한다. 첫째, 왜 서비스의 '제공자'는 거의 언제나 여성이며 그 수혜자는 장애인 남성인가? 성매매에 구조적으로 내재하는 착취와 폭력의 위험성은 물론이고, 설령 자원봉사라는 이름으로 행해지더라도 그것이 결국 여성을 남성의 성욕을 '해소해주는' 존재로 도구화하는 인식을 재생산하지 않는가? 둘째, 장애인 당사자가 원하는 '성적인 자유와 성적 주체로서의 승인'이 과연 이러한 서비스에 의해 달성될 수 있는가? 이러한 서비스의 존재는 그 자체로 장애인에게 모욕적이지 않은가?

이 책은 바로 위와 같은 질문들을 정확히 소개하지만 동시에 장애 여성 역시 성에 관한 서비스의 수혜자가 될 수 있으며, 그렇지 못한 현실 자체가 여성의 성적 주체성이 억압된 결과는 아닌가 되묻는 의견도 소개한다(장애 여성이 서비스를 신청한 사례가 극히 소수지만 있었음을 보여주기도 한다). 게다가 이러한 서비스가 모욕적이라는 주장은 누군가를 만나고 사랑하고 성관계를 맺을 기회가 완전히 차단되지는 않은 사람들이나 할 수 있는 소리이며, 어떻게 해도 타인과의 신체 접촉을 경험하기 어려운 사람들에게는 대안이 있어야 한다는 목소리도 전한다.

저자 천자오루는 특정 결론을 옹호하지 않는다. 독자 가운데는 저자가 소개한 사례들이 페미니즘의 관점에서 혹은 장애인 당사자로서의 경험에 비추어 정치적으로 올바르지 않고, 매우 문제적이라고 생각할 수 있을 것이다. 나 역시 이 책이 소개한 어떤 주장들은 듣고 있기가 불편했다. 다만 저자의 분명한 의도는, 장애인의 성은 이러한 무수한 논란들 가운데서도 말해져야 하고, 더 이상 '암흑의 나라'에 남아서는 안 된다는 것이다. 저자가 사랑과 성을 "신체 접촉을 통해 온기를 나누고 친밀한 관계를 맺으려는 갈

읽기 전에

망"으로 정의하고 있음에 유의해보자. 그는 각각의 쟁점에 관한 여러 의견을 중립적으로 소개하지만, 친밀한 관계가 부재하고 어떤 교감도 전제하지 않는 성기 중심적 섹스를 옹호하지는 않는다.

타이완과 마찬가지로 우리 사회는 장애인을 사랑이나 성과는 무관한 존재로 보다가, 기껏 그 시각을 넘어서자 '(영혼이) 아름다운 사랑'을 하는 존재, 플라토닉하고 헌신적이며 종교적인 사랑이 있음을 증명하는 감동 스토리의 대상 따위로 말해왔다. 그런 인식에서 벗어나 비로소 성에 대해 더 직접적으로 말하게 된 시점에 안타깝게도 타인과의 친밀한 신체적 관계를 언급할 여지도 없이 곧바로 섹스 자원봉사나 장애인이 접근 가능한 성매매 업소 따위의 이야기로 넘어간 것이다. 당연히 받아들여지기 어려웠고, 특히 장애 여성들은 이 논의가 지극히 남성 장애인 중심의 담론일 뿐이라고 (정당하게) 비판했다.

저자의 말처럼 사랑과 성은 분리되기 어려우며 그때의 '성'은 단지 특정한 사람이 다른 사람의 욕망을 해소해주는 그런 것이 아니다. 많은 장애인들이 자유롭게, 권리로서 누리고자 하는 사랑과 성 역시 '영혼의 사랑'이 아닐 뿐 아니라, 더 자유롭고 간단한 삽입 섹스 따위도 아닐 것이다. 우리가 사회의 구성원으로서, 한 인간으로서 누리고자 하는 가치 있는 경험은 바로 '신체의 접촉과 교감'이다. 주변의 모든 감각을 차단한 채 오로지 신체적으로 나와 연결되어 있는 타인의 숨결, 온도, 목소리, 향기, 심장 소리, 쇄골과 허벅지의 감각 같은 것. 가장 가까이에서 타인의 눈동자를 바라보는 시간. 우리는 바로 이런 접촉을 갈망하는 것이다.[2] 저자 천자오루는 이러한 교감과 접촉에 대한 욕망을 성과 사랑의 추구로 정의하고 이 책의 논의들에 접근하며, 그렇기에 첨예한 논쟁에 휩쓸리지 않고 공정하고 따뜻한 시선을 줄곧 유지한다. 우리도 이러한 시각에서 이 책을 읽는다면, 더 폭넓은 관점으로 주제에 다가갈 수 있을 것이다.

장애를 주제로 하는 많은 논의가 그렇듯 이 책도 장애인과 관련된 이야기에만 그치지 않는다. 이 책은 우리에게 사랑과 성의 본질이란 무엇인지, 성적 자기결정권의 온전한 실현이란 어떤 경우를 말하는지, 정상적인 성과 비정상적인 성은 누가 규정짓는지 등 여러 근본적인 질문을 성찰하도록 돕는다. 무엇보다 나는 이 책에서 용감한 사람들을 만나는 일이 즐거웠다. 그들의 판단과 가치관에 내가 모두 동의하지는 않지만, 수많은 우려와 편견, 냉대와 무시를 뚫고 자신의 신념과 욕망에 의지해 자유를 찾아가는 이들의 모습은 감동적이다. 성소수자이면서 장애인인 즈젠의 말처럼 "용감하게 자기 길을 걷다 보면 우리는 더 아름답고 새로운 세계를 보게 될" 것이다.

---

2 이는 신체의 접촉과 교감이 모든 사랑과 성의 '전제'에 놓여야 한다는 의미이다. 이 생각이 자칫 장애인의 사랑과 성은 특정하게 승인된 '정상적' 형태의 성관계에 국한되어야 한다는 말로 오해되어서는 안 된다. 서로 간의 대화와 합의, 충분한 교감이 전제된 다양한 성적인 시도라면, 장애인이라고 왜 배제되어야 할까?

차례

1.

오명

그날은 입동 이래 드물게 맑은 날로 오후의 햇살이 작열하고 있었다. 우리는 따뜻한 풀밭에 자리를 깔고 앉았다. 내가 말했다. 남부 진짜 덥네. 타이베이臺北는 겨우내 축축하고 습해서 진짜 싫은데. 타이베이 같지 않아.

"그래요?"

그녀가 말했다. 작디작은 뾰족한 얼굴과 일자로 굳게 다문 입이 다소 엄숙하게 보였다.

나는 조심스럽게 묻기 시작했다. 혹여 무심결에 던진 눈빛이, 부적절하게 쓴 말이 명명백백 선의에서 나온 것이면서도 그녀에게 무거운 부담이 될까 봐 질문 하나하나에 전전긍긍했다. 청각장애를 가진 그녀는 여러 차례 성폭행을 당했고, 그것은 비통하기 이를 데 없는 이야기였다.[1]

그녀는 구어 전달 능력이 뛰어나 몇 가지 문제에서만 필담이 필요했다. 나는 이런 주제로만 계속 이야기해서 불편하지 않느냐고, 불편하면 꼭 이야기해달라고 했다. 그녀는 고개를 저으면서 괜찮다고 했다. 제 또래답지 않게 성숙하고 침착했다.

"딴 얘기 해도 되는데 어때?"

내가 말했다.

"그럼 무슨 얘기를 하죠?"

---

1 천자오루陳昭如, 『침묵: 타이완 특수학교 집단 성폭행 사건沉默: 台灣某特教學校集體性侵事件』, 웨이청출판城出版(Acropolis), 2014.

그녀가 말뚱거리는 눈으로 궁금해하며 나를 쳐다보았다. 그제야 열여섯 살 소녀의 모습 같았다.

"무슨 얘기 하고 싶은데?"

그녀가 머리를 갸우뚱하며 잠시 고민했다.

"한 가지 일을 말씀드려도 될까요?"

"당연하지!"

그녀는 가만가만히 현재 진행 중인 연애 이야기를 해주었다. 얼굴은 흥분으로 발그레 물들었고, 눈에서 반짝반짝 빛이 났다. 그렇게나 달뜬 연애에, 그렇게나 질척거리는 감정에, 듣는 나는 그만 어안이 벙벙해졌다. 그만 말했으면 싶었지만, 그녀는 그쯤에서 그만둘 생각이 없는지 이야기를 이어 나갔다. 모난 데 하나 없는 예쁜 얼굴과 사람을 무장 해제시키는 웃음을 뚫어지게 보고 있자니 그녀를 본 남자라면 누구나 입안의 시럽을 음미하듯 입맛을 다시며 군침을 흘리겠구나 싶었다.

나는 더 이상 생각을 이어 나갈 수 없었다. 불쾌한 감정에 그만 입을 잘못 놀리고 말았다.

"자기 자신을 보호할 줄 알아야지. 알겠어? 만에 하나 무슨 일이라도 일어나면⋯⋯."

그녀가 황급히 내 말을 가로채고는 웃으며 대답했다.

"그럴 리가요. 걱정 마세요. 전 어떻게 해야 아이가 안 생기는지 알아요!"

그 짧은 찰나에 나는 그녀가 나의 순진함을 비웃는다고 느꼈다.

멀리서 외치는 소리가 들려왔다. 나는 그녀의 뒤쪽을 가리키며 "어, 누가 널 부르는데"라고 했다. 그녀가 손바닥으로 땅을 짚고 일어나서는 바지에 묻은 흙을 털어냈다. 그러더니 집게손가락을 입술에 갖다 대서 그 모든 것을 비밀에 붙여달라는 뜻을 표하고는 휭하니 달려갔다.

그 뒷모습을 바라보면서 나도 모르게 마음이 조마조마했다. 그토록 파란만장한 인생을 살면서도 달달한 사랑을 하는 것은 그녀가 줄곧 바라 마지않던 바다. 지금 그녀는 자신이 뜻한 바를 이룬 셈이다. 그런데 왜 나는 달갑지가 않은가? 나는 이런 느낌을 뭐라 해야 할지 곤혹스러웠다.

〈세션: 이 남자가 사랑하는 법The Sessions〉이라는 영화를 보고 나서야 내가 곤혹스러웠던 이유를 알아챘다. 이 영화는 미국 시인 마크 오브라이언Mark O'Brien의 이야기를 다루고 있다. 오브라이언은 소아마비로 인해 척추가 틀어지고 변형되어 자가 호흡이 불가능하기 때문에 금속 원통형 침대에 누운 채 철로 만든 호흡 보조기에 의존해야만 생명을 유지할 수 있다. 하지만 그는 자기 인생이 그냥 그렇게 흘러가게 하고 싶지 않았다. 더 많은 것을 소유하고 싶었다. 서른여덟 살이 되던 해에 마크는 섹스 테라피스트sex surrogate(섹스 테라피스트, 섹스 대리인, 대리 파트너, 섹스 파트너, 성 대리인 등 여러 용어가 있는데 여기서는 오브라이언의 성性 문제를 실제로 치료해주는 과정을 고려해 '섹스 테라피스트'라 옮기고, 뒤에 '테라피스트'라는 용어가 적절한가에 관한 내용에서는 '섹스 대리인'이라 옮기겠다-옮긴이)의

1. 오명

도움을 받아 성적 쾌락에 눈떴을 뿐 아니라 사람(남자)으로서의 자신감도 되찾았다.

언제 어디서든 죽음의 자장 안에 있는, 사지가 마비된 사람이 성性에 왜 그렇게 집착할까? 성이 없으면 살아갈 의미도 잃는단 말인가? 마크는 성에 대한 초조함을 글로 토로한 바 있다.

이제 더는 부모와 함께 살지 않지만 나는 여전히 그들이 수시로 내 곁을 드나든다는 느낌, 그리고 성욕, 특히 나의 성욕을 부정하던 것에서 벗어나지 못한 채 살고 있다. 그들이 내가 지금 무슨 생각을 하는지 알아챌 수 있는 무시무시한 능력을 지니고 있다는 상상, 내가 어떤 잘못을 저지르기를 학수고대하다가 잘못을 발견하는 즉시 나를 벌하고 말 거라는 상상에 빠져들곤 한다.

성욕이 일거나 성과 관련된 일을 생각할 때마다 나는 질책당하는 기분이고, 또 죄책감을 느낀다. 내 가족은 내 앞에서 성 이야기를 꺼낸 적이 없다. 내가 그들에게서 배운 건 예의 바른 사람은 섹스 따원 생각지 않는다는 것에 그치지 않고 한 걸음 더 나아가, 마치 그 누구도 섹스를 생각지 않는다는 듯한 태도다. 가족 외에 아는 사람이라곤 없는 내게 이런 기준은 지대한 영향을 미쳐 나는 사람은 마땅히 바비와 그 남자친구 켄처럼 '건강한' 무성애자 asexuality여야 한다고 생각하게 되었다. 우리의 신체에는

'아랫도리'가 없다는 듯 말이다. …… 나는 사랑받기를 갈
망한다. 포옹과 애무를 갈망하고 누군가에게 소중히 여겨
지고 싶다. …… 하지만 나는 나 자신이 누군가와 사랑을
하기에 어울리지 않는 사람은 아닌지 회의한다.[2]

세상은 오브라이언으로 하여금 욕망을 저질이라 여기게 했지
만, 그는 어떻게 하면 자신이 세상의 일원으로 살아갈 수 있을지
그 방법을 찾아내려 노력했다.

진실하고 허심탄회하기 이를 데 없는 저 고백 앞에서 나는 청
각장애 소녀를 떠올리지 않을 수 없었다. 그녀가 맞닥뜨린 불행
에 마음이 아팠다. 하지만 그러한 마음의 밑바닥에 그녀가 당연히
'세상사와 무관하게', '천진무구해야 한다'는 생각이 놓여 있진 않
았을까. 그러니까, 욕망이 배제되었을 때만 그녀의 고통스러운 경
험이 정당성을 확보할 수 있다고 말이다. 갓 익어 터져 나오는 청
춘은 끝끝내 내리누른다고 눌러지는 게 아니다. 그녀의 신체에 대
한 각성과 사랑하고 사랑받고자 하는 갈망은 그 누구와도 다르지
않다. 그렇다면 그녀가 열렬한 사랑에 빠진 일이 왜 나를 불안하
게 하는가? 그녀가 상처받을 것이라는 우려뿐 아니라 욕망을 추
구하는 것이 '장애인', '피해자'와는 어울리지 않는다는 내 빈약하

2 Mark O'Brien, "On Seeing A Sex Surrogate", *The Sun*, Issue 174,
May 1990.

고 창백한 상상력 때문은 아닐까?

오랜 세월, 장애인의 성적 충동이 적절치 않은 신체 접촉이나 약자를 짓밟는 폭력적인 행동을 초래할 수 있다며 성폭력 예방이라는 명분으로 장애인의 성기 등을 적출하는 일이 계속되었다. 단지 어떤 경우는 심각한 상황까지 가지 않았고, 어떤 경우는 밖으로 드러난 양상이 사람들의 시선을 끌 만한 정도가 못 되었을 뿐이다. 단지 그랬을 뿐이다. 왜 이런 상황이 벌어질까? 우리의 교육 체계와 사회복지기관, 사회 여론이 여태까지 장애인을 무성애자나 성별을 지운 존재로 취급하면서 일률적인 짧은 머리, 여럿이 함께 자는 군대식 잠자리, 집단 탈의, 집단 목욕 등의 형태로 돌봄의 편의를 추구해왔고, 그들의 욕망을 건드릴까 봐 제대로 된 성교육을 행한 적이 없기 때문이다. 이런 상황에서 해결 방법을 제시하라는 건 더더욱 어불성설이다. 그럼 성 문제가 터진다면? 그냥 보고도 못 본 체한다.

누구도 장애인의 욕망을 이야기하지 않는다면 그것은 들릴 리도, 보일 리도, 의식될 리도 없고 그렇다면 존재할 리 없는 것으로 인식된다. 그들의 욕망은 꼼꼼하게 봉인된 채 외부 세계가 그 해제를 사력을 다해 막아내고 있는 것처럼 보인다. 이 방어선을 철저히 지켜내기만 하면 근원적 칠정육욕을 무력화할 수 있다는 듯이 말이다. 하지만 신체는 거짓말을 하지 않는다. 욕망은 스스로 자신의 출구를 찾는다.

2013년, 먀오리苗栗에 위치한 한 소년원에서 원장이 원생들을 학대했다는 소식이 들려왔다. 원장은 그럴싸한 이유를 들어 억지 논리를 펼쳤다.

"이들에게는 성적 충동이 있어서 때릴 수밖에 없었습니다. 어떤 아이들은 개처럼 아무 데서나 마구 물었습니다. 저는 일탈 행동을 바로잡았을 뿐입니다. 그들을 해친 게 아니고요. 그렇게 하고 나면 아이들은 한동안 정상이었고, 학부모들도 제게 매우 고마워했습니다. 그야말로 제가 정상으로 교도한 것이죠!"[3]

어디에서 본 말인지는 기억나지 않지만 욕망은 더러운 것이 아니라 실은 고통스러운 것이라 했다.

사지 없이 태어났지만 양치질도, 머리 빗기도, 옷 입기도, 휠체어에 앉아 여기저기 뛰어다니기도 할 뿐 아니라 세계 곳곳을 돌아다니며 자신의 경험을 통해 장애인을 격려하는 오토다케 히로타다乙武洋匡는 사람들 마음속의 롤 모델이었다. 훗날 그가 평생을 약속한 아내를 배신하고 수십 명의 여성과 불륜 관계에 있었다는 소식이 알려지자 이내 각계의 비난이 일었다. 네티즌들은 '사타구니 불만족', '하체 불만족', '오 회 불만족'이라며 비아냥거렸고 한 저명 방송 인사는 이렇게 독설을 퍼부었다.

"다리가 없어도 양다리를 걸칠 수 있고 손이 없어도 어장을 관

---

3 「일말의 후회도 없다! 원생에 대한 잔혹한 폭력 행위로 대중의 분노를 산 저우번치周本錡, 입법위원회에서 폐원을 떠벌리다」, 사회중심 종합보도, 둥썬東森뉴스, 2013년 10월 8일자(http://fashion.ettoday.net/news/279532).

리할 수 있다니, 남자는 대체 무엇을 위해서 여자와 사랑하는지 새삼 고민하지 않을 수 없다. 나는 정말이지 이해가 안 된다."

이런 비난에 루게릭병을 앓는 후팅쉬胡庭碩는 매우 못마땅해하며 그 유명 인사에게 공개적으로 외쳤다.

> 나는 한 사람입니다. 그저 당신보다 장애인이라는 정체성이 하나 더 있을 뿐입니다. "세상에나! 장애인이 뭘 믿고 남을 사랑에 빠트리는지, 장애인이 뭘 믿고 어장 관리를 하는지"라는 당신의 말이 날 몹시 힘들게 합니다. 차별을 내재한 이런 발언은 장애인 집단 전체를 우롱합니다. …… 우리를 한 차례 더 아이 취급, 무성화, 무능화로 내모는 것입니다. 다시 말해 당신들의 거듭되는 발언 때문에 우리는 그야말로 온전한 사람이 될 수 없는 것처럼 …… 취급됩니다.[4]

생리적 결함은 그냥 객관적으로 존재할 뿐이다. 하지만 그에 따라붙는 오명汚名은 장애가 있는 몸을 두려움과 탈선, 죄악의 화신으로 둔갑시킨다. 나아가 비장애인은 장애인의 성을 관음적이고 엽기적인 응시의 대상으로 전락시키고, 그러한 응시 가운데 장애

4　루리렌盧麗蓮, 「다리가 없어도 양다리를 걸칠 수 있다는 자이선宅神의 말에 루게릭 환자도 분노했다」, 『핑궈일보蘋果日報』, 2016년 3월 25일자.

인의 욕망은 더더욱 악의적으로 폄하되고 짓밟힌다.

　장애는 개인의 불행이지만, 그 불행을 어떻게 대면하는가는 한 사회가 '장애'라는 것을 어떻게 인식하고 대하는지를 반영한다. 은연중이든 노골적이든 장애(장애인)에 대한 인식에 차별이 있는지, 일상에 무장애 공간(장애인이 생활하는 데 불편함이 없는 공간-옮긴이)이 얼마나 되는지 등을 포함해서 말이다. 호주의 장애인 인권 운동가 스텔라 영Stella Young은 장애인의 삶이 '감동 포르노'처럼 소비된다고 지적한다. 장애인이 어떤 자랑스러운 성취를 이루었는지에 주목하는 것이 아니라, 그들의 장애가 비장애인들이 감사하는 마음을 갖도록, 자신이 얼마나 건강한지를 다행으로 여기도록 영감을 불러일으키는 도구로 사용되기 때문이다. 스텔라 영은 '장애에 굴하지 않는 모습'을 상찬하는 이면에는 장애인은 본래 비장애인이 할 수 있는 일을 해낼 수 없는데 '해냈어. 어, 그것이야말로 기적인데' 하는 뜻이 숨어 있다고 본다. 또한 희귀병을 앓는 피겨 스케이팅 선수 스콧 해밀턴Scott Hamilton이 "인생에서 유일한 장애는 바로 부정적인 태도다The only disability in life is a bad attitude"라고 한 명언을 비판하기도 했다. 스텔라 영은 장애인이 아무리 낙관적이고 진취적이라 해도 계단을 비탈로 바꿀 수는 없다고 말한다. 다시 말해서 장애 그 자체는 장애인에게 장애로 작용할 필요가 없지만, 사회적 조건과 문화적 편견이야말로 그들이 생존하는 데 장애가 된다는 것이다.[5]

　장애(장애인)에 대한 오해와 편견 때문에 우리는 의수와 의족에 의지해 산을 오르는 운동선수, 휠체어를 탄 댄싱 퀸과 댄싱 킹, 상처로 패인 얼굴을 한 모델, 사지가 없지만 성공한 위인 등은 받아들일 수 있지만, 비장애인과 별반 다를 바 없는 장애인의 성적 욕구는 상상하지 못한다.

성은 어려운 문제이자 금기다. 장애인은 신체의 온기와 쾌락을 갈망하지만, 불공평한 이데올로기에 결박된 채 암흑의 나라에 감금되어 영원히 환한 세상을 보지 못하는 처지와 같다. 문학과 영화에 등장하는 사랑과 희열은 건너편 빌딩을 환히 밝히는, 마치 딴 세상의 불빛처럼 은은하게 빛을 내보낼 뿐이다. 그것은 무엇인가? 분명하지는 않지만, 장애인들은 그것이 자신에게는 없는 것이라는 사실만은 안다. 그들은 그것이 자신에게도 있었으면 하고 바란다. 그러나 그렇게 되기가 왜 이토록 어려운 걸까?

이 모든 것을 돌아보면서 나는 이 거대하고 실재적인 고통에 진저리치지 않을 수 없었고, 그 가운데 드러난 인간 본성의 의연함에 연민이 솟구치고 슬픔이 몰려왔다.

5 스텔라 영의 TED 강연 참조(http://www.ted.com/talks/stella_young_i_m_not_your_inspiration_thank_you_very_much).

사랑을 말할 때
우리가 꺼내지 않았던 이야기들

2.

깊은 잠에
빠진

아이

생명의 빛과 그림자

　황리야黃俐雅는 산후조리 기간에 위위妧妧가 언제나 눈을 감은 채, 밤이고 낮이고 깊은 잠에 빠진 듯 정신을 차리려 하지 않는다는 것을 알아차렸다. 일단 눈을 뜨면 경극에 등장하는 청의靑衣(경극의 여자 역할을 이르는 말-옮긴이)의 봉안鳳眼(가늘고 길며 위로 째진 눈-옮긴이) 분장을 닮아 언제나 눈꼬리가 위로 치켜 올라가 있고, 확실히 흰자위가 검은 눈동자보다 훨씬 많이 보였다.

　당시에는 온 가족이 아기가 태어난 기쁨에 흠뻑 빠져 있던 터라 아무도 이 사소한 부분을 염두에 두지 않았다. 위위가 태어난 지 3개월이 되었을 무렵 황리야가 장난감 인형을 들고 아이의 눈앞에서 천천히 빙빙 돌려보고 손가락으로 직선이나 사선을 그려보았지만, 위위는 보통의 아이처럼 호기심에 차서 눈동자를 따라 굴리기는커녕 미동도 하지 않았다.

　의사는 각 항목을 검사한 뒤 별로 확실치 않은 투로 말했다.

　"시신경에 다소 문제가 있는 것 같아요. 후두의 구조가 일반 영아와는 많이 다르고요. 심장은 소리를 들어보니 약간 잡음이 있네요. 위장관이 이상하고, 사지 신경의 반사도 약한 편이고……. 한동안 좀 더 지켜봐야 할 것 같습니다!"

　몇 주 후, 남편이 눈물을 머금고 황리야에게 위위가 평생 치료가 불가능한 '고양이울음증후군(크리-두-샤 증후군cri-du-chat syndrome이라고도 한다)'이라는 희소 유전성 질환을 확정 판정받았다고 알려

　　　　　　　　2. 깊은 잠에 빠진 아이

주었다.

고양이울음증후군이라고? 그게 뭔데? 황리야는 닥치는 대로 의학 서적을 뒤졌고, 그렇게 찾아낸 간단한 소개는 이랬다.

"다중多重 장애. 지적장애. 울음소리가 고양이를 닮았고 오만 분의 일의 발생 확률을 보인다. 90퍼센트의 환자가 한 살 전에 사망하며, 가장 일반적인 사인은 감염, 그다음이 기타 선천적 심장 질환이나 신장 질환이다."

타이완 남부의 태양은 여전히 무심히 찬란하고, 길가의 봉황나무 역시 무심히 짙푸른데 황리야의 세계만은 모든 것이 달라졌다.

"그때, 무슨 일이 일어나도 내일은 내일의 태양이 여지없이 떠오른다는 말이 대충 이런 거구나 하는 생각이 문득 들더라고요."

구름은 엷고 바람은 잔잔한 듯 황리야가 말했다.

황리야는 임신 3개월째에 양수가 터져 병원 응급실로 옮겨졌다. 가족과 친구들은 임신 초기이니 아이를 떼라고 권했지만, 황리야는 초음파 영상 속에서 미세하게 꼼지락거리는 검은 그림자를 보면서 좀체 가시지 않는 감동에 사로잡혔다. 무엇이 어찌되든 모든 것을 순리에 맡기자고 속으로 생각했다. 임신 7개월째에 한 검사에서 의사는 선의를 가지고 "아이의 뇌가 이상합니다. 빈 공간이 있어요. 고민해보지 않으시겠어요?"라고 언질을 주었다. 황리야는 아이가 손발이 없거나 뇌성마비일지라도, 그보다 더한 상황이 발생한다 해도 어쨌든 자신의 골육이라는 생각에 낙태 제안을 완곡하게 거절했다.

황리야는 자기 아들이, 자신이 사랑해 마지않는 위위가 다중 장애라는 것을 알았을 때 극도로 비통해하지도, 울고불고 난리를 치지도 않았다. 그러기는커녕 오히려 이상하리만치 냉정한 태도를 보였다.

"당시 저는 오직 한 가지 생각뿐이었어요. 아이가 짧은 생을 산다 해도 행복한 인생이었으면 하고 바랐어요!"

황리야가 부드럽게 말했다. 안경 뒤쪽의 검은 눈동자가 점점이 빛을 발했다.

구강 근육에 힘이 없어 젖을 제대로 빨지도 삼키지도 못하는 위위에게 황리야는 젖을 짜내 빨대로 입안에 떨어트려주었다. 아이가 천천히 핥아 입 안쪽으로 넣도록 말이다. 또 늘 침을 흘리는 위위는 반듯이 눕히면 사레들리기 쉬운 탓에 엎어 재워야 했는데, 황리야는 몇 시간마다 머리를 다른 쪽으로 돌려주고 침에 젖은 베개 수건을 갈아주었다. 근육 장력이 약해 흐물흐물 힘이 없는 몸을 세심하게 마사지하고, 손과 발을 잡아당겨 사지를 움직여주고, 다정하게 말을 걸거나 노래를 불러주며 아이의 감각을 자극했다.

위위가 좀 더 자라자 황리야는 위위를 안고 분주히 돌아다녔다. 주변의 경치를 보여주고, 손을 잡아끌어 꽃과 나무를 어루만지고 바람을 느끼거나 비를 감각하게 해주었으며, 하늘을 가리키며 별과 달을 알려주었다. 천천히, 위위는 엄마가 머리를 잘랐다는 것을, 누나가 새 옷을 입었다는 것을 알아보고 순간적으로 눈을 반짝이거나 입을 달싹이면서 찬탄의 소리를 내뱉게 되었다. 애니메

2. 깊은 잠에 빠진 아이

이션 속 나쁜 사람을 보면 무서워하고, 슬퍼하는 사람을 보면 힘들어했다. 한번은 집에서 키우는 강아지가 행방불명이 되어 황리야가 차를 몰고 골목 곳곳을 찾아다녔다. 한쪽에 앉아 엄마를 뚫어지게 바라보던 위위의 눈빛이 어딘가 달라졌다. 위위의 시선을 따라 창밖을 보니, 놀랍게도 전봇대 옆에 찾아다니던 강아지가 있는 게 아닌가.

유난히 무더웠던 늦여름 오후 황리야는 위위를 바닷가로 데려가 바람을 쐬었다. 위위가 가장 좋아하는 과자를 먹이면서 바다 위 돛단배를 바라보았다. 무더위 속에서 일체의 사물이 마치 위위가 자라나는 속도처럼 느릿느릿 더디 움직였다. 황리야는 자신은 수명이 짧은 이 아이와 아주 잠시 동안만 함께할 수 있다는 걸 알고 있었다. 다만 이 여정이 얼마나 오래 지속될지 진지하게 생각해본 적은 없었고, 감히 더 깊게 생각할 수도 없었다. 황리야는 우두커니 위위를 바라보았다. 아름답고 연약했다. 위위가 입은 하얀 티셔츠 위로 눈부신 햇살이 쏟아져 내렸다. 한 차례 느닷없는 슬픔이 휘몰아치는 바람에 그만 참지 못하고 눈물을 떨구었다.

위위는 과자를 먹던 동작을 멈추고 슬픈 눈으로 엄마를 바라보며 엄마의 어깨에 가만히 머리를 기댔다. 발달장애가 있고 말도 못 하는 사람이 이토록 다정다감한 행동을 한다. 바로 이렇게 한번, 또 한 번의 따뜻하고 상냥한 표현이 황리야를 버티게 했다.

"저는 생명이 있는 한 느낌과 감정이 있다고 생각해요. 설령 위위가 말할 수 없다 해도 자신만의 방식으로 표현해낼 수 있어요.

다만 우리가 열린 감각으로 그것을 받아들일 수 있느냐가 문제죠."

시간이 흘러 위위는 채 한 살까지도 살지 못한다는 '고양이울음증후군' 환자의 90퍼센트에 속하기를 거부하고, 스물여덟 살의 성인이 되었다. 하지만 지능은 네댓 살에 머물러 있고, 입술을 떼서 '엄마 아빠'라고 말하지도 못하며, 밥도 화장실도 혼자 해결하지 못하고, 생일 케이크의 촛불을 끄는 일조차 버거워한다. 생활은 이처럼 속수무책과 번거로움으로 점철되어 있다.

어느 날, 위위가 집 바닥에 오줌을 싸놓았다. 옷을 갈아입히고 바닥을 닦아내자마자 위위는 냉장고의 음식물을 하나하나 꺼내 내팽개치고, 식탁 위의 그릇과 접시를 일일이 바닥에 던졌다. 바닥을 한 번 더 닦는 수밖에 없었다. 이런 식으로 한 시간 반 동안 여섯 번을 닦아냈다. 잠시 후 위위는 물건 집어 던지는 일에 싫증이 났는지 망설임 없이 거실로 기어가 장난감 무더기에 대고 오줌을 갈겼다. 황리야는 아들이 힘껏 오줌을 갈기며 쉬지 않고 껄껄대는 모습을 보고는 순간적으로 화가 머리끝까지 나서 심장이 미친 듯이 뛰기 시작했다. 너무나 고통스러워 그만 목놓아 울고 싶었다.

이때 별안간 책장에 있던 '즐거운 신新 부모'라는 제목의 시리즈가 눈에 들어왔다. 덕분에 황리야는 이내 이성을 되찾고 자신에게 반문했다. 왜 나는 좀 더 즐거울 수 없는가? 나를 대신해 바닥을 닦아줄 사람이 없어 그것이 오롯이 내 몫이 된다 해도 말이다! 나는 왜 이리도 억울해하는가? 바닥 닦는 즐거움을 만끽할 순 없단 말인가?

2. 깊은 잠에 빠진 아이

황리야는 부랴부랴 위층 침실로 올라가 옷장에서 어깨끈이 가느다란 드레스를 꺼내 입고 긴 머리를 묶어 올렸다. 그런 다음 침착하고 우아하게 아래로 내려갔다. 위위는 근사하게 차려입은 엄마를 보고는 잠시 넋을 잃었다가 워워 찬탄의 소리를 내뱉었다. 황리야가 득의양양하게 말했다.

"어때? 예쁘지? 예쁜 엄마가 지금 옷을 갈아입혀 줄게. 오줌을 닦아줄게!"

황리야는 바로 이런 사람이다. 먹장구름이 잔뜩 드리운 하늘에서도 한쪽 구석에 움츠린 파란 하늘을 찾아낼 수 있는 사람 말이다.

황리야는 자체 독서회를 꾸리고 '인본주의교육재단Humanistic Education Foundation'의 부모 성장반에 참여했다. 나아가 이 재단의 회원이 되었고, 원래 간호사 출신이라는 바탕에 독학과 열정과 의지를 더해 지금은 가장 잘나가는, 특히 성교육에 정통한 사랑과 연애 교육 전문가가 되었다. 황리야의 수업을 들은 적이 있는데, 황리야는 성은 자아를 탐색하고 신체적 충동과 함께 어울려 지내는 방식으로 정상적이며 건강한 것임을 강조했다. 매우 아름다운 비유를 들어 신체는 한 장의 '탐색할 만한 지도'로, 생식기의 특성을 이해해야만 신체와 사이좋게 지내고 욕망과 공존하며 재미있는 여행을 펼쳐나갈 수 있다고 했다. 끝으로 자위를 하고 싶으면 사람이 없는 곳을 찾아서 하고, 전후에 반드시 손을 씻어야 한다고 강조하는 것도 잊지 않았다. 강연이 끝나자 청중들이 몰려나와 황리야를 에워싸고는 이것저것 물었다. 사람들이 사랑해 마지않는 그녀였다.

그렇다면 위위에게는 성 충동이 있을까? 황리야는 이 문제를 어떻게 해결할까?

"순리에 따라야죠."

황리야가 웃으며 자기 생각을 밝혔다.

"아이는 어렸을 때부터 저절로 자위를 알더라고요. 가르쳐준 사람이 없는데도 할 줄 알았어요."

위위는 어렸을 때부터 성기를 가지고 놀 줄 알았다. 황리야는 그것이 성과 상관없이 단순히 심심해서 손 가는 대로 편리한 장난감을 찾아 노는 것이라 여겼다. 위위가 열여섯 살 때 홀로 방에 들어가 문을 닫았는데 나왔을 때 보니 바지 앞쪽이 표나게 젖어 있었다. 황리야는 묻지도 벌하지도 않고 그저 묵묵히 깨끗한 바지로 갈아입혀 주기만 했다. 자위를 할 때는 문을 닫아야 한다는 사실을 위위는 어떻게 알았을까? 설마 수치심이 타고난 능력일까? 황리야는 정확한 이유를 대지는 못했으나, 한참을 고민하더니 확실한 건 아니지만 "아마 제가 아이 신체의 프라이버시를 중요하게 생각했기 때문일 거예요"라고 했다.

어렸을 때부터 외출 시 위위가 소변이 마렵다고 하면, 황리야는 차 안으로 도로 데리고 들어가 컵에 뉘거나 그러기에 이미 늦었다면 지나가는 사람들에게 먼저 "죄송합니다. 제 아들이 오줌을 누려 합니다"라고 양해를 구한 뒤 아이에게 "자, 우리 다른 사람이 못 보게 돌아서자"라고 했다. 오줌을 누는 일이 무슨 부끄러운 일

2. 깊은 잠에 빠진 아이

도 아니고 자연스러운 반응이라고 생각하지만 위위에게 돌아서라고 요구하는 건 그의 프라이버시를 존중하고 보호하기 위해서였다. 말도 할 수 없는 위위가 이러한 이치를 명확하게 이해했다고는 할 수 없다. 그러나 오줌을 누고 싶을 때 눌 수는 있지만 사람들에게 보여줘서는 안 된다는 것, 자위를 하고 싶다면 할 수 있지만 숨어서 하는 게 좋다는 것은 알고 있다.

나는 황리야가 위위를 '지적장애아'로 보기보다는 '마음과 시간, 도움을 좀 더 들여야 하는 아이'로 여긴다는 생각이 들었다. 황리야가 굉장히 아름다운 말을 던졌다.

"지적장애아의 감각 역시 우리와 별반 다르지 않아요. 아프면 아프고, 가려우면 가려운 거죠. 정서적으로 불안한가 그렇지 않은가 역시 마찬가지예요. 삶 앞에서는 누구나 다 똑같아요. 그들도 말로 표현할 수 없을 뿐 다 이해하고 있다는 사실을 염두에 두어야 해요."

황리야는 위위의 성장 과정에서 작고 사소한 것을 이해하고 받아들이고 즐기려 했다. 한 번도 실수를 막으려고 위위의 활동 공간을 제한하지 않았다.

온화한 성격의 위위는 사람을 함부로 때리거나 만진 적이 없고 기껏해야 머리카락을 잡아당기는 정도였는데 그것마저 자신의 선의를 표현하는 방식이었다. 위위는 어떤 일을 하든 굉장히 몰입한다. 어떤 기능을 배우면 한 번, 또 한 번 해보면서 싫증이 날 때까지 한다. 한번은 옷 벗는 것을 배우고는 벗고 또 벗었다. 황리야는

사랑을 말할 때
우리가 꺼내지 않았던 이야기들

이를 전혀 말리지 않았는데, 아들이 어떤 기량을 배워 자기도 할 수 있음을 보여주는 것이라는 걸 알았기 때문이다.

황리야가 편의점에서 물건을 살 때였다. 뒤를 지나쳐 걸어가던 이웃이 그만 못 참고 다시 돌아와 말했다.

"댁 아들이 사람을 잡아당겨요!"

황리야가 공손하게 대답했다.

"알아요. 아이는 인사하는 거예요!"

이웃이 다시 말했다.

"댁 아들이 옷을 벗는다고요!"

황리야가 말했다.

"알아요. 아이는 악의가 없어요. 그저 벗는 걸 좋아할 뿐이죠."

이웃이 계속해서 에둘러 말했다.

"그럼…… 생각해본 적 있어요? 어떻게 할 거죠?"

상대방의 근심 가득한 얼굴을 보고서야 황리야는 깨달았다. 상대방은 다름 아니라 '옷 벗는 것'을 '성폭력'과 연결 짓고 있었다. 그래서 부랴부랴 해명했다.

"제 아들은 옷 벗는 것을 이제 막 배워서 사람을 보면 막 보여주고 싶어 할 뿐이에요. 새로운 걸 배우고 나면 더는 벗지 않을 거예요."

내가 황리야에게서 가장 탄복하는 부분은 어떤 사람을 만나든 어떤 일을 겪든 흥분하거나 쌀쌀맞게 대하지 않고 한결같이 경쾌한 모습을 보인다는 것이다. 이런 사람은 대개 안정감을 충분히 느낄 수 있는 가정에서 나온다. 과연 황리야의 부모는 특별히 명랑한 분들로 체벌을 가한 적이 한 번도 없다. 핑둥屛東 완단萬丹이라는 작은 마을에서는 기적이라 할 만한 일이다. 청소년 시절 방황할 때, 칠판에서 삶의 답을 찾을 수 없었던 황리야는 일기장에 존재에 대한 허무로 가득한 글을 썼는데, 이를 본 선생님이 바짝 긴장해서는 황급히 아버지를 학교로 불러들였다. 그러고는 책만 파면 정신이 이상해진다면서 쓸데없이 용돈을 줘서 있는 것 없는 것 사게 해서는 안 된다고 충고했다. 하지만 황리야의 아버지는 굉장히 중요한 말로 이를 되받았다.

"책 보는 게 무슨 나쁜 짓도 아니고요."

그러고는 자리를 떴다.

"제 생각에 우리 아버지는 정말이지 보통 사람은 아니에요. 지금까지도 아버지를 뛰어넘기가 어렵다니까요!"

황리야는 진심으로 감탄했다.

황리야는 홀로 타이베이에 올라와 공부하면서 셋방에서 샤워할 때 주인이 몰래 훔쳐보거나, 붐비는 버스에서 사람들이 가슴을 덮쳐도 뭐 대단한 일이라 생각하지 않았다. 친구들이 오히려 더 긴장해서는 "아이고, 네 몸을 사람들이 다 봤다고. 안 창피하냐고!"라고 소리쳤다. 황리야는 '내 몸을 남들에게 보인 게 뭐 어쨌다고, 그래 봤자 나는 여전히 나인데!'라며 오히려 이상하게 생각했다. 훗날 황리야가 신체와 성에 대해 거리낌 없이 분석할 수 있게 된 것은 체벌을 받은 적이 없다는 사실과 관련이 깊다.

사랑을 말할 때
우리가 꺼내지 않았던 이야기들

성에 대한 이런 태도는 내가 접해본 여느 학부모와는 확실히 다르다. 한 친구의 아이는 지능이 조금 떨어지는데 내내 만나보지 못하다가 어느 날 친구가 아들을 데리고 눈앞에 나타났을 때에야 그녀가 늘 입에 달고 살던 '작은 천사'를 알게 되었다. 우람하게 생긴 건장한 남자였다. 이 '작은 천사'는 성격이 활달했다. 만난 지 얼마 되지도 않았는데 내게 한참 장난을 치더니 옷의 목둘레를 잡아당겨 궁금하다는 듯 안을 살폈다. 친구가 이를 보고 호통을 쳤다.

"안 돼!"

그러면서 이내 아이를 지키려는 듯 떼어내 데려갔다.

"여자한테 유난히 호기심이 있는 거 아니니?"

내가 물었다. 친구는 파도가 치듯 고개를 저으며 말했다.

"말도 안 돼! 남자, 여자 분간도 못 하는데 관심은 무슨 관심?"

이는 부모가 보이는 일반적인 반응이다. 그들은 성인이 된 지 적장애인 자녀들을 어린아이 취급한다. 작고 낮은 목소리로 "착하지, 물 마셔", "이리 와서 앉아", "엄마한테 쪽쪽 해줘야지" 등의 말을 입버릇처럼 내뱉는다. 이 '아이들'이 성별 개념이 있는지, 사랑과 애정 관계가 필요한지 등에 대해서는 한 번도 생각해본 적이 없다. 어쩌면 감히 생각하지 않으려는지도 모른다.

황리야는 어른들이 성을 이야기할 때 껄끄러워하는 눈빛이나 표현, 태도가 아이들이 성에 대해 갖는 태도에 영향을 미칠 수밖에 없다고 한탄한다. 사람들은 대개 손발, 심장, 위장 등과 같은 기관의 명칭은 자연스럽게 말하면서 음경, 유방, 음핵에 관해 이야기할 라치면 긴장해서 어쩔 줄을 몰라 한다. '거시기'나 '그거' 등의 단어로 대신한다. 어른이 명확하게 말해주지 않으니 아이들은 속으로 성은 말해서도 안 되고, 말할 수도 없는 것이구나 하고 생각하게 된다. 민감하고 심오한 상호 작용이 아닐 수 없는데 말이다.

"저는 성은 매우 자연스러운 것으로 억압할 필요는 없다고 생각해요. 그보다는 우호적으로 받아들이는 분위기를 만들어야 해요. 자위하는 것을 보게 되면 우선은 방해하지 말고, 그런 것이 있다는 걸 이해시키고, 프라이버시에 주의하도록 서서히 이끌어주는 한편 성은 나쁜 게 아니라고 알려주어야 하죠. 우둔한 제 아들도 자기 방으로 가서 자위를 할 줄 알아요. 제 아들이 배워서 힐 수 있다면 경증, 경중증 장애인도 틀림없이 가능합니다!"

성과 사랑에 관한 황리야의 강연은 일반인을 대상으로 하는 것과 장애인을 대상으로 하는 것 두 종류다. 한번은 황리야가 경증, 경중증 지적장애인을 대상으로 강연할 때 한 여학생이 돌연 탁자 위 마이크에 대고 마치 구강성교를 하듯 키스하자 현장의 모든 교사들이 깜짝 놀라 얼어붙었다. 오로지 황리야만이 당황하지도 큰 소리로 제지하지도 않고 부드럽게 물었다.

"지금 오줌 누는 곳에 뽀뽀하는 것을 보여준 것 같은데 맞아요?"

여학생은 웃으며 별다른 말을 하지 않았다.

"제 생각에 이 여학생은 이런 경험이 있었던 것 같아요. 그저 가감 없이 표현했을 따름이지요. 우리는 이 학생을 억압하거나 꾸짖어서는 안 됩니다. 이런 행동을 통해 말하고자 하는 메시지가 무엇인지 이해하고, 어떻게 대응할지 고민해야 합니다. 색을 밝힌다거나 외설적이라고 재단하려 들지 말고요."

위위의 성욕 앞에서도 황리야는 똑같은 태도를 취했다. 독려하지도 제지하지도 않고 그저 받아들였다.

"제 아들은 날마다 집에서 이리저리 기어다니거나, 텔레비전을 보거나, 잡지를 뒤적이거나, 장난감 자동차를 가지고 놀아요. 자위를 매일 하지는 않고, 꽤 여러 날에 한 번씩 합니다. 그런데 사람들은 언제나 제게 이렇게 말하죠. 당신이 그냥 내버려둬서 아들이 너무 많이 하는 것 아닙니까?"

황리야가 슬쩍 한 번 웃고는 계속해서 말을 이었다.

"이런 사람들이야말로 온종일 이 일만 생각하니까 제 아들이 너무 많이 한다고 생각하는 겁니다. 위위가 남을 해치는 것도 아닌데, 왜 그들은 제 아들이 성적 즐거움을 누리는 걸 못마땅하게 여길까요? 그들은 이 점을 자신에게 반문해보아야 하지 않을까요."

위위를 돌보는 나날은 때로는 기쁘고, 때로는 맥이 빠지고, 때로는 명쾌하고, 때로는 심오했다. 다양한 층차의 빛과 그림자가 넘실댔다. 황리야는 마침내 균형을 유지하는 방법을 찾아낼 수 있었고, '그림자'를 보면서 동시에 '빛'의 존재도 볼 수 있게 되었다. 그녀가 말했다.

"마음은 우리가 비교적 정확한 방식으로 아이와 동행하도록 이끌어주죠. 빛에는 기교는 있어도 마음이 없는데 어떻게 삶의 희망을 지켜낼 수 있겠습니까?"

이 말을 떠올릴 때마다 나는 황리야가 걸어 나온 길에서의 그 마음을 생각하며 마치 어떤 깊고 신비로운 것을 감지하고 경험하기라도 한 것처럼 한없이 배회하곤 한다.

아직 열리지 않은 수문

위위는 어쨌든 운이 좋은 편으로 아빠가 작은 마을의 의사이니 생활 걱정은 없다. 엄마는 온화하고 인내심이 있는 데다 성교육 전문가라 위위가 성욕이 최고조에 다다른 청춘기를 무사히 건너올 수 있게 했다. 위위를 보살피는 건 피곤하고 손이 많이 가는 일이지만, 황리야는 위위를 학교나 시설에 보낼 생각은 죽어도 하지 않았다.

"제 아들처럼 그러면, 그 사람들은 틀림없이 아들을 묶어……전 차마 감히!"

황리야가 우려하는 바를 이해 못할 바도 아니다. '지적장애인학부모총회(지총)'의 창립자인 천제루陳節如가 알려준 바에 따르면, 한 자폐아가 교사가 휘두른 각목에 수십 차례 맞은 뒤 정신분열을 일으켜 요양원에 입원한 일이 있었다. 그 아이의 어머니가 왜 그렇게 잔혹했는지 교사에게 따지자, 교사는 외려 얼떨떨하다는 듯 반문했다.

"자폐증이 뭡니까?"

슬픔을 가눌 길 없던 어머니는 학교에 항의했지만 돌아온 건 소극적 대응뿐이었다. 교육국에 진정을 해봐도 무관심으로 일관했고, 결국 언론 매체에 하소연해서 여론의 지지를 이끌어내는 수밖에 없었다.

지총은 이와 비슷한 사건을 잇달아 여러 건 접수하고 나서야 이런 일이 개별 사건이 아니라 보편적으로 존재하는 사실임을 알게 되었다. 학부모들은 왜 울분을 참으면서 감히 아무 말도 하지 못할까? 답은 간단하다. 자신의 아이에게 '다루기 힘들다'는 꼬리표가 붙지는 않을까 우려해서다. 그렇게 되면 그때부터 아이를 받아주려는 학교가 없다. 학부모는 아이가 처벌받는 걸 차마 못 보겠기에 아이를 너그러이 봐달라고 간청하지만, 교사는 그러기는커녕 오히려 더더욱 무지막지한 태도로 아이를 바로잡으려 한다. 지방 정부에 진정서를 낸다 해도 공무원들에게서 돌아오는 답은 뜻밖에도 고작 이런 것이다.

"당신네 집 아이의 장애가 정부와 무슨 상관입니까? 그런 아이를 교육하는 것 자체가 돈 낭비라니까요!"

지총은 정기적으로 학부모 나눔의 시간을 갖는데 거기서 한 어머니가 들려준 얘기다. 아들은 혼자 볼일을 볼 줄 모르고 선생님은 도움 요청을 거절한 터라 어머니는 하루가 멀다 하고 학교로 달려가는 수밖에 없었다. 하루는 아들이 설사를 했다며 당장 와서 처리하라는 연락을 받고 부랴부랴 학교로 달려갔다. 얼마나 오

　　　　　　　　　2. 깊은 잠에 빠진 아이

랫동안 그곳에 서 있었는지 모르겠지만, 아들은 온몸에 똥칠을 한 채 교실 밖에 혼자 우두커니 서 있었다. 그 모습에 어머니는 마음이 갈기갈기 찢어졌다.

마음이 산산이 부서진 어머니의 목소리에 현장은 눈물바다가 되었다. 거기 있던 거의 모든 부모가 비슷한 경험이 있었다.

그 교사가 특별히 모진가? 천제루는 그렇게 생각하지 않는다. 지적장애에 무지한 데다 정식 연수를 받은 적도 없는 교사들이 제대로 된 교육을 할 수 없는 건 너무 당연한 일이다. 교사에게 사랑의 마음이 없어서라기보다는 전문적인 지식과 자원이 부족한 여건에서 그런 아이들을 돌보는 것 자체가 이미 능력 밖의 일이라고 지적한다.

특수교육지원반을 맡은 교사 A는 과거 학교에서 받은 교육은 현장에서는 이미 무용지물인데, 교육 시스템에서는 이런 문제를 전혀 진지하게 고려하지 않는다고 푸념한다.

"우리는 학기마다 감정교육과 성교육을 진행해요. 아이들이 몸을 이해하도록 가르치죠. 신체의 경계선이 뭔지, 프라이버시가 뭔지 가르쳐요. 하지만 그들은 (이해할) 방법이 없어요. 도로아미타불이 돼버린 채 항상 거기에서 엉망진창이 돼요. 어쩌라고요? 외부에서는 우리를 물어뜯고 욕하죠. 선생님들이 아예 가르치지 않는다고 말이에요. 실은 우리도 다 가르치는데. 아이들이 못 배울 뿐인데! 설마 우리가 그 자리에서 '시연'이라도 해서 보여주어야 하나요?"

성교육은 단지 '노No'라고 말할 줄 아는 것에만 그쳐서는 안 되고, 그 이면의 정서적 연결과 유대 관계 형성에 대해서도 가르쳐야 한다. 하지만 안타깝게도 교사들은 늘 이 점은 소홀히 한 채 올바른 관념만을 이끌어내려 애쓰고, 학생들은 그런 교육을 받아들이지 않는다. 이렇게 힘겨루기를 반복하다 쌍방이 지쳐 나가떨어지면, 결국 '학생이 멍청해서'라는 변명으로 결과를 합리화한다. 이처럼 쌍방이 망하는 길을 걸어온 셈이다.

지총의 사무총장인 린후이팡林惠芳은 확실히 특수학교 교사는 성교육을 하지 않고 학부모 역시 그 필요성을 느끼지 못한다고 털어놓았다. 하지만 교육부가 규정하고 있는 이상 어쨌든 교육은 규정에 따라 이루어진다. 그저 가볍게 언급만 하는 등 요식 행위에 그치는 경우가 대부분이지만 말이다.

"교육과정 요강에 있으니 가르치긴 하지만 학생들이 듣고 이해할 수 있느냐, 대체 뭘 배울 수 있느냐는 순전히 그들이 알아서 할 일인 거죠. 제 느낌은 그렇습니다."

린후이팡은 교사 양성 과정에 성교육 부분이 부족하고 체계적 교수법이 없는 건 사실이지만, 그와 별개로 교사가 개인의 능력과 경험 부족을 인정하려 들지 않는 것이야말로 문제가 끊이지 않는 주요 원인이라고 본다.

"어쩌면 아무도 못할 걸요! 교사 양성 과정에서 아무리 많이 가르친다 해도 한계가 있어요. 기껏 4년 배운 것 가지고 어떻게 20년 혹은 30년을 써먹겠어요? 불가능하죠! 사회에 나온 이후에도 부

　　　　　　　　2. 깊은 잠에 빠진 아이

단히 배워야 해요. 그렇게 하지 않으면 교육 요구에 대응할 수가 없어요. 교육 전공자로서 성교육 교재나 교수법은 하나도 어려운 게 아니에요. 문제는 하느냐 안 하느냐, 어떻게 해야 하느냐입니다. 이는 태도와 관념, 가치관과 관련된 문제죠."

나는 전문가들이 쓴 성교육 매뉴얼들을 읽어보았다. 다루는 내용이 대개 신체 건강, 질병 예방, 이성과 어떻게 어울릴 것인가 등에 집중돼 있고 성 담론을 직접 다루는 부분은 극히 미비했다. 그중 한 권은 이렇게 언급하고 있다.

"지적장애인은 생활이 성적 갈구에 집중되기 쉽다. 장기간 습관이 되면, 향후 끊어내기가 상당히 곤란해져 가족과 시설의 돌봄에 어려움을 초래할 수 있다."

저자는 '끊어내기'라는 단어를 사용해 성은 나쁜 건 아니지만 가능한 한 원치 않는 게 좋다는 생각을 여지없이 드러냈다.

그런데 돌보는 사람들을 탓할 수 있을까? 그들이 대면하는 사람은 언어 능력이 부족하고, 소통이 굼뜨며, 많은 일을 할 줄도 모르고 알아듣지도 못하는 사람이다. 일상생활을 돌보는 것만으로도 이미 초주검이 된 상황에서 그들에게 '하반신' 문제를 배려할 여유 따위는 없다.

감사원의 감사위원인 왕유링王幼玲의 아들 쑹팅松庭은 자폐아다. 쑹팅은 정서도 감각도 있고, 다른 사람의 말을 이해할 수도 있다. 단지 그것을 온전히 전달하지 못할 뿐이다. 이런 형편에서 왕유링이 엄마로서 한 경험은 틀림없이 고도의 인생 수행 과정이었으리라.

왕유링에 대한 내 인상은 줄곧 그녀가 언론에서 보여주던 '민첩하고 용맹한 작은 고추'의 모습에 머물러 있었다. 여러 해가 지난 뒤 '장애연대(지금은 '심신장애연대'로 바뀌었다)'에서 사무총장을 맡고 있던 그녀를 만났을 때, 왕유링은 이따금 쑹팅에 관한 이런저런 이야기를 들려주었는데 나는 이 사람의 눈빛이 얼마나 온화해질 수 있는지 비로소 알아차렸다. 당시 쑹팅은 정서가 몹시 불안정해서 걸핏하면 사람을 잡아당기거나 밀쳤고, 테이블과 의자를 아래층으로 던지기도 했다. 그러다 사람을 다치게 할 수도, 자해를 할 수도 있어 왕유링은 부득이하게 쑹팅에게 항정신제를 먹였다.

그건 고통스럽고 힘겨운 결정이었다. 나는 공감한답시고 "아이고, 정말 힘들었겠어요"라고 내뱉었지만, 정말이지 안 해도 될 괜한 말이란 생각이 들었다. 어찌할 바를 몰라 하는 사람들에게 이미 익숙한지 그녀가 쾌활하게 대답했다.

"그럭저럭 괜찮아요. 우리가 할 수 있는 일이 많지 않아요. 최대한 돈을 많이 저축해서 우리가 죽은 뒤에도 아들이 그냥저냥 잘 지낼 수 있기만을 바랄 뿐이죠."

왕유링은 성 서비스를 제공하는 자원봉사 단체 손천사手天使의 나눔 모임에서 아들의 성적 욕구를 언급한 바 있다. 쑹팅이 고등학교에 다닐 때 여성의 가슴을 몰래 만진 적이 있는데, 신체에 대한 호기심에서였는지 성적 충동 때문이었는지 확실치 않다고 했다. 하지만 학교의 '보호 교육'은 아주 괜찮았다고 긍정했다. 누군가 쑹팅의 엉덩이를 만지기만 하면 쑹팅은 "성희롱하지 마"라고 말할 줄 안다. 왕유링은 속으로 이런 아들이면 다른 사람을 건드리지도, 자신이 쉽게 당하지도 않겠구나 생각했단다.

한때 쑹팅은 극도로 안절부절못하고 마구잡이로 날뛰곤 했다. 입원과 단속도 소용이 없어 남자 간호사를 구해 24시간 도움을 청했다. 간호사는 산만 한 덩치에 성적 욕구가 충만한 청춘의 쑹팅을 보고는 아버지에게 제안했다. 여자와 자보지 않았다면 남자도 아니죠. 매춘부한테라도 데려가요! 당연히 아버지는 그 제안을 받아들이지 않았다. 하지만 이를 계기로 왕유링은 '아들에게 성은 어떤 의미일까? 절대로 해서는 안 될 경험일까? 아들에게 자위를 가르쳐야 할까? 어떻게 가르쳐야 할까? 일단 경험하게 되면 날마다 하려고 하는 건 아닐까? 충족되지 않으면 더 불안해하는 건 아닐까?' 등의 문제를 고민하기 시작했다.

가만히 보니, 아들은 아침에(반드시 아침인 건 아니다. 잠들기 전에 그럴 때도 있다) 발기하고 몽정을 하기도 한다. 일어나자마자 욕실로 가서 옷을 홀딱 벗지를 않나, 자기 속옷을 빨려고 하지를 않나. 한동안 왜 그러는지 도통 몰랐다. 나중에야 몽정일 수도 있겠구나 알아차렸다. 아들이 섹스를 생각한다고? 야한 영화를 본 적도, 포르노 관련 책자를 본 적도 없는데(남편이 개인적으로 소장한 건 내가 일찌감치 없애버렸다) 남녀 간의 섹스가 성적인 자극과 쾌감을 가져다줄 수 있음을 이해한다고? 하지만 어쨌든 생리적 반응은 일종의 본능이 아닌가. 나는 아들이 자극을 추구하는 유일한 방식이 침대에 엎드려 앞뒤로 문지르는 것임을 알아차렸다. 하지만 그것으로 사정을 하느냐는 중간에 포기하고 지켜보지 않았다.

사정을 스스로 통제하는 경험(자위)을 갖게 해야 할까? 몽정과 발기가 어떻게 일어나는 것인지 가르쳐야 할까? 아들이 이해할 수 있을까? 그 맛을 본 후에 통제가 되지 않는 건 아닐까? 공공장소에서 아무 여성(사람)에게나 들이대는 건 아닐까? 충족되지 못할 때 정서적으로 더더욱 초조해하지는 않을까? 수많은 의문(내가 아들의 자기통제 능력에 얼마나 자신 없어 하는지를 적나라하게 보여준다)이 꼬리에 꼬리를 물었다. 재밌는 건 아이들의 교양, 학교 교육, 일과 취업, 인간관계, 감정처리 등의 문제를 놓고 심심치 않게 토론이 벌어지는 학부모 커뮤니티에서 내가 이런 문제들을 던지며 어떻게 했는지 경험을 가르쳐달라고 하면, 한동안 분위기가 조용해지면서 대답해주는 사람이 아무도 없다는 점이다.[1]

---

1 왕유링, 「내 아들은 성 경험이 없다?」, 손천사 홈페이지, 2016년 7월 1일(http://www.handangel.org/?p=1630).

지적장애인에게 성을 이해시킨다고? 깊은 잠에 빠진 아이를 애써 깨우는 꼴이 되진 않을까? 열지 말아야 할, 또 열 필요가 없는 수문을 열어젖히는 꼴이 되진 않을까? 아이를 돌보는 사람들이 그동안 우왕좌왕하며 걸어온 길에 실수나 오해가 있었을지는 몰라도 최소한 거기에는 아이가 울퉁불퉁한 길을 걷지 않게 하려는 선의가 있었을 것이다. 그들은 아이가 아무것도 모르길 바란다. 그저 고통받지 않기를 바라는 게 설마 잘못된 일일까?

특수교사 B는 성에 대해 가르치고 이끌어줄 필요가 있다는 데는 동의하지만, '성행위'와 '성폭행'의 개념이 너무 추상적이라 아이들을 이해시키려면 실물 시연을 통해야 한다고 생각한다. B는 가르칠 때 보통 인형을 보조 도구로 활용한다. 남자 인형의 음경을 가리키면서 "만약 누가 이것을 입이나 아래에 넣으려 하면 꼭 거절해야 해요!"라고 설명해준다. B가 내친 김에 이야기해준 동료 교사 C의 사례는 이렇다. 빨간 도트를 능숙하게 활용하는 C는 그것을 인형의 몸에 붙여 신체의 어느 부위를 못 만지게 해야 하는지 아이들에게 가르친다. 머리끝에서 발끝까지 온몸에 빨간 도트가 붙자 아이들이 그만 못 참고 물었다.

"선생님, 내 몸 어디는 만지게 할 수 있어요?"

C는 순간 얼어붙었다. 지적장애 아이들의 몸을 '만지게 할 수 있다'고 생각해본 적이 없었기 때문이다.

장애인이 짓밟히지 않도록 보호하려면, 성이 무엇인지 알려줘야 한다. 생식 기관과 성별의 차이를 알게 해야 할 뿐 아니라 신체와 느낌, 행위, 인간관계, 성관계 등이 무엇인지 이해시켜야 제대로 된 성교육이라 할 수 있다. 가르치지도 토론하지도 않는 진공 상태에서 덮어놓고 일방적으로 자신을 보호하라고 요구하는 건 그야말로 나무에 올라 물고기를 구하는 격이다. 하지만 안타깝게도 이런 생각은 쉽게 받아들여지지 않는다.

2003년, 일본 도쿄도 히노시 나나오양호학교(지적장애인학교)에서는 '적절치 않은 교재 사용'과 '사회 상식을 벗어난 수업 내용' 등을 이유로 31명의 교사가 처벌을 받았고, 해당 학교의 교장도 강등 처분을 받았다. 대체 얼마나 '세상 사람을 아연실색하게' 하는 교재였기에 이처럼 엄중한 문책을 당했을까?

이 사건의 발단은 1997년으로 거슬러 올라간다. 남녀 학생들 간에 성관계가 발생하자 기존의 교육 내용이 부실했음을 알아차린 학교 측은 '신체와 마음의 학습'이라는 커리큘럼을 연구 개발하기로 결정한다. 그들은 '인형을 활용한 교수법'을 적용해 생식기의 모양과 기능을 모방한 시범을 보이고, 음경과 질 등 성기의 명칭을 동요로 만들어 불렀으며, 자궁 주머니를 만들어 출산 상황을 시뮬레이션했다. 시뮬레이션과 체험 커리큘럼을 통해 학생들이 신체와 성의 기능을 이해하고, 부모와 자식 간의 정서적 유대와 인간과 인간의 따뜻한 접촉을 경험하여 자기 인식은 물론 양성 간의 어울림 능력을 기르도록 했다.

이러한 노력이 외려 학부모와 보수 인사들의 태산 같은 걱정을 자아낼 줄 어찌 알았겠는가. 도쿄도 의회의 쓰치야 다카유키

2. 깊은 잠에 빠진 아이

土屋敬之 의원은 그런 교재를 사용하는 건 '괴상하다'며 교육위원회가 나서서 처벌할 것을 대놓고 요구했다. 결국 교육위원회는 모든 교재를 몰수하고, 교재를 활용한 교사 31명을 징계했다. 교사들은 심혈을 기울여 만든 커리큘럼이 '과격한 성교육'으로 희화화되고 매도된 것에 반발하여 도 교육위원회와 다카유키 등의 도의원을 고소하고 3000만 엔의 배상을 요구했다. 2009년 도쿄지방법원은 "국회의원의 정치적 신념에 기초한 조치가 학교의 성교육에 개입하고 간섭하면 교육의 자주성을 훼손할 우려가 있다", "교육 내용의 적절성 여부는 단기간에 판단하기 쉽지 않고 일단 교사를 제재하기 시작하면 성교육 발전에 걸림돌로 작용할 수 있다"라고 밝히면서 교육위원회와 도의원이 필히 210만 엔을 배상하라고 판결한다. 2011년, 고등법원에서도 도쿄지방법원의 결정을 그대로 따른다. 여기에 대해 해당 학교의 변호인단은 다음과 같은 성명을 발표했다.

> 우리가 아이들의 생활 경험을 통해 배운 건 타인에게 받아들여진다는 안정감과 편안함을 중시해야 한다는 사실이다. 그러므로 이는 협의의 성교육이 아니라 학생이 자기 인생을 풍부하게 펼쳐갈 수 있도록, 또 사람과 관련된 것들을 소중히 여길 수 있도록 '성이 곧 생존이다'라는 주제로 실시하는 교육이다.[2]

성 의식을 기르는 데는 충분한 자원이 필요하다. 국가가 보호를 구실로 처벌을 일삼는 것은 모든 사람이 가져야 할, 자신과 타인을 인식할 기회를 제도로 제한하고 축소하는 것이나 다름없다. 특히나 성적 욕망과 대면할 때 대단히 복잡한 심경이 되는 장애인에게 필요한 건 처벌이나 비난이 아니라 이해와 동행, 나아가 배움과 이끌어줌이다.

대학을 갓 졸업했을 즈음 린후이팡은 열 몇 살 된 남자아이를 돌보는 봉사 활동을 한 적이 있다. 아이는 무료하면 손으로 성기를 가지고 노는 걸 좋아했는데, 자신의 성기가 부풀면 부풀수록 린후이팡의 표정이 긴장으로 일그러지는 모습을 보고는 재미있어 하며 린후이팡을 놀리곤 했다. 이 일을 통해 린후이팡은 자신의 반응이 아이의 행위에 영향을 미치니 대수롭지 않게 대응해야겠구나 생각했다. 하찮은 일에 크게 놀라선 안 된다는 것을 배운 한편, 아이에게는 남들 앞에서 그렇게 행동해서는 안 된다는 것을 가르쳐주었다. 아이는 천천히 깨우쳐갔다. 여기까지 이야기하고서 린후이팡은 한탄하듯 말했다.

"사람이 가장 중요한 보조 도구인데, 우리 교육 현장에는 이 부분이 가장 부족하죠. 어떤 지원 서비스와 보조 도구를 제공해야 하는가를 고민할 때 기껏 생각하는 거라곤 하나같이 휠체어나 이

---

2 http://kokokara.org/를 참조하라(일본어 원문과 이 책에서 중국어로 번역해 인용한 글이 상당한 차이를 보이는데, 저자의 의도를 존중해 중국어 번역문을 기준으로 옮겼다-옮긴이).

동 장치처럼 '유형'의 물품입니다. 사람을 중심에 두고 장애인의 필요를 고민하는 일은 좀체 없습니다. 우리가 진지하게 검토해봐야 할 게 바로 이런 부분입니다!"

교육자의 가치관과 태도를 바꾸는 일은 굉장히 지난한 작업으로 결코 단번에 성공할 수 없다. 이렇게 고난도의 과제 앞에서는 린후이팡처럼 오랜 세월 관련 일에 몸담아온 사람도 맥이 빠질 때가 있지 않을까?

"당연히 없어요!"

린후이팡은 곧바로 명쾌하게 대답했다.

"산적해 있는 과제를 떠올릴 때마다 저는 이런 생각을 해요. 영영 시작하지 않는다면, 달라질 기회가 오지 않겠지만 이띤 실마리만 마련된다면 변할 거라고요. 그래서 전 낙담하지 않아요. 이 지난한 과제를 위해 노력하는 뜻있는 사람들이 있다고 믿거든요."

실제로 이미 이 방향으로 전진하는 교육자들이 있다. 특수교사 쑤수후이蘇淑惠는 장애인 직업고등학교의 경증, 경중증 장애 여학생 10여 명을 대상으로 연구를 진행했는데, 이 학생들은 적절한 학습과 지도만 있으면 자신과 타인의 감정을 식별할 뿐 아니라 자신이 원하는 것과 원치 않는 것을 이해했다. 그에 더해 실제 훈련과 반복적인 연습을 거치면, 감정 전달 및 자기결정 능력을 갖추었다. 이 연구를 통해 쑤 교사가 깨달은 바는 이렇다.

과거 그들에 대한 내 인상은 다른 사람들이나 마찬가지였다. '무지하고', '잘 이해하지 못하며' 너무나 쉽게 속아 넘어가 짓밟히는 사람들이라 여겨왔다. …… 여학생들의 대답은 상상했던 것과 달랐고 더군다나 자기 생각과 주체성이 굉장히 또렷해 화들짝 놀랄 정도였다. 실제로 이들은 성 지식을 명징하게 이해할 능력이 있을 뿐 아니라 성적 자기결정권을 행사할 수도 있었다. 단지 주변의 교사와 부모가 그들 내면의 생각과 느낌을 이해하지 못할 뿐이다.

…… 지적장애 학생은 성교육 내용을 학습할 능력이 있고, 그에 대해 가르친다고 해서 그들이 막무가내로 성을 추구하는 것도 아니다. 사실 특수학교의 성교육이 교사들이 생각하는 만큼 그렇게 끔찍한 건 아닌데, 걱정의 근원을 들여다보면 거기에는 틀림없이 장애인 성교육에 대한 무지와 몰이해가 자리 잡고 있다. 그 무지와 몰이해가 이렇게 비이성적인 우려와 두려움을 자아내는 것이다.[3]

지적장애인에게 사랑하고 사랑받을 능력이 있음을 인정한다면 그들의 신체와 욕망을 있는 그대로 대할 수 있다. 가오슝사범대학의 양자링楊佳羚 교수가 말한 것처럼 말이다.

---

3 쑤수후이·린위쉬안林昱瑄, 「지적장애 학생과 성과 사랑을 이야기하다 – 직업고등학교 지적장애 여학생 성교육 과정의 행동 연구」, 『젠더평등교육계간』, 제62호, 2013년 5월, 45~46쪽.

교사들이 특수교육 학생을 대하는 자신의 편견을 들여다보고 부실한 현행 젠더 교육을 반성할 때에만, 특수교육 학생들의 필요에 맞는, 또한 학생들에게 권한을 부여하고 그들의 능력을 강화할 수 있는 성교육을 설계할 수 있다. 자기가 표현한 말을 어른들이 진지하게 대한다고 여길 때만, 학생들은 자존감과 자신감을 키울 수 있고 결정적인 순간에 자신의 의향을 정확하게 전달할 수 있다. 이러한 성교육은 기존의 성희롱 예방 교육을 더 강력하고 효과적으로 만든다. 왜냐하면 학생이 '요구'할 능력이 있고 자기결정권을 행사할 수 있을 때 비로소 유린당하거나 억압받는 상황을 강력하게 거절할 수 있기 때문이다.[4]

문제를 직시해야만 해결도 할 수 있다. 장애인과 소통하고 정서적 유대를 구축하는 일은 확실히 쉽지 않다. 사랑하는 마음은 물론 무엇보다 인내와 지혜가 요구된다. 학부모와 교사가 두려움과 편견을 내려놓고 더는 회피로 일관하지 않으며 그들의 욕망과 필요를 받아들이고 존중할 때만, 또한 그러한 신념을 더 많은 사람의 마음에 불어넣을 때만 양육과 교육의 길에 마땅히 있어야 할 진정성과 온기를 발산할 수 있다.

---

4   양자링, 「장애인이 학습하는 성과 젠더 교육을 향해서」, 『젠더평등 교육계간』, 제62호, 2013년 5월, 11쪽.

그들이 법정에 설 때

우리는 지적장애인의 의사를 존중하고, 그들이 자신의 목소리를 내서 '원하는지' 혹은 '원치 않는지'를 결정하게 해야 한다는 것을 안다. 하지만 이상은 이상일 뿐 현실은 어떤가?

위생복리부가 발표한 2016년 성범죄 사건 통계에 따르면, 한해 타이완에서 발생한 성범죄는 8000여 건이다. 그중 10퍼센트가 넘는 피해자가 장애인이고, 그 가운데 50퍼센트가 넘는 사람이 지적장애인이다. 이 엄청난 통계 수치를 확인한 사람이라면 누구든지 우려를 감추지 못하리라. 이는 장애인을 돌보는 사람들이 지적장애인의 성 문제에 왜 그렇게 한결같이 유보의 입장을 취하는지를 말해준다.

대체 어떻게 해야 신체에 대한 자기결정권을 고려하면서 신변의 안전도 지킬 수 있을까? 두 마리 토끼를 다 잡기란 어렵듯 완전무결하게 이 일을 해내기란 쉽지 않다.

지적장애인 성폭력 피해 사건은 본래 성립되기가 쉽지 않다. 사건 자체가 가진 특수성(은폐된 공간에서 일어나고 목격자가 없다)이 있는 데다가 피해자가 물증을 남길 줄 모르기 때문이다. 사건 발생후 여러 날이 지나 신고하면 DNA 검출은 이미 물 건너간 일이고, 피해자의 기억과 전달 능력에 한계가 있는 상황에서 한낱 진단서한 장에 기대어 가해자로 의심되는 사람을 고소하기란 만만치 않은 일이다.

2. 깊은 잠에 빠진 아이

지총은 이 부분에서 법률 상담을 제공하고 변호사를 찾아주는 등 많은 노력을 기울여왔다. 하지만 가족의 입장에서는 소송 결과보다는 어떻게 하면 피해자를 고통에서 헤어 나오게 할 수 있는지가 더 중요한 경우가 많다. 어떻게 하면 좋을까? 이에 대해 린후이팡에게 물어보았다. 린후이팡은 머리를 절레절레 흔들면서 얽힌 문제가 너무 많고 복잡하다며, 정말이지 '굉장히 어렵다'라는 말만 연달아 세 번이나 되풀이했다.

지총이 처리한 사건 가운데 유아 시절 아버지에게 성폭행을 당해 보호시설로 옮겨진 지적장애 여성이 그곳의 지적장애 남성에게 성폭행을 당한 사례가 있다. 이로 인해 그녀는 성, 여성의 역할, 인간관계 등에 대한 인지에서 비정상 착란을 일으켰다. 이런 당사자에게 절실히 필요한 건 심리 치료는 물론 안전하게 살 수 있는 환경이다. 그런데 지총의 인력 안배에만 기대어 이런 일들을 해나가기엔 한계가 많다. 린후이팡은 보호 시스템(가정방문센터, 위탁 서비스 시설, 신체장애 개별 관리 및 시설 등의 서비스 단위)과 장애인 단체가 적극적으로 협력하고, 피차 더 많은 선의로 한층 더 온전한 안전망을 구축해 그것이 모든 피해자의 버팀목이 되기를 희망한다. 하지만 아직까지 이는 린후이팡의 주관적 기대에 머물 뿐 객관적 현실이 되지는 못한 실정이다.

안전망이 미비하고, 가족의 걱정과 고통을 덜 돌파구가 없는 상황에서는 아래와 같은 장면이 나타날 가능성이 한층 짙어진다.

가오현高縣의 한 특수교사는 최근 학교 내 지적장애 남자 아이가 볼일 보는 일을 돕다가 화들짝 놀라고 말았다. 아이 하체의 성기 부위가 음경 없이 횅하니 비어 있었다. 그래서 아이는 여학생처럼 앉아서 볼일을 보는 수밖에 없었고, 눈에 띄게 발육이 늦고 형태가 불분명한 고환은 위축 현상이 두드러졌다.

해당 교사가 밝힌 바에 따르면, 당시 너무 의아해서 아이의 어머니에게 물었더니 어머니는 뜻밖의 사고에서 아이가 하체를 부딪쳐 다쳤는데 그때 겸사겸사 거세했다는 이야기를 마지못해 해주었다. 음경 전체를 적출해 앞으로 발생할 '화근'의 싹을 미리 잘라 없앤 것이다. 어머니는 아들이 집안의 독자라 대를 잇는 사嗣 문제를 고려하지 않은 건 아니지만, 집안 사정이 열악하고 경제적으로 어렵다 보니 아들이 나중에 성적 충동을 못 이겨 실수를 하거나 문제를 일으키는 날에는 남에게 미안할 뿐 아니라 배상할 형편도 안 돼서 부득이하게 이런 방법을 택했다고 밝혔다.[5]

남자아이의 어머니가 잔혹한지도 모르겠다. 하지만 그 잔혹함

5　주유링朱有鈴, 「뒷걱정을 없애다? 지적장애 아들을 거세한 학부모」, 『자유시보自由時報』, 2005년 3월 14일.

의 배후에는 제3자가 감히 상상할 수 없는, 짊어지기에 너무나 벅차 찬 짐이 놓여 있다.

홍콩의 '캉차오康橋의 집 사건'은 지적장애인 성폭력 피해 사건이 일상다반사로 직면하는 곤혹스러움을 여실히 보여준다.

'캉차오의 집'은 지적장애인을 수용하는 민간 전문 시설이다. 2014년, 원장 장젠화張建華가 그곳의 지적장애 여성을 성폭행한 혐의로 체포되었다. 다른 원생이 촬영한 사건 관련 동영상과 장젠화가 사무실에 남겨놓은, 그의 정액과 해당 여성의 DNA가 묻은 티슈가 증거로 제출되었다. 하지만 장젠화는 사건과의 관련성을 완강히 부인하면서 그 여자 원생이 휴지통을 뒤지다 우연히 자신이 하체를 닦은 티슈를 찾아내서는 본인의 DNA를 남긴 것이라며 싱폭력의 증거가 될 수 없다고 주장했다. 그러면서 그는 상대방에게는 피해망상증이 있고 자기야말로 '진짜 피해자'라며 여자 원생을 역고소했다.[6] 또한 그의 변호사는 티슈만으로는 두 사람 사이에 성관계가 있었다는 사실을 증명하기 어렵다고 주장하면서 피해자가 입을 닦은 티슈로 피고가 자위를 했다면, 피고의 정액과 피해자의 DNA가 동시에 묻을 수 있다고 지적한다. …… 또한 다른 원생이 제공한 촬영 화면은 창문을 사이에 두고 찍은 것으로 외부에서 그들이 성행위를 하는지 단정하기 힘들다고 주장한다.[7] 홍콩

6 「지적장애 여성 성폭행 관련, 원장의 주장: 나야말로 피해자다」, 둥왕動網, 2016년 10월 18일(http://hk.on.cc/hk/bkn/cnt/news/20161018/bkn-20161018093557335-1018_00822_001.html).

사랑을 말할 때
우리가 꺼내지 않았던 이야기들

율정사律政司(한국의 검찰, 법무부, 국회가 하는 법률 관련 업무를 두루 관할하는 홍콩의 법률 사무 전문기관-옮긴이)는 '정신적으로 행위 능력이 없는 사람과의 불법 성교죄'로 장젠화를 기소했지만, 피해자가 심각한 외상 후 스트레스 증후군으로 법정에 출석해 심리를 받을 수 없는 상황이라 어쩔 수 없이 기소를 철회했다.

장젠화의 성폭력 혐의는 이번이 처음이 아니다. 2002년에서 2004년 사이에 그는 콜라, 에그타르트 등의 음식물로 여자 원생을 유인해 성추행했다고 두 차례 고발당했다. 상황이 심상치 않음을 감지한 직원이 경찰에 신고했지만, 피해자의 자백 내용이 앞뒤가 맞지 않고 다른 증거도 없어 장젠화는 결국 무죄 선고를 받았다. 2014년의 사건이 발생한 후 또 다른 여자 원생이 장젠화와 여러 차례 성관계가 있었다고 밝혔지만, 정확한 시간과 장소를 대지 못한 탓에 장젠화는 한 차례 더 빠져나갈 기회를 얻었다.[8]

고통을 받은 사람은 있는데 처벌을 받은 사람은 없다. 법이 할 수 있는 일에는 이처럼 한계가 있다. 이렇게 어이없는 상황 앞에서 판사는 판결문에 이렇게 쓸 수밖에 없었다.

"검사 측이 어쩔 수 없는 상황으로 피고에 대한 기소를 철회했다. 본인이 보기에 이는 피고에게는 '행운'이지만 피해자나 사회

---

7 「'캉차오의 집' 지적장애 여성의 입증 불가로 기소를 취하한 율정사」, 『펑궈일보』(홍콩판), 2016년 10월 18일.

8 「'캉차오의 집'의 전 원장 장젠화가 체포되다」, 『돤촨메이端傳媒』, 2016년 11월 7일.

적으로는 '불행'이라 하지 않을 수 없다."

성범죄 사건은 피해자의 증언을 가장 중요한 증거로 삼아 다루어야 한다. 따라서 증언은 반복적인 심리를 거칠 수밖에 없다. 지적장애인은 인지, 기억, 언어, 정서 등에 한계가 있어 말이 앞뒤가 맞지 않다 보니 증언이 미덥지 못하게 들릴 수 있다. 하지만 그들은 거짓말을 하는 게 아니라 문제가 무엇인지 이해하지 못하거나 조리 있게 차근차근 진술하지 못할 뿐이다. 말이 계속해서 달라지고, 정확한 진술이 이루어지지 못하는 상황에서 진상을 밝혀내는 것은 결코 만만치 않은 일이다.

황리야는 소송 보좌인 신분으로, 교사에게 성추행당한 지적장애 여자아이의 법정 출석에 동행한 적이 있다. 판사가 심리한다. 선생님이 뭘 했지요? 아이가 가슴을 손짓하며 나를 만졌어요, 라고 말한다. 판사가 또 묻는다. 옷 안을 만졌어요, 밖을 만졌어요? 아이가 안이라고 한다. 판사가 다시 묻는다. 선생님이 지퍼를 내렸어요, 아니면 단추를 풀었어요? 아이는 이내 고개를 숙이고는 한마디 말이 없다. 현장은 길고 긴 침묵에 휩싸인다.

황리야가 번뜩이는 재치로 제안한다.

"인형을 가져와서 선생님이 한 행동을 그대로 하게 하면 어떨까요? 그렇게 해도 될까요?"

판사가 동의한다.

여자아이가 인형을 들고는 손을 인형 옷의 목둘레와 그 아래로 뻗어 넣는다. 선생님이 지퍼를 내리거나 단추를 푸는 행위를 하지 않았으므로 아이는 판사의 질문 자체를 전혀 이해하지 못했고, 그래서 자연히 아무런 대답을 하지 못한 것이다. 그런 다음 아이는 인형의 바지를 아래로 끌어내려 손으로 인형의 하체를 쓰다듬는다. 그러자 침묵이, 유난한 웅성거림과도 같은 침묵이 법정을 가득 메운다.

황리야는 그나마 그 여자아이는 장애가 심한 편도 아니고 제한적이나마 자기 생각을 표현할 수 있지만, 도움을 주는 사람과 인형이 있어도 사실을 구체적으로 설명하거나 감정을 전달하는 데 속수무책인 아이들은 검사나 판사가 마음이 있어도 증거 부족에 발목 잡혀 손을 놓을 수밖에 없다고 한탄한다.

법 앞에 모든 사람은 평등하다. 하지만 장애인도 비장애인과 같은 기준에서 동일한 심문을 받아야 한다고 요구한다면 그건 그 자체로 불공평한 처사다. 거기에 더해 성폭력은 본래 입에 담기 힘든 일이다. 그렇다면 성폭력의 진상을 폭로하면서도 피해 당사자에게 가해지는 상처를 줄일 수 있는 제도나 방법은 없을까?

최근 몇 년 사이 일부 시민단체의 요구를 받아들여 검경의 심문 방식에 다소 변화가 생겼다. 가능한 한 프라이버시가 보장되는 장소를 택하고 사회복지사가 동행하여 피해자가 스트레스를 덜 받도록 하고 있다. 2015년 말에 입법원立法院(한국의 국회에 해당-옮긴이)의 삼독三讀(입법 시 마지막 검토 절차-옮긴이)을 통과해 2017년 초부터 정식 시행된 〈성폭력범죄방지법〉 제15조 중 하나의 규정에 따르면 사건 수사 단계에서 전문 사법 심문원이 협조하여 아동과 지적장애인의 심문을 진행해야 한다. 이 제도를 시행하기 위해 위생복리부는 성범죄 사건에서 법적 인터뷰를 담당할 전문 인재를 양성하기 시작했다. 이를 통해 편안하고 지지를 받는 대화 환경을 조성하고, 유도하지도 암시하지도 않는 방식으로 질문하여 아동과 지적장애인이 문제를 이해하도록 도울 수 있길 기대한다. 이 모든 것은 이제 겨우 걸음마를 떼었고 집행에서 실제 효과를 볼지는 아직 지켜보아야 한다.

형사소송은 합리적 의심의 여지가 없는 증거를 요구하는 증거재판주의와 무죄 추정의 원칙을 채택하고 있다. 유죄를 확정하려면, 추정에 따라서는 안 되고 확신이 서야 한다. 다른 가능성이 있으면 반드시 더 고려해야 하고 더 의심해야 한다. 의심의 여지가 있으면 죄를 확정할 수 없다. 그런데 피해자가 사실을 구체적으로 진술할 수 없는 지적장애인일 때는 어떻게 해야 하는가? 옳고 그름의 시비를 어떻게 판단해야 하는가?

2009년 화롄花蓮에 사는 열여섯 살 경중증 지적장애 여성 A는 "집으로 데려가 놀았다", "같이 채소를 심었다"는 등의 이유를 대는 7명의 남성과 잇따라 성관계가 있었다. 이 남성들은 A에게 타이완 달러 100원圓(한화 대략 3700원)에서 500원(대략 1만 8500원)의 돈을 주었다. 얼마 후 A가 정서적으로 굉장히 불안해하는 것을 눈치 챈 선생님이 캐물어 알아낸 뒤 신고했다. 화롄지검은 이 7명을 형법 제225조 '승기성교죄乘機性交罪(정신장애, 신체장애, 심신미약 혹은 기타 비슷한 상황을 이용해 피해자에게 성교하는 행위를 말한다-옮긴이)' 위반으로 기소한다. 하지만 화롄지방법원은 "해당 심신장애인의 객관적인 상태에 근거해, 이성과의 성교 행위에 대해 저항할 수 없거나 저항을 알지 못하는 정도에 도달하지 않는다"는 이유로 7명의 피고에게 무죄를 판결한다. 이 판결은 이내 사회적인 비난을 불러왔다. '입에 돌을 물려야 할 판사', '공룡 판사(비대한 외관에 비해 사유는 텅 비고, 사회적 현실과 괴리된 채 피해자에게 연민의 마음이라곤 털끝만큼도 없이 판결하는 판사를 공룡에 빗대어 비꼰 말-옮긴이)'라는 비난이 봇물 터지듯 쏟아졌고, 게다가 한 정신과 의사는 이 판결에 다음과 같은 의혹을 제기했다. "논란의 여지가 충분하고 부당하기까지 하다", "저항할 수 없는 정도에 도달하려면 설마 의식불명 정도는 돼줘야 한다는 말인가?"**9**

화롄지방법원은 무슨 근거로 무죄 판결을 내렸는가? 타이완 화롄지방법원의 형사판결 98년도(중화민국 98년이라는 뜻으로 2009년에 해당한다-옮긴이) 소자訴字 제531호 판결문 내용을 보면 대략 아래 몇 가지로 나눌 수 있다.

1. A는 병원의 정신감정을 거쳐 경중증 지적장애인으로 판정받았고, 적절한 훈련만 거치면 일정 정도 일을 하고 사회적 관계를 맺을 능력이 있어 "A 여성은 지적장애로

---

9 「입에 돌을 물려야 할 판사 또 등장, 지적장애 여아를 성폭행한 잔혹한 7인의 무죄」, 『핑궈일보』, 2010년 9월 11일.

인해 이익을 미끼로 한 유혹이나 협박을 쉽게 받아들일 수는 있지만 저항할 수 없거나 저항을 알지 못하는 정도에는 도달하지 않는다고 볼 수 있다."

2. A의 교사는 학교에서 해마다 성기와 남녀 간 경계선에 대한 인식, 어떻게 거절을 표현할 것인지 등의 훈련을 포함한 성교육 커리큘럼을 안배한다고 밝혔다. 판사는 A의 훈련을 100점으로 여겨 "A 여성은 일상생활에서 대응 능력을 갖추었고 남녀 간 차이를 이해하기에 성행위에 대해 분별이나 판단 능력이 없는 게 아니다"라고 밝힌다.

3. A가 법정에 증인으로 섰을 때 수줍어 머뭇거리고 불쾌해하며 다소 이의를 제기하는 눈빛과 표정을 보이는 것으로 봤을 때 "A 여성의 지적 상태는 표현력과 조직력에서 일반 비장애인보다 떨어지긴 하지만, 본 법정에서 하는 말, 남녀 간의 애정 행위에 상당히 수치스러운 감정을 드러낸 점, 장기간의 학교 교육을 거쳐 획득한 인지를 통해 남녀 간에 조심해야 한다는 관념이 이미 있는 점 등에 근거해 볼 때, 또 본래의 심신장애의 객관적 상태에 근거해 볼 때 이성 간 성교 행위에 저항할 수 없거나, 알지 못하는 정도에 도달한다고 마땅히 볼 수 없다."

이런 상황은 2010년에 일었던 '훤장미운동'을 떠올리게 한다. 당시 연이어 발생한 아동 성폭력 사건과 관련해, 판사들은 번번이 '당사자의 의사에 반하는지를 증명할 길이 없다'는 원칙을 들어 솜방망이 처벌에 그쳤다. 이는 삽시간에 대중의 분노를 폭발시켰다. 수만 명이 들고 일어나 부적합한 판사를 끌어내리고 다른 사람으로 바꿀 것을 요구하는 항의 성명에 서명했다. 학자와 전문가들도 통렬한 말로 비판에 가세했다. 아동에게 성적 자기결정권을 행사할 능력이 부족하다는 건 기본 상식인데, 판사가 가해자에게 '당사자의 의사에 반했느냐 아니냐'를 질의하는 것은 "젠더 간의 갖가지 권력 비대칭과 불평등을 보지 못할 뿐 아니라 성적 자기결정권을 보호하고자 하는 입법의 취지를 제대로 이해하지 못한 처사"라고 비판하면서 "이 문제의 난점은 피해자의 연령이 아니라 판사가 가해자와 피해자 사이에 존재하는 권력 격차를 볼 수 있느냐 없느냐에 있다"고 지적한다.[10]

지적장애인이 처한 상황은 아동과 굉장히 흡사하다. 그들은 소통과 표현이 서툰 데다 유도당하기 쉬워서 사건의 성립 여부는 항상 판사와 검사, 변호사에 따라 판이하게 달라진다. 이들 법조인이 어떤 인생을 살아왔는지, 전문가로서 어떤 훈련을 받았는지, 심지어 어떤 공포와 편견을 지녔는지에 의해 좌지우지된다. 화렌

---

10 유메이뉘尤美女·황창링黃長玲, 「젠더 의식이 부족한 판사」, 『중국시보』, 2010년 9월 9일.

의 A 여성의 사례를 예로 들면, 판사는 A가 "일정 정도 일할 능력이 있고 사회적 관계를 맺을 능력도 있다", "성교육 훈련은 언제나 100점이다", "저항할 수 없거나 저항을 알지 못하는 정도에 도달하지 않는다" 등을 이유로 생활을 스스로 감당할 능력을 갖춘 지적장애인이라도 성에 대해서는 제대로 알지 못하거나, "뒤이어 어떤 일이 발생할지" 이해하지 못한다는 사실은 등한시했다. 어떤 일이 발생할지 이해하지 못한다면 자연히 저항이나 거절도 할 수 없다. 그렇다고 해서 그것이 그들 스스로 원했다는 뜻이 되는 건 아니다. 게다가 형법 제221조 '성적 자기결정권 방해'가 가리키는 '의사 위배'에는 '명확한 의사 위배'와 '합의 성교'라는 양극단 사이의 '의사 없음'과 '의사 표현 불가능'도 포함된다. 이런 관점에서 볼 때 판사는 A의 인지와 주체성, 결정 능력 등을 지나치게 높게 평가한 게 아닐까?

한 연구 보고서는 이런 사건을 처리할 때 부딪히는 진퇴양난의 딜레마를 구체적으로 지적한다.

> 법적으로는 피해 시간과 장소에 관한 증거 수집이 중시된다. 한 경찰 관계자가 밝힌 바다.
> "시간과 장소를 완벽하게 대지 못했어요. 정확하게 진술을 못하더라고요. 우리 경찰과 검찰에서는 시간과 장소를 굉장히 중요하게 생각하거든요. 그런데 그 사람은 상세하게 진술하지 못했어요."

게다가 피고인 변호사가 의도를 가지고 능숙하게 심문하면 피해자는 이랬다저랬다 증언을 번복하게 된다. 한 사회복지사가 언급한 것처럼 말이다.

"사고 발생 이후 화롄지방법원을 거쳐 타이베이고등법원 형사 법정에 상소하기까지 그녀는 시간과 여러 상세한 정황이 잘 기억나지 않는다는 듯 모호해했어요. 의사가 물을 때는 없다고 했다가 검사가 물을 때는 있다고 하고……. 하지만 변호사가 매우 기술적으로 혹은 에둘러 물었을 때는 모든 것이 뒤죽박죽이 된 채 그냥 무조건 없다, 없다, 없다고만 했어요. 실은 있었는데요. 어쩌면 법정에서 모든 부분에서 증거를 찾으려고만 하다가 간혹 진실이 가려지는 건지도 모르겠어요."

위와 같은 이유로 지적장애인 성폭력 형사 사건은 기소든 유죄 확정이든 쉽지가 않다. 그래서 이처럼 가해자가 법망을 뚫고 활개를 친다.

한 사회복지사는 이렇게 언급한다.

"일전에 지적장애인 사례가 있었는데요. 이미 상급 법원에 상소했는데 판사는 지적장애인의 세계, 그러니까 이따금 왔다 갔다 진술을 번복하고, 심지어 유혹당하기 쉽다는 등의 상황을 전혀 이해하지 못했어요. 그래서 본래 지방법원에서 유죄 판결이 났던 것이 상급 법원에서 전부 기각되었어요."

또 다른 사회복지사도 언급한다.

"성범죄 피해자를 돕는 일을 할 때요, 일반적인 상황이든 특수 상황이든…… 우리가 일하는 방향은 가해자가 나쁜 짓을 했고 잘못했으니 이치에 따라, 그러니까 법에 따라 처리하자는 거예요. 그런데 저는 법에 따라 처리하자는 원칙을 지적장애인에게 적용하기는 매우 곤란하다고 생각해요. 왜냐하면 법은 본래 증거 심리의 원칙을 중시하잖아요. 그런데 당신이 증거를 찾기도, 증언을 하기도 불가능하다면 당신의 이야기는 법정에서 받아들여지기 힘들죠. 그런 사건은 당연히 기소하기가 어렵고요. 그래서 저는 이 법이라는 것과 관련해서는 학부모들한테 법적 심리에 크게 기대하지 말라고 말하곤 해요."[11]

법정에서는 증거를 중시한다. 고소인 측에서 유효한 증거를 내놓지 못하면, 피고는 자신의 무고를 증명할 필요도, 자신의 말이 진짜인지 입증할 필요도 없이 무죄를 얻어낸다. 이것이 바로 현실이고, 이 역시 어찌할 도리가 없다.

지적장애인은 구어 표현 능력에 한계가 있고, 사실을 정확하게 진술하지 못한다. 단순히 그러한 행위에 기대어 '개인의 의사에

11　류원잉劉文英,「성폭력 방지 관련 시스템 내 지적장애인 피해 사건 처리에서 법적으로 직면한 어려움과 필요」,『타이완대학교 사회복지 학술지』, 제17호, 1998년 6월, 109~110쪽.

사랑을 말할 때
우리가 꺼내지 않았던 이야기들

반했는지'를 판단한다면 당연히 유죄 확정이 어렵다. 그런데 다시 원점으로 돌아가 그들의 표현 능력에 한계가 있다는 바로 그 이유로 인해 또 무슨 수로 그들의 '개인 의사'를 알 수 있는가? 특히 일부 피해자가 사건 발생 후 반드시 우울, 공포, 두려움, 불면, 배척 등의 정서적 고통을 호소하지 않고, 오히려 기뻐하고 편안해하며 사랑받는 느낌 등의 감정을 보인다면 그들이 합의한 것인지 혹은 강요당한 것인지 어떻게 확인할 것인가?

　외부의 시선으로 '성관계의 발생'을 다짜고짜 무조건 '성폭력'으로 취급하는 건 약자에 대한 과도한 보호주의로 그들을 '무성욕화'하는 편견이라는 주장도 있다. 예컨대 닝잉빈甯應斌의 「지적장애인의 성적 권리」라는 글에서는 이렇게 언급한다.

　　　　지적 능력이 비장애인에 가까운 사람이어야만 용의자의 강제 수단과 당사자의 의사나 저항 등을 거론하는 게 의미가 있다. 지적장애인과 관련된 성 문제를 고려할 때, 가장 중요한 원칙은 '성 의사의 대칭'이다. 다시 말해 '노'라고 말하면 '노'이고, '예스'라고 말하면 '예스'인 것이다. 한 지적장애인이 성적 요구에 '노'라고 말할 때 그것이 유효하다고 고집한다면, 그 사람이 '예스'라고 말할 때의 자발성 역시 유효한 것임을 부정해서는 안 된다.
　　　　진짜 어려운 문제는 경중증 지적장애인의 성이다. 나는 중증 지적장애인은 '예스'라고 하든 '노'라고 하든, 저항이든 순종이든, 통틀어 유효한 의사 표현으로 봐서는 안 된다고 생각한다. 나이가 어린 유아나 동물들과 마찬가지로 말이다. 경중증 지적장애인은 폭력적 강압이나 계획적인 기만에 저항한 사건이든, 순순히 따른 사건이든 상관없이 그들이 원했다고도 원치 않았다고도 할 수 없다. 왜냐하면 그들에게는 주체적으로 동의할 능력이 부족하기 때문이다. …… 만약 지적장애인의 성행위를 일괄적으로 성폭력으로 취급한다면 그것이야말로 지적장애인의 성적 필요를 무시한 것이자 약자를 보호한다는 미명하에 약자가 누려야 할 쾌락의 복지를 박탈하는 것이다.[12]

이해와 진실을 향해 나아가는 길은 과연 멀고, 또 여러 갈래다.

성폭력이 초래하는 고통은 심장을 후벼 파거나 피범벅이 되어 생긴 상흔이라기보다는 오히려 의식과 잠재의식에 똬리를 튼 채 몽글거리는 것이기에 우리는 피해자에 대해 한시도 마음을 놓아서는 안 되며, 가해자에 대한 성토를 늦춰서도 안 된다. 그런데 범행을 저지른 사람이 지적장애인이라면, 증거가 확실해 만회의 여지가 없다 하더라도 더 많이 이해하고 관용할 수 없을까?

한 판사가 들려준 이야기다. 어떤 성폭력 사건을 맡았을 때 그는 가해자인 지적장애인이 행동거지가 반듯하고 말투가 대범하

---

12 닝잉빈, 「지적장애인의 성적 권리」, 『핑궈일보』, 2010년 9월 23일.

며 평소 일이나 생활도 매우 정상적이라는 것을 알아챘다. 멀쩡한 사람이 왜 그렇게 큰 잘못을 저질렀을까? 진득하니 침착하게 캐물었더니 그제야 그는 과거 시설에 있었을 때 여러 차례 성폭행을 당했다는 사실을 털어놓았다. 그렇게 하는 게 '정상적인 발산'이라고 오해하고 있었던 것이다. 무엇이 유죄이고 무엇이 무죄인가? 판사 역시 정답을 갖고 있지 않았고, 그저 속수무책일 수밖에 없었다.

법은 언제나 이미 일어난 일은 어떤 것도 구제하지 못하고, 그저 범죄자가 마땅히 치러야 할 대가를 치르게 할 뿐이다. 하지만 위 사례의 경우 가해자는 또한 피해자가 아닌가? 판사의 제재가 그에게 무슨 의미가 있을까? 그 사람에게 자신의 잘못을 이해시킬 수 있을까? 참회는 내면의 질책에서 나오는 것이지 외부에서 가해지는 처벌에서 오지 않는다. 그가 잘못된 자기 행동을 이해하지 못한다면, 수감되어 복역한다 한들 더 나은 사람이 되기는커녕 오히려 피해의 심연으로 떨어질 뿐이다.

표현 능력의 한계 때문에 지적장애인이 가해자로 오인되는 사례가 종종 들린다. 여러 해 전, 타이베이시 네이후內湖 경찰 지국에 오토바이를 훔친 죄로 성이 자오趙인 지적장애인이 붙잡혔다. 며칠간 조사를 받다가 돌연 어떤 강간 살해 사건을 자신이 저질렀다고 인정했다. 자오 씨의 어머니는 성격이 온화하고 겁이 많은 아들이 그렇게 엄청난 사건을 저질렀을 리가 없다고 여겨 지총에 도움을 구했다. 지총과 변호사가 일사불란하게 움직인 끝에 DNA

감정으로 그에게 결백을 돌려주었는데, 알고 보니 경찰이 음료와 담배를 주자 기분이 좋아져 뭘 묻든 몽땅 다 인정해버린 것이다.

받은 피해와 상처, 죄 언도의 한계 이 둘 사이의 복잡한 역학 관계로 인해 성폭력 사건에는 언제나 불확실성이 넘쳐난다. 특히 지적장애인은 장애 정도와 이해의 정도가 저마다 다르고, 사건이 처한 상황도 제각각 달라서 한마디로 말하기가 굉장히 힘들다. 그렇지만 언제나 도달하는 결론은 제도상의 변화(검경 관계자의 성 인지 감수성을 높인다든지, 사건을 인터뷰하는 사람들의 전문성을 높인다든지)는 물론 성폭력에 대한 뿌리 깊은 통념과 편견을 바꾸어야 한다는 것이다. 성행위가 범죄로 성립될 때는 가해자가 위협, 공갈 등의 수단을 통해 상대방이 강제로 따르도록 한 경우이지, 성행위 자체가 죄악이기 때문이 아니다. 대상이 아동이든 성인이든, 지적장애인이든 비지적장애인이든 전부 마찬가지다.

지적장애인의 속마음은 마치 그들이 외계에 살기라도 하는 것처럼 신비롭고 헤아릴 수가 없다. 가장 가까운 사람조차 그들 마음의 문을 항상 두드려 열 수 있는 건 아니다. 외부에서 온갖 방법을 동원해 그들을 성폭력으로부터 보호하고자 할 때, 혹 그들이 누릴 즐거움을 빼앗는 딜레마에 빠지지는 않을까? 이 질문 앞에서 나는 모 특수학교의 한 도우미가 말한 '명언(?)'을 떠올리지 않을 수 없다.

"잘 먹고 잘 자면 그것으로 됐지. 또 무슨 행복과 즐거움을 바라겠다고?"

장애인에 대한 무지와 멸시, 이것이야말로 장애인이 가장 소름 끼쳐 하는 적일 것이다.

3.

사랑할
권리

도라, 욕망에 눈뜨다

　세상 사람들은 대개 지적장애인의 삶은 버거울 거라 짐작하지만, 그들이 마음속으로 어떻게 생각하는지는 누구도 알지 못한다. 나 개인의 제한적인 관찰에 의하면 그들은 때로는 분노하고, 때로는 고통스러워하며, 또한 환희와 관용의 마음으로 가득 차는 때도 있는 것 같다. 특히 옆 사람의 사랑과 관심을 받을 때는 얼굴에 말로 표현하기 어려운 빛이 절로 어른거린다. 숨기려야 숨길 수가 없다. 그들에게 '사랑'이란 무엇인가?

　〈도라: 욕망에 눈뜨다Dora oder Die sexusllen Neurosen unserer Eltern〉는 장애인의 성욕을 주제로 한 몇 안 되는 영화 중 하나다. 영화는 다운증후군이 있는 열여덟 살의 도라가 정신 연령은 아이지만 신체는 이미 성인인 상황을 다룬다. 도라는 무심결에 부모의 부부 생활과 마주친 뒤 첫 월경이 찾아온 것처럼 느닷없이 욕망에 눈을 떠 낯선 남자와 거리낌 없이 사랑을 나눈다. 그러다 결국 임신을 하고 만다.

　도라의 부모에게는 그야말로 마른하늘에 날벼락인 상황이다. 그들은 매니큐어를 즐겨 칠하고, 예쁜 옷을 좋아하는 어린 도라에게도 성욕이 있다는 사실은 한 번도 생각해본 적이 없다. 게다가 아이까지 낳으려 하다니! 부모는 아이를 떼라고 도라를 설득하지만 뜻밖에도 도라의 생각은 다르다. 도라는 '아이를 돌보는 게 뭐가 그리 어려워? 엄마가 도와줄 수도 있잖아'라고 생각한다.

엄마와 아빠는 도라를 사랑한다. 그들이 사랑을 표현하는 방식은 도라를 데려가 피임기구를 삽입하고 딸을 대신해 낙태를 결정하는 것이다. 그들은 '성'이 출산과 양육의 책임과 결부될 때 과연 도라가 그런 권리를 가질 자격이 있을까 회의한다. 결국 그들은 고통스러워하며 도라를 다운증후군 전문 돌봄 시설로 보낸다. 그들에게는 이미 어떤 것도 해줄 힘이 없었기 때문이다.

도라처럼 고기능 지적장애인은 판단 능력이 있음은 물론 정상적으로 정서와 감정을 느낀다. 그런 도라가 사랑하고 사랑받고자 하며 엄마가 되려 하는데 왜 그게 안 될 일인가?

부모가 지적장애인의 출산과 양육의 권리를 대신 결정할 수 있을까? 이는 줄곧 굉장히 논쟁적인 주제였다. 후환을 미리 없애고자 부모가 여름방학이나 겨울방학을 이용해 지적장애인 딸의 자궁을 적출했다는 이야기를 한 친구가 사람들에게 들려준 적이 있는데, 현장은 경악하는 소리로 한 차례 술렁였다. 너나 할 것 없이 너무 잔인하다며 한마디씩 거드는데, 본래 맹렬한 포화로 가차 없던 S가 평소와 달리 대수롭지 않게 말했다.

"내 생각은 이래. 그들도 틀림없이 마지못해 했겠지. 생각해봐. 열 몇 살의 여자아이가, 멍청하게 아무것도 모르는데, 만일 진짜 누가 어떻게 해서, 임신이라도 하면 어떻게 할 건데? 낳게 해야 해? 당연히 안 되지! 가장 좋은 건 그 전에 (자궁을) 들어내는 거야!"

"하지만 자궁은 그 아이 것이야. 아이를 낳고 기를 능력을 어떻게 부모가 마음대로 박탈할 수 있지?"

누군가 분노하며 말했다.

S는 '딱 들어보니 아이를 낳아본 적이 없군' 하는 표정으로 상대방을 바라보며 눈썹 하나 까딱하지 않고 말했다.

"숨기지 않고 말할게. 난 얼마나 다행인지 모르겠어. 내가 낳은 게 아들이라서. 남자라서 말이지. 만약 여자였다면, 임신이라도 했다면, 망한 거지 뭐!"

나는 좀 의외라는 생각이 들었다. S는 지적장애 아들의 성적 필요를 충분히 이해하고 받아들이며, 아들이 언제든 휴대할 수 있게 콘돔까지 준비해두는 사람인 줄 알았으니 말이다.

"만약 네 딸이 임신하면 넌 어떻게 할래?"

내가 S에게 물었다.

"당연히 떼야지! 아니라면? 낳게 해서 기르는 걸 도와줘야 한다고 생각하니?"

그녀는 호쾌한 사람이라도 된 듯 시원시원하게 대답했다. 모인 사람들은 어색한 침묵에 잠겼다. S가 겸연쩍게 씩 웃고는 설명했다.

"내가 이렇게 말하는 거, 너희는 그다지 수긍하지 않겠지. 하지만 내 생각에는 말이야, 이 아이들은 스스로를 책임질 수가 없잖아. 결국 문제가 생기면 우리 어른들이 나서야 하잖아? 그런데 우리가 나선다 치자, 그래서 뭘 또 어떻게 할 건데? 아이를 낳게 할 거니? 아니면 잘못을 저지른 아이들을 결혼이라도 시킬 거야? 내

　　　　　　　　　　　　3. 사랑할 권리

말 이해하겠니? 그 애들은 일반적인 아이들이 아니잖아. 그 애들은 바로 '장애인'이라고!"

딱히 말문이 막힌 적이 없던 나였지만, 그 순간에는 정말이지 뭐라 대꾸해야 할지 어안이 벙벙했다.

몸을 둘러싼 첨예한 질문들

마리 퀴리Marie Curie 부인은 이렇게 말했다.

"살면서 두려워할 것은 아무것도 없다. 삶은 그저 이해되어야 할 뿐이다. 이해하는 것이 많아질수록 두려움은 줄어든다."

지적장애인을 대하는 일반적 태도 역시 마찬가지다. 그들의 사연은 얼마나 구구절절하고 또 그들의 속마음은 얼마나 심오하고 이해하기 어려운지, 안녕과 질서를 갈망하는 사람들은 마음에 두려움이 생겨나 이 '이상한' 생명의 존재가 '정상적인' 개체와 가정의 생존을 위협할 것이라 여긴다. 특히 거대한 변화의 소용돌이에 놓인 사회라면, 안정적인 삶을 추구하기가 좀처럼 쉽지 않은 상황이 초조와 불안을 불러일으키고 이는 강렬한 위기감으로 드러난다. '정상' 사회를 지속적으로 가동하려면 반드시 '이상한' 존재를 숙청해야 하고, 그 결과 강제 불임시술이라는 정책이 출현한다.

20세기 전반기 두 차례의 세계대전이 야기한 파괴와 폐허 위에 생물학과 유전학이 제창한 우생학이 맹위를 떨치면서 독일, 미국,

캐나다, 스위스, 덴마크, 스웨덴 등의 나라가 우생학에 바탕을 둔 출산 법령을 잇달아 제정했다. 그런 다음 지적장애, 정신장애, 간질, 정신분열증이 있는 사람이나 근친상간을 저지른 이들에게 강제 불임시술을 요구해 적잖은 논쟁을 일으켰다.[1] 미국의 '벅 대 벨 Buck vs. Bell' 판결[2]이 관련 논쟁 가운데 가장 전형적 사례다.

1920년, 미국 버지니아주에 있는 간질 환자와 정신박약자 수용 시설의 관리자이자 의사인 앨버트 S. 프리디Albert S. Priddy는 주정부의 '지적장애인 불임시술 법안'에 따라 지적장애 여성 캐리 벅 Carrie Buck에게 불임시술을 시행하게 해달라고 요구한다. 지능이 너무 낮고, 천성적으로 문란한(사생아를 낳았다) 데다 매춘하는 어머니까지 둔 상황을 감안했을 때 '열성 유전자'임이 충분히 증명되었기에 강제로 불임시술을 하는 게 최선이라는 이유였다. 벅의 후견인과 변호사는 버지니아주에 지적장애 여성이 벅 한 사람도 아닌데 주정부가 벅에게만 강제 불임시술을 허용하는 건 미국 수정헌법 제14조의 '평등 조항' 원칙에 어긋난다고 주장하며 법원에 소송을 제기한다.

나중에 알려진 바에 따르면, 벅은 양부모가 집을 비운 사이 그

---

1 자료의 주요 출처는 우비원伍碧雯,「 '생존 가치 없는' 독일인에 대한 나치 정권의 처분」, 『청궁成功대학 서양사 논문집』, 제10호, 2002년 3월, 287~310쪽.

2 의사 프리디가 캐리 벅의 우생학적 불임시술을 허용해달라고 법원에 요청한 뒤 얼마 지나지 않아 사망하자 이 일을 의사 벨John H. Bell이 이어받았기에 이 사건을 '벅 대 벨' 사건이라 부른다.

들의 사촌에게 성폭행을 당한 뒤 임신해 사생아를 낳았다. 설령 성폭행을 당했다 하더라도, 1927년 미국 연방대법원은 8대 1의 투표 결과로 벅은 반드시 강제 불임시술을 받아야 한다고 판결한 다. 판결문의 작성자인 유명 법학자 올리버 웬들 홈스Oliver Wendell Holmes는 이렇게 썼다.

> 이들이 범죄를 저지른 후 사형되기만을, 무능으로 인해 굶어 죽기만을 기다리느니 차라리 결함 있고 사회의 부적 격자인 이들의 후대 출산을 막는 게 이 세상과 사회를 위 해 더 낫다. 예방접종을 강제로 시행하는 것처럼 나팔관 절제술의 강제 집행 역시 같은 원리다. 지적장애인 3대면 이미 충분하다."[3]

하지만 이것이 끝이 아니었다. 더욱 소름 끼치는 인간 본성 파 괴의 전쟁이 그 서막을 열었다.

1933년 독일 국회는 '벅 대 벨'의 판결을 인용해 〈유전질환 자 녀 출산 금지법〉을 통과시킨다. 지적장애, 정신장애, 조현병, 간질, 헌팅턴병Huntington's disease, 신체 결함과 심각한 알코올중독 등 이 있는 사람은 반드시 거세, 나팔관 묶기, 난소 적출 등 강제 불임

---

3 미국 연방대법원 판례 '벅 대 벨' 참조. 274 U.S. 200(1927). http://supreme.justia.com/cases/federal/us/274/200/case.html#207

시술을 받아야 하며 주치의나 병원 의사, 수용 시설 관계자의 동의만 있으면 시술할 수 있다고 규정한다. 내가 알기로 1933년에서 1936년까지 적어도 20만 명의 독일인이 이런 수술을 받았다고 한다. 그 이후 나치는 '작전 T4'[4], '기형 장애아 말살' 등의 계획을 연이어 내놓아 장애인, 범죄자, 건강한 유대인 등 '가치 없는 사람'을 죽음으로 내몬다. 말하자면 일상생활에서 버려지는 쓰레기처럼 땅속에 묻어 그들의 존재가 보이지 않게 한 것이다. 이런 만행은 신문, 잡지, 영화, 의학계 등의 선전을 거치면서 독일 민중에게 받아들여졌고, 강제 불임시술의 정당성과 필요성은 대체로 긍정되었다. 나치가 걱정했던 종교계에서조차 저항의 목소리는 나오지 않았다.[5]

오늘날에는 국가 체제가 지적장애인에게 불임시술을 강제하는 일은 흔치 않지만, 가족이 나서서 요구하는 사례는 간간이 들린다. 이 사실은 그들 내부에서는 공공연한 비밀이다. 나는 가족들과 접촉하려 했지만 방법을 찾지 못했다. 그들은 익명의 인터뷰조차 응하려 들지 않았기 때문에 나는 그저 제삼자의 입을 통해 간접적으로 한두 사례를 알게 되었을 뿐이다.

4 작전 T4(Aktion T4)는 나치 독일의 인간 말살 계획의 별칭으로 '결정적인 의료 검사를 통해 불치의 환자로 판정이 나면 약물 투여, 굶기기, 독가스 등의 방식으로 학살했다. 이 작전은 베를린 티어가르텐가 4번지Tiergarten-straBe 4에 있는 한 별장에서 계획되었기에 '작전 T4'라고 명명했다.

5 자료의 주요 출처는 우비원, 앞의 글.

3. 사랑할 권리

"한번 생각해봐요. 당신 딸이 매달 그게 올 때마다 온몸을 엉망 진창으로 더럽혀요. 아무리 가르쳐도 안 되고. 그 아이 아빠, 엄마 라면 어떻게 하겠어요? 어떻게든 자궁과 난소를 들어내려 하지 않겠어요?"

한 익명의 장애인 가족이 한 말이다.

지총의 린후이팡 사무총장은 지적장애인의 필요는 무슨 대단 한 '큰일'이라기보다는 하나같이 사소한 '작은 일'로, 그 상황에 직접 처해보지 않으면 왜 그런 작은 일이 엄청난 스트레스가 되 는지 이해하기 어렵다고 말했다. 그러면서 혼자 딸을 키우며 딸의 달거리를 어떻게 처리해야 할지 몰라 허둥댄 아버지의 이야기를 들려주었다. 린후이팡은 그 딸이 설거지도 집안일도 곧잘 도와주 는 것을 보고는 달거리를 스스로 해결할 수 있겠다 싶어, 수업이 끝날 때마다 화장실에 가서 스스로 교체할 수 있도록 생리대를 넉 넉히 준비하고, 팬티에 기호를 그려서 그곳에 생리대를 붙이게 하 면 된다고 아버지에게 일러주었다. 아버지가 한동안 함께하며 연 습을 시키자 딸은 마침내 문제없이 그 일을 처리할 수 있게 되었 다. 아버지 역시 자책과 수치에서 벗어났다.

"예전에는 부모들이 툭하면 제게 아이의 자궁을 들어내도 되는 지 물었어요. 제 대답은 당연히 안 된다는 것이었지요. 그 누구에 게도 다른 사람의 신체 기관을 없앨 권리는 없어요. 그것은 사람 으로서 침해당해서는 안 되는 기본 권리입니다. 부모라 해도 안 됩니다. 아이가 어떤 질병에 걸려 반드시 들어내야만 하는 경우를 빼고는요."

린후이팡은 의미심장하게 한마디를 더 보냈다.

"문제에 부딪치면, 직면할 수 있을 뿐이지 회피할 수는 없습니다!"

한 사람이 악의적으로 다른 사람을 핍박하거나 학대해서 그 생명이 한 걸음 또 한 걸음 파멸로 나아가게 된다면 이는 당연히 범죄다. 그렇다면 결함이 있는 육체로는 자유롭게 살 수 없다고 확신한 부모가 자녀를 대신해 장기 적출을 결정한다면 이는 범죄인가? 그렇다고 한다면 어떤 죄를 범한 것인가?

미국의 '베개 천사' 애슐리Ashley X의 이야기를 그 가장 좋은 예로 꼽을 수 있다. 애슐리는 선천성 뇌병변장애로 신체 기능이 심각하게 훼손된 상태다. 말하지도, 걷지도 못할뿐더러 스스로 음식을 먹지도, 몸을 뒤집지도 못해 음식은 위루관을 통해 섭취한다. 아픈 것을 무서워하고, 미소를 잘 짓는 애슐리가 언제나 베개에 기댄 채라 아버지와 어머니는 그런 애슐리를 자신들의 '베개 천사'라고 부른다.

나이를 먹을수록 몸무게가 늘고 키가 자라는 애슐리와 달리 아버지와 어머니는 점차 체력이 형편없이 떨어졌다. 여러 차례 고민하고 권유한 끝에 부부는 마침내 시애틀병원 의료윤리위원회를 설득하는 데 성공한다. 위원회의 동의를 얻어 애슐리에게 여성 호르몬을 주사해서 성장을 억제하는 동시에, 자궁과 가슴을 들어내 애슐리를 영원히 키 135센티미터, 몸무게 29킬로그램의 체형에 가둔다. 영원히 자라지 않는 피터팬처럼 말이다. 그해 애슐리는 고작 여섯 살이었다.

2006년 시애틀병원 소아과에서 이 사례를 공개하자 이내 외부의 비난이 드세게 일었다. 부모가 애슐리를 개인 자산으로 취급해 아이의 신체를 자기들 마음대로 처리했는데, 이는 애슐리를 고의로 불구로 만든 것이나 마찬가지라고 비난했다. 그런 부모는 최악의 18층 지옥에 떨어져 산 채로 불에 타 죽어 마땅하다고 악담을 퍼붓는 사람도 있었고, 심지어 누군가는 "자궁과 유방이 쓸모없어 적출할 수 있다고 한다면 아예 애슐리의 손발도 잘라버리지 그래?"라며 조소했다.

의료계는 시애틀병원의 결정에 대체로 부정적인 반응을 보였다. 환자가 다치고 병든 상황도 아닌데 함부로 장기를 들어낸 건 인간의 존엄을 심각하게 훼손한 행위이자, 더욱이 의사로서 "나는 사람의 생명을 지키는 일에 최선을 다하겠노라. 나는 생명이 수태된 순간부터 인간의 생명을 최대한 존중하겠노라. 설령 위협을 당할지라도 나의 의학과 지식을 인도주의에 어긋나게 쓰는 일은 하지 않겠노라"고 한 히포크라테스 선서를 어긴 것이라 여겼다. '워싱턴 보호와 제안 시스템'은 비자발적 불임시술은 반드시 사전에 법원의 동의를 거쳐야 한다며 병원이 위법을 저질렀다고 판결한다. 병원이 나서서 부단히 수술의 정당성을 변호했지만 그것을 덮고도 남을 기세등등한 비난 여론 앞에서 담당 의사는 그만 스트레스를 견디지 못하고 자살로 생을 마감한다.

세상의 비난과 의혹에 해명하기 위해 애슐리의 아버지는 특별히 사이트(http://pillowangel.org/)를 개설해 그러한 결정을 내린 과정을 설명했다. 애슐리의 체형을 작고 연약하게 유지한 것은 애슐리가 온종일 침대에 누워 있을 필요 없이 언제든 가족과 함께 외출해 야외 활동을 하기 위해서였고, 자궁 적출은 생리의 번거로움을 없애고 자궁암을 예방하기 위해서였으며, 유방 절제는 휠체어에 앉은 애슐리를 벨트로 묶어 고정해줄 때 훨씬 편리하기 때문이라고 했다. 애슐리의 부모는 진심으로 이 모든 것은 딸을 위해 내린 결정으로 애슐리가 더 편안하고 더 건강하며 더 즐거운 생활을 할 수 있게 하기 위해서였다고 해명했다.

비난의 목소리는 잦아들지 않았지만 그들의 결정을 지지하는 사람 역시 없잖아 있었다. 예컨대 "건강하지 않은 유아의 살해는 도덕적으로 살인이 아니다"라는 주장으로 논란의 중심에 선 철학자 피터 싱어Peter Singer는 공개적으로 아래와 같이 밝혔다.

어떤 의미에서 모든 의료 행위는 부자연스러운 것이다. 하지만 우리는 그것으로 인해 오히려 자연스러운 상황에서보다 더 오래, 더 건강하게 산다. 애슐리의 부모에게 가장 '자연스러운' 일이란 어쩌면 당연히 중증 장애를 가진 딸을 독수리와 이리떼 한가운데로 밀어 넣는 일일 것이다. 인류 역사에서 절대 다수의 부모가 그렇게 한 것처럼 말이다. 다행스럽게도 그런 '자연스러운 행위'는 인류 문명에 의해 폐기처분되었다. …… 중증 장애 아이가 있는 가정에서 아이를 돌보는 가장 좋은 방법은 아이가 부모와 함께 지내는 것이다. 하지만 이렇게 하기 위한 전제 조건은 반드시 가족이 아이를 쉽게 옮길 수 있어야 한다는 것이다. 그래야만 집에서 돌봄이 가능하다.[6]

애슐리 사이트에 달린 댓글들을 보면, 부모의 결정을 지지하는 사람도 적지 않다. 특히 비슷한 환자를 돌본 경험이 있는 간호사나 부모들이 그랬다. 어떤 사람은 "가장 창의적인 해결 방법을 발명하여 인류에게 행복을 가져다주었다"라고 상찬하기까지 했다. 더군다나 자기 아이에게도 같은 수술을 시키고 싶다는 부모도 있었다. 이는 장애인을 돌보는 일이 얼마나 신산한지는 비슷한 경험을 가진 사람만이 이해할 수 있음을 여실히 보여준다. 만약 애슐리가 그런 치료를 받지 않았다면, 점점 자라서 아버지와 어머니가 더 이상 애슐리를 안을 수 없게 되고, 그렇게 되면 어디에도 갈 수 없을뿐더러 침대를 오르락내리락한다든지 목욕을 한다든지 하는 단순한 일도 크레인에 의존해야 겨우 할 수 있을 것이다. 그게 더 나은 삶이라 할 수 있을까? 더 존엄한 삶이라 할 수 있을까?

『부모와 다른 아이들*Far from the Tree: Parents, Children and the Search for Identity*』에서 앤드류 솔로몬Andrew Solomon은 따뜻하면

---

6 Peter Singer, "The 'unnatural' Ashley treatment can be right for profoundly disabled children", *The Guardian*, 16 March 2012.

사랑을 말할 때
우리가 꺼내지 않았던 이야기들

서도 사실적인 문장을 통해 이렇게 밝힌다.

"변할 수 있다고 변하는 사랑은 사랑이 아니다." 이 말과 달리 사랑은 수시로 변한다. 유동적이고, 끊임없이 움직이며, 평생에 걸쳐 쉼 없이 달라진다. 우리는 우리 아이를 아직 알기도 전에 이미 아이를 사랑했다. 아이를 이해한 뒤에는 사랑하는 방식도 따라서 변한다. 사회운동가들은 애슐리가 잃어버린 것들에 분노한다. 키가 자랄 수 없고 성적으로 성숙할 수 없다고 말이다. 키가 자라고 몸이 발육하는 건 자연스러운 생명의 여정이다. 하지만 그것이 대다수 사람의 경험이기 때문에 절대적인 가치를 지니는 건 결코 아니다. 애슐리가 '성장과 발육'을 통해 얻거나 잃는 것과 '성장 억제'와 '자궁 적출'을 통해 얻거나 잃는 것의 경중을 재는 데는 정교한 도덕적 계산법이 필요하다. 인지 능력을 가진 사람이 애슐리와 같은 그런 수술을 받는 게 적절하다고 말한 사람은 지금껏 아무도 없다.[7]

어머니와 아버지는 애슐리가 더는 고통받지 않기를 바란 것인가, 아니면 자신들이 더는 고통받지 않기를 바란 것인가. 이 둘을

7　앤드류 솔로몬, 젠쉬안징簡葺靚 옮김, 『혈연을 떠나背離親緣』(하), 다자출판大家出版, 2016, 42~43쪽(한국어판은 고기탁 옮김, 『부모와 다른 아이들』, 열린책들, 2015-옮긴이).

구분하기란 쉽지 않다. 부모가 좀 더 홀가분한 나날을 보낼 수 있다면, 애슐리 역시 더 나은 돌봄을 받을 수 있다. 이는 동전의 양면과 같아 명확하게 딱 잘라 구분할 수 있는 게 아니다.

이란宜蘭에 사는 한 어머니는 아들의 지적장애가 다음 세대까지 유전될까 봐 아들이 아직 초등학교에 다니던, 아무것도 모를 시절에 아들을 데리고 가서 정관수술을 시켰다. 하지만 정관수술로는 아들의 성욕을 막아내지 못해 아들은 성인이 된 뒤로 온종일 결혼을 하겠다며 소란을 피웠다. 어머니가 격렬하게 반대하는 바람에 두 사람은 툭하면 말싸움을 벌였다. 어느 날, 역시나 이 일로 충돌하던 중에 화가 치밀어 집을 나간 아들은 두 번 다시 돌아오지 않았다.

텔레비전 화면을 통해 보이는 그들의 초라한 집은 길고 비좁은 구조다. 형광등 불빛이 내리쬐는 실내는 단조로운 빛을 띠지만, 벽면에는 돋을새김으로 붉은색 춘련春聯(신년에 문이나 기둥·미간楣間 등에 써 붙이는 주련柱聯 또는 대련對聯 - 옮긴이)이 덕지덕지 붙어 있다. 이 춘련들은 아들이 분노할 때 휘갈긴 "나 결혼할 거야"라는 낙서와 어머니에게 퍼붓는 삼자경三字經(본래는 아이들이 글자를 깨우치는 데 도움을 주기 위해 세 글자로 된 단어를 모아 엮은 책이지만 이 글에서는 세 글자로 된 욕설을 뜻한다 - 옮긴이)을 벽면을 대신해 받아내고 있었다. 카메라를 바라보는 어머니의 얼굴에서는 무기력함이 뚝뚝 묻어났다.

"나는 아들이 잘되라고 그렇게 한 거라고요. 아들을 위해서였죠. 그런데 아들은 깜깜무소식이에요!"[8]

사랑에는 언제나 달콤함만 있는 게 아니다. 고통과 고독, 무수한 포기해야 할 것들을 의미하는 순간이 더 많다. 부모는 사랑 때문에 무엇인가를 결정하고, 그 결정이 가져올 대가를 짊어진 채 홀로 고독을 삼켜야 하지만 그럼에도 그들은 기꺼이 그것을 원한다.

〈우생보건법優生保健法〉 제10조와 제11조 규정에 따르면, "미혼의 미성년자 혹은 감호 선고나 보조 선고[9]를 받은 사람이 불임시술을 시행할 때는 반드시 법정대리인이나 보조인의 동의를 얻어야 한다", "의사는 우생에 걸림돌이 되는 유전성, 전염성 질병을 앓는 사람이나 정신질환자…… 등을 발견하면 반드시 불임시술 시행을 권해야 한다." 다시 말하자면, 감호인은 불임시술 여부를 대신 결정할 수 있지만 함부로 장기를 절제해서는 안 된다(치료를

8　당시 어느 뉴스 채널의 보도를 봤는지는 잘 기억나지 않지만, 수많은 신문 매체가 이 사건을 보도했다. 예를 들면 청바이춘曾百村, 「암에 걸린 어머니가 몰래 감행한 정관수술에 정신장애 아들이 장가들지 못해 원망하다」, 『중국시보』, 2011년 3월 24일.

9　감호監護 선고는 민법 제14조에 따라 정신장애 혹은 심신미약으로 인해 의사 표시를 할 수 없거나 의사 표시의 효과를 판별할 수 없는 사람에게 본인, 배우자, 사친四親 내의 친척, 최근 1년 내 동거 사실이 있는 다른 친척, 검사, 주무기관이나 사회복지기관 등의 신청이 있을 경우에 한다. 주로 성인 중증 지적장애인이 그 대상이다. 보조輔助 선고는 민법 제15조 제1항에 따라 정신장애 혹은 심신미약에 의해 의사 표시를 하거나 받는 능력, 혹은 의사 표시의 효과를 판별할 능력이 현저히 떨어지는 사람에게 본인, 배우자, 사친 내의 친척, 최근 1년 내 동거한 사실이 있는 다른 친척, 검찰, 주무기관이나 사회복지기관 등의 요청이 있을 경우에 한다. 주로 성인 경증, 경중증 지적장애인이 그 대상이다-옮긴이.

위한 절제는 예외다). 그럼에도 불구하고 돌보는 일이 너무나 지난하고 고생스러워 잘하려는 마음과 사랑이 있고, 정성을 다해 함께한다 해도 회의와 좌절은 나날이 찾아오고 때때로 출몰한다. 돌보는 사람들은 정신적으로나 육체적으로나 지칠 대로 지쳐 강철과 같은 법률의 높은 담장에서 뚫고 나갈 틈을 찾고자 한다. 자신에게 공감해주는 의사를 찾아가 그가 (수술) 칼을 빼들어 자신을 돕도록 설득하는 것이다. 한 번 고생으로 영원히 편해질 수 있는 길이다.

지적장애인에게도 성적 필요가 있다는 것을 부정할 수 있는 사람은 없다. 이는 이론이 아니라 진실한 경험이다. 하지만 마찬가지로 진실한 경험이 우리에게 알려주는 건 지적장애인이 성폭력을 당하는 비율이 다른 어떤 장애인보다 높다는 사실이다. 이렇게 험악한 사실 앞에서 단순히 '신체의 자기결정권 존중', '성의 자유로운 추구'만 주장한다면 돌보는 사람들의 우려는 불식될 수 없으리라.

윤리 원칙에 부합하는 결정이 반드시 가장 좋은 해결 방법을 도출해내는 건 아니지만, 그 가운데 결정적인 요소를 들여다보고 무엇이 가장 중요한 가치인지 규명한 뒤 선택의 결과를 따져보는 데는 도움이 된다. 지적장애인의 개별적인 차이는 굉장히 커서 법이 어떻게 규정하든 일괄적으로 적용하기는 힘들다. 행위 능력이 없는 당사자를 놓고 의료 권익과 가족의 결정이 상충한다든지, 가족이 부러 당사자의 권익을 등한시할 가능성이 있다든지 할 때 법원이나 의료윤리위원회 같은 객관적인 제삼자에게 맡겨 중재하고, 평가 과정에서 의사와 심리상담사, 사회복지사 등 전문가의 의견을 덧붙여 당사자의 심신 상태와 가정환경에 대한 맞춤 토론을 벌인다면 당사자의 이익에 부합하는 결정을 내릴 수 있을지도 모른다.

　매우 논쟁적이면서 단번에 공감대를 형성하기 어려운 모든 의제는 입장을 달리하는 사람들이 현실에서 서로 간의 차이를 들여다보고 이해할 때만 생산적인 대화를 이끌어낼 수 있다. 인권과 인도주의, 인간 본성의 외침에 응답하기에 앞서 우리는 반드시 기나긴 탐색의 길을 걸어야 한다. 빙 돌아가는 길이라 할지라도 그 길을 가고자 마음먹는다면, 이미 탐색은 시작된 셈이니 그 역시 전진이라 할 수 있다.

책임과 윤리

　'성'은 양다리 사이에만 존재하는 게 아니다. 그것은 일종의 인간관계이자, 신체 접촉을 통해 온기를 나누고 친밀한 관계를 맺으려는 갈망이기도 하다. '성'은 종종 '사랑'과 분리될 수 없다.

　미국지적장애인시민협회에서 출간한 『성 정책과 프로그램 안내서』에서는 성은 모든 사람의 삶의 여정의 한 부분으로 지적장애인에게도 애정의 욕구뿐 아니라 프라이버시, 사랑하고 사랑받기, 애정과 우정의 발전, 안전한 성의 학습, 결혼과 출산 등의 기본권이 있다고 명시한다.

　이론은 이렇지만 이를 어떻게 구체적으로 실천할 것인지, 이것

　　　　　　　　　3. 사랑할 권리

이야말로 검증되어야 할 부분이다. 내가 이해한 바로는 지적장애인의 '사랑'에 대한 이해는 종종 "상대방과 대화를 즐긴다", "상대방과 함께하고 싶다" 정도이다. '함께한다'는 건 단순히 뽀뽀나 포옹을 의미할 뿐 뭐가 더 없다. 돌보는 사람들이 직면하는 선택의 상황은 이렇다. 그들이 더 많은 것을 이해하도록 격려할 것인가? 혹은 그들이 그냥 천진난만하게 어울리게만 할 것인가? 깊이 알지 않는 쪽이 더 낫지 않은가?

이는 단순한 결정이 아니다. 돌보는 사람이 이성적인 고민을 거쳐 선택했다 하더라도 여전히 의문이 남을 수밖에 없다. 왜냐하면 옳게 내디딘 한 걸음이 여러 해 동안 영향을 미치고, 잘못 내디딘 한 걸음이 여러 해 동안 후회하게 만들기 때문이다. 선택마다 하나같이 어떤 결과를 낳을지 미지수고, 당사자에게 어떤 영향을 미칠지는 더더욱 예측하기 힘들다. 이렇게 너무나 어려운 문제를 학교도 가르쳐주지 않고 시설도 이야기해주지 않으니 적잖은 곤혹스러움이 초래된다.

다음은 노인 요양원이 배경인 소설 『로스트 케어』에 나오는 사실적 묘사다.

목욕 서비스를 받는 동안 타인이 하체를 씻어줄 때면 간혹 저속한 농담을 던진다. 성심성의껏 서비스해줘. 그게 아니라면, 입에 넣는 것도 괜찮아! 장애인을 돌보는 일을 하다 보면 성희롱을 당하는 상황을 심심치 않게 만난다.

심지어 부속품 취급을 당한다 말해도 지나치지 않다. 그
들이 이렇게 말할 때 돌봄 서비스를 제공하는 사람이 가
져야 할 태도는 이렇다. 진담으로 받아들이지 말고 살짝
피해라, 미소로 대응해라. …… 상대가 잘못했다 해도 어
쨌든 그 자리에서 바로 질책해서도, 욕을 해서도 안 된다.
그들은 분명히 어떤 이유가 있거나 외로움을 느끼기 때문
일 것이다. 상대가 계속 치근덕거려 도저히 참을 수가 없
을 때는 상사와 상의하여 다른 곳으로 배치받아야 한다.
그런 상황에서는 감정을 함부로 폭발하기보다는 상대의
심정을 헤아려 적절히 대처하는 게 무엇보다 중요하다.[10]

나는 젊은 사회복지사 L에게 이런 상황을 만나면 어떻게 할 것
인지 물었다. L은 갑자기 얼굴을 붉혔다.

"아마 못 들은 척하고 말없이 자리를 뜨겠죠!"

그렇다면 관리 책임자는 어떻게 대처하라고 권할까? L이 고개
를 저으며 그런 건 없다고 했다. 다만 지적장애인 돌봄 시설에서
일하는 선배의 말을 전했다. 성적 욕망이 충족되지 않아 불안해지
면, 지적장애인은 물에 빠진 사람처럼 필사적으로 고함을 지르고
손발을 허우적거리는데 굉장히 공포스럽다고 한다.

---

10   하마나카 아키葉真中顯, 우위신吳宇心 옮김, 『무너져 내린 돌봄失控
的照護』, 톈페이문화天培文化, 2015, 99쪽(한국어판은 권일영 옮김, 『로스트 케
어』, 현대문학, 2016-옮긴이).

청춘의 육체는 숨은 욕망을 건드리기만 해도 마치 지뢰를 터트리는 것과 같아 한 번 터지면 수습하기가 쉽지 않다. 충분한 지식과 훈련이 없다면, 적절하게 대처하기가 대단히 어렵다. 입에 담기에도 거북한 데다 장애인의 욕망을 건드리지는 않을까 우려해 기관에서는 성과 관련된 언급을 기피한다. 한 연구는 기관의 이런 기피에는 이익상의 고려도 있다고 지적한다.

> 일단 장애인의 성욕 문제가 주목을 받아 수요 평가를 거쳐 복지 서비스로 시행된다면, 이들 비영리단체의 응답자들은 서비스 시행에 협조하겠다고 밝혔다. 하지만 반수 이상의 응답자가 원한다고 밝히긴 했지만 조직 이미지나 대외 모금 성과에 영향을 미치지는 않을까 크게 우려하는 모습도 볼 수 있었다. 뿐만 아니라 이러한 필요가 복지 서비스로 채택되면 다른 복지 예산을 갉아먹는 결과를 초래할까 봐 걱정하기도 했다. 그리고 장애인에 대한 보장이 전적으로 부족한 현행 복지제도의 상황에서 정부가 성욕과 관련한 문제의 중요성을 인식할 수 있느냐에 대해서는 비교적 유보적인 태도를 취했다.[11]

---

11 추렌즈邱連枝, 「상호 작용 모델을 통해 보는 타이완 장애인의 성욕 표현의 어려움」, 제2회 남방 사회사업 및 사회복지 석사 논문발표회, 2009.

사랑을 말할 때
우리가 꺼내지 않았던 이야기들

사실이 정말 그럴까? 사회복지사 류쥔웨이劉俊緯는 자신의 경험과 관찰에 근거해 이렇게 말했다.

"기관은 여태까지 성 관련 의제를 꺼려왔어요. 처리해야 할 문제가 너무 많기 때문이죠. 책임자 입장에서는 사람들을 어떻게 관리하느냐가 굉장히 중요해요. 작업장에서는 일을 해야 하고, 기관에서는 수업을 해야 해요. 저들이 연애라도 하는 날엔 일을 할 수가 없는데 어떻게 관리가 되겠어요? 자칫 실수로 뭔가 잘못되면 저들 본인의 책임일까요? 기관의 책임일까요? 학부모가 소송이라도 하면 어떻게 해요? 그래서 대부분의 기관은 권력을 동원해 권리를 무시하고 책임이라는 것을 회피해버리죠. 성교육 교재와 관련해서는, 몸의 어느 부분은 남들이 함부로 만지게 해서는 안 된다거나 이성에 대해 예의를 갖추어야 한다거나 등등만 언급할 뿐 나머지는 언급조차 하지 않아요."

이 문제와 관련해 별로 입을 열고 싶어 하지 않는 대다수 사회복지사와 달리 류쥔웨이는 내가 아는 관련 종사자 중에 자신의 경험을 기꺼이 나누고자 하는 흔치 않은 사람이다. 그가 대학에 입학하고 얼마 지나지 않아 알게 된 것은 사회복지학과에 개설된 커리큘럼 가운데 성은 청소년과 가정폭력, 젠더 등을 다룰 때만 나올 뿐 장애 문제를 논할 때는 한 자도 언급되지 않는다는 사실이었다. 이런 현실 앞에서 그는 굉장히 곤혹스러웠다. 성은 명백히 기본적인 생리적 필요인 데다 신체를 지각하는 중요한 수단이다. 접촉이든 애무든 자위든 오르가슴이든 성은 자기 존재감을 확인

3. 사랑할 권리

하고 강화할 수 있게 한다. 이렇게나 중요한 의제인데 왜 다들 회피로 일관하는 걸까?

대학 3학년 때, 류췬웨이는 전일제 시설에서 실습을 했다. 한번은 한 외국인 신부가 시어머니를 모시고 지적장애인 남편을 보러 왔다. 시어머니가 류췬웨이에게 말했다. 누구나 짝이 있어야 해. 뭐 별것도 아니지. 게다가 아들은 정관수술을 안 했어. 며느리가 피임하지. 할머니의 태도가 굉장히 거리낌 없었다.

"당시 저는 아직 학생이어서 그저 '와, 이 어머니 많이 생각하는구나' 싶었지요. 아들의 필요에 모른 척하지 않는 모습에 감탄도 했고요."

하지만 세심한 류췬웨이는 놓치지 않았다. 외국인 신부가 내내 고개를 푹 숙인 채 순종적으로, 묵묵히 시어머니 뒤에 서 있기만 하고 남편과는 한마디도 나누지 않는다는 것을 말이다. 그런 침묵은 마음속 깊은 곳까지 닿는 적막 같았다.

"제 생각에 좀 적나라하게 이야기하자면, 외국인 신부는 그 집에 도우미이자 성욕 해결의 도구로 온 것 같았어요. 어머니가 자기 아들을 기쁘게 해주라며 돈으로 외국인 신부를 압박하는 것이나 다를 바 없죠! 하지만 이를 두고 옳다 그르다 말하기란 쉽지 않아요. 법적으로 문제 될 게 하나도 없으니까요."

이런 이야기라면 우리는 이미 익히 들어 알고 있다. 가족이 중개업체를 끼고 동남아로 가서 신부를 물색한다. 업자는 남자가 지적장애인이라는 사실을 감추거나 비장애인을 구해 대신 선을 보

사랑을 말할 때
우리가 꺼내지 않았던 이야기들

게 한다. 쌍방이 서로를 마음에 들어 하고 모든 게 잘 이야기돼서 외국인 신부가 천릿길을 마다치 않고 타이완에 도착한다. 그제야 진상을 알게 된다. 하지만 모든 게 이미 너무 늦어버린 뒤다.[12]

그들은 명목상 아내지만, 실제로는 24시간 돌봄 노동자다. 병구완을 하고, 대를 잇고, 먹고사는 일상 등을 책임진다. 이런 결혼은 먹고사는 데 지장이 없다 해도 어쨌든 결국은 훼손된 결혼이다. 외국인 신부를 아끼는 시어머니가 없는 건 아니지만, 노예 노동자처럼 부린다는 이야기도 종종 들려온다. 내가 아는 한에서 가장 말도 안 되는 사례는 부부관계를 하지 않으려는 인도네시아 며느리가 못마땅해서 시어머니가 며느리를 손찌검하고 내리눌러 지적장애 아들로 하여금 강간하게 한 사건이다. 훗날 떠들썩하게 법정에 섰기에 이 사건은 세상에 알려지게 되었다.[13]

대체 누가 타이완에서 가장 아름다운 풍경이 사람이라고 말했는가? 쯧쯧쯧, 기가 찰 노릇이다.

그런 다음 우리는 과거 늙은 룽민榮民(국민당 산하의 군에서 복무하

12 이혼소송을 청구하려면 반드시 법적 조건을 갖추어야 한다. 지적장애인의 배우자가 결혼 전에 상대가 지적장애인임을 알지 못했다면 이혼소송 청구의 법적 조건을 갖춘 셈이다. 하지만 외국인 신부는 언어와 문화, 소통, 생활 등을 고려해 이런 이유 때문에 주도적으로 이혼소송을 청구하는 일이 드물다.

13 처음 이 사건을 들었을 때는 전하는 이가 과장해서 하는 말이라 생각했다. 하지만 나중에 실제로 이 사건을 신문에서 보게 되었다. 위쉐란余雪蘭·세인중謝銀仲, 「시어머니가 며느리에게 폭력을 행사해서 지적장애 아들의 강간을 돕다」, 『자유시보』, 2011년 5월 6일.

3. 사랑할 권리

다 퇴역 후 타이완에 거주하는 군인을 말한다-옮긴이)이 장애 여성을 아내로 맞이한 일을 이야기했다. 나는 여러 자료에서 그런 비슷한 이야기를 적잖이 읽었다. 예를 들면, 일흔이 넘은 노병이 소개를 통해 스물 몇 살의 중증 지적장애인을 아내로 맞았다. 아내는 대소변도 스스로 해결할 수 없고, 온종일 벽 한쪽에 웅크린 채 말 한마디 없이 그저 멍하니 웃기만 한다. 이런 결혼은 어떻게 말하든 훼손된 결혼이다. 하지만 남들이 뭐라고 타이르든 그 늙은 룽민은 아내를 돌봄 기관에 보내지 않고 돌보는 게 자신의 책임이라 여겼다. 여기까지 이야기하자 새파란 나이의 류쿼웨이가 자기 나이에 걸맞지 않은 투로 말했다.

"그건 시대가 낳은 문제죠. 노병, 그들에게는 반려자가 필요하고 장애인 가족은 누군가 딸을 보살펴주길 원하고. 딱 맞게 '매치match'된 거죠. …… 누구는 맞고 누구는 그르다고 할 수 있을까요?"

내가 류쿼웨이에게 '젊은 육신을 가진 늙은 영혼' 같다고 하자 그는 웃으며 "음, 그런 것 같기도 하네요"라고 했다. 그의 성숙함과 감수성은 부분적으로 전공 훈련에서 나온 것이 틀림없지만, 어느 정도는 그의 성장 배경과도 관련이 있지 않나 싶다. 그에게는 자폐증이 있는 형이 하나 있다.

그가 해준 이야기다. 어렸을 때부터 형이 밑도 끝도 없이 자신을 때리고, 물건을 빼앗았다. 부모님은 참고 양보하라 했다. 그는 그러고 싶지 않았지만 마지못해 따라주었다. 친구들이 "류쿼웨이

가족은 죄다 바보다. 재랑 놀지 마!"라고 그를 비웃었고 그는 묵묵히 견뎠다. 모든 울분과 고독을 혼자 삼키는 수밖에 없었고 나누어 가질 사람도 없었다.

속으로 아무리 반항을 해도 생활 곳곳에 여전히 차고 넘치는 형의 흔적들이 류쥔웨이를 고통스럽게 했다. 대학 시절 공부를 핑계로 북쪽으로 올라왔다. 그렇게 집을 떠나고 형을 떠났지만, 학과를 고를 때는 외려 사회복지를 택했다. 형을 더 잘 이해하기 위해서였다. 이런 모순은 류쥔웨이 자신조차 뭐라 설명할 수 없었다. 훗날 그는 자신이 맡은 한 사례를 통해 의존적이면서도 모순적인 정서적 유대 속에 있는 형과 자신의 모습을 들여다보게 되었고, 지난 모든 것이 대수롭지 않게 여겨졌다. 사람마다 칭찬하는, 상대의 의중을 헤아릴 줄 알고 남 돕기를 기꺼워하는 그의 장점은 이처럼 특별한 형이 있는 상황과 떼려야 뗄 수 없지 않겠는가.

오랜 세월 서먹서먹했던 두 사람 사이에는 상처도 있고 충돌도 있지만, 류쥔웨이는 차츰 관계가 새롭게 시작되는 것을 보았다. 시간은 과연 깜짝 놀랄 변화를 가져다주었다. 고향 집에 들렀을 때 본래 말이 없는 형이 손으로 달력을 가리키며 "저건 쥔웨이의 생일"이라고 해서 순간 류쥔웨이를 어리둥절하게 했다. 형과는 한 번도 진지하게 소통해본 적이 없지만, 류쥔웨이는 그날 서로가 서로를 다 이해해버린 느낌이었다. 듣는 순간에는 사람을 어리둥절하게 하는 말이지만, 여러 번 겪다 보면 불쑥 이해가 되기도 한다. 이게 바로 형이 사랑을 표현하는 방식이다. 그 말을 듣고 류쥔

　　　　　　　　　　　　3. 사랑할 권리

웨이는 속으로 앞으로 반드시 형을 잘 돌보고, 형과 동행하며, 함께 천천히 늙어가겠다고 결심했다.

"아버지와 어머니는 형이 저의 부담이 될까 봐 걱정하세요. 아침부터 저녁까지 제게 이래요. 형의 일은 우리가 알아서 할 테니까 넌 걱정할 거 없어. 커서 형을 모른 척해도 돼. 저랑 결혼하겠다는 사람이 없을까 봐 노심초사하는 것 같아요. 제가 이렇게 불효할 줄 어떻게 알았겠어요. 형을 모른 척은커녕 아예 전공을 사회복지 쪽으로 택해 공부했으니 참!"

류쿤웨이가 크게 웃으며 말했다.

류씨 집의 자녀 양육 태도는 유쾌하고 자유롭다. 형제 둘에 대해서 다 그렇다. 류쿤웨이의 아버지는 비뇨기과 의사다. 중고등학교에 성교육을 하러 갔을 때 콘돔을 잔뜩 챙겨가 어떻게 사용하는지 차근차근 설명해주었다가 보수적인 작은 마을에 한바탕 소동을 일으킨 적이 있다. 형의 성적 욕구와 관련해서도 아버지의 태도는 자연스럽게 순리에 맡긴다. 하지만 성기를 만질 때는 화장실에 가야지 사람들 면전에 대고 만져서는 안 된다고 선의에서 일깨워주는 식이다.

"형이 집에서 하체를 의자에 문지를 때가 있거든요. 그러면 아버지는 그래요. 상관하지 마. 녀석은 지금 상쾌한 상태니까! 그럴 때 전 아버지가 이쪽으로 굉장히 열려 있구나 하고 느껴요."

류쿤웨이의 할아버지 역시 재미있는 분이다. 어느 날은 화장실에서 나온 형이 땀범벅이 돼 있었다. 그것을 본 할아버지가 말했다.

"아이고, 기대서 땀 좀 식혀!"

그러고는 수건으로 땀을 닦아주었다. 형은 무슨 비밀이라도 들킨 것처럼 이내 엉뚱한 데 화풀이를 해댔다. 컵과 그릇을 때려 부수면서 한바탕 성질을 부렸다. 이 일이 일어난 후 아버지와 어머니는 틀림없이 형이 화장실에서 자위를 하다가 할아버지에게 들켰다고 오해해서 그렇게 사나운 반응을 보였을 거라고 해석했다.

산부인과 의사인 류쥔웨이의 어머니 역시 굉장히 현묘하다. 류쥔웨이는 청소년 시절을 추억하면 손에 쥔 몇 권의 진귀한 소장품이 떠오른다(그가 헤죽헤죽 웃으며 알려주었다. "어렸을 때 안 그런 남학생이 어디 있어요?"). 책을 화장실에 가져가 넘겨보다가 잠시 변기 위에 놓고는 가지고 나오는 걸 깜빡했다. 낮잠을 자고 일어났더니 아뿔싸, 책에 발이 달린 것도 아닌데 책상 위에 올라와 있었다. 나중에 어머니가 무덤덤한 투로 말했다.

"맞다. 네가 화장실에 뒀던 그 책, 안에 무슨 '죽여주는 뭐뭐' 그거?"

그가 어머니에게 여자친구를 사귄다고 알리자 며칠 후 방에 『99가지 잘못된 성 지식』이라는 책이 가만히 누워 있었다. 여기까지 이야기하고서 그는 그만 참지 못하고 웃음을 터트렸다.

"우리 집이 이래요! 이쪽으로 굉장히 '오픈open'되어 있죠."

그는 줄곧 육체와 성에 대해 굉장히 거리낌 없는 태도를 보여왔다. 직장생활을 시작하고서야 자기처럼 대놓고 성을 이야기할 수 있는 사람이 별로 없다는 것, 대부분 회피하며 아예 이야기하지 않는다는 것을 알게 되었다.

그가 일하는 사회복지기관에서 '사랑의 사진 찍기' 행사를 열었다. 책임자가 잔뜩 긴장해서는 남녀가 둘이서만 사진을 찍게 해서는 안 된다며 모두에게 주의를 주었다. '위험한 상호 작용'이 일어나는 것을 사전에 차단하기 위해서 말이다. 류쿼웨이는 속으로 반문했다. 사진 한 장 찍는 일이 그렇게 심각하다고? 정말이지 이만큼 웃긴 일도 없을 거야. 그가 기관에 장애인 성교육 커리큘럼을 개설하자고 제안하자 동료들은 이해가 가지 않는다는 표정으로 "그건 너무 '오버over'하는 것 아닌가?" 하고 물었다. 미루어 짐작할 수 있듯이 그의 제안은 결국 받아들여지지 않았다.

그는 동료들의 성 관념을 이해할 수 없을뿐더러 알고 싶지도 않다. 다만 의구심이 드는 건 개인의 가치관이 그가 제공하는 사회복지 서비스에 투영될 때 당사자의 권익에 영향을 미치지는 않을까 하는 점이다.

"지금 우리가 토론하는 의제들은 자신을 위한 게 아니잖아요. 남을 위한 건데, 우리가 무슨 까닭으로 그들이 무엇을 생각해야 하고 무엇을 해야 할지를 결정한단 말이죠? 하지만 동료가 말하더군요. 그걸 이해해서 뭘 할 거냐고요. 또 그게 반드시 쓸모 있는 것도 아니라고요."

말이 빠르고 급한 그는 속도를 좀 늦출 생각은 않고 자세만 조금 바꾸어 말했다.

"저는요, 정말이지 안타까워요!"

류퀀웨이는 평소 의식적으로 고도의 자기성찰을 하려 한다. 때때로 자신의 성장 배경과 인생관, 가치관 등이 당사자의 삶에 지나치게 간섭하는 건 아닌지 들여다본다. 자신은 성과 관련해 굉장히 보수적이라 고정 파트너를 고집하지만, 당사자도 그러해야 한다고 요구하지는 않는다. 한 선배는 "난 지적장애인이 연애를 어떻게 하든 전혀 상관없어. 하지만 임신은 안 돼!"라고 신신당부했지만, 류퀀웨이는 생각이 다르다. 직업인으로서의 가치관과 개인의 가치관이 뒤섞이려 할 때 사회복지사는 최선을 다해 도울 뿐, 주제넘게 나서서 상대를 대신해 어떻게 살아야 할지를 결정해서는 안 되기 때문이다.

그가 사회복지사로 살아온 기간이 길진 않지만, 지적장애인 부부를 돕는 과정에서 경험한 사연은 그야말로 전형적인 사례라 할 만하다. 새내기 부부의 결혼생활이 막 궤도에 올랐을 때다. 류퀀웨이는 여자 쪽인 F가 덜컥 임신이라도 하면, 가까스로 안정된 생활이 혼란스러워질 것 같았다. 하지만 그들의 피임 여부가 확실치 않았다. 어떻게 입을 열어야 할지 난감해서 계속 미적거리고만 있었다. 어느 날 남자 쪽인 M이 마침 집에 없어서 그는 부러 가볍게 F에게 말했다.

"두 사람 함께 살면서 좀 '조심'해야 하는데. …… 내가 뭘 말하는지 알지요?"

"알아요, 알아. 부부관계 할 때 좀 조심하라고, 아이가 안 생기도록 말이죠. 벌써 누가 충고했다고요!"

3. 사랑할 권리

F가 시원스럽게 대답했다.

"그럼, 두 사람 어떻게 피임하고 있어요?"

"아무것도 안 하는데요."

"그럼, 얼마나 자주 해요?"

"음, 날마다 해요."

F가 멈칫멈칫 말했다. 그렇다면 문제가 커진다. M이 귀가하자 류쥔웨이는 즉시 물었다.

"이봐요. 당신 두 사람 날마다 한다면서요. 그런데 콘돔을 안 쓴다고요?"

"그래요. 그걸 사용하면 불편해서요."

M이 말했다.

"하지만 사용하지 않아서 덜컥 임신이라도 하면 어쩔 건데요?"

"임신하면 낳죠 뭐. 전 아이가 좋아요!"

F가 끼어들어 단호하게 말했다.

"아이 키우기가 얼마나 힘든데. 지금 낳고 싶어요?"

"안 돼요. 지금은 돈이 없어요."

F가 뜻밖에 현실적이 되었다.

"그럼, 정관수술 할래요?"

류쥔웨이가 고개를 돌려 M에게 물었다.

"안 돼요. 그건 남자가 아니죠."

M은 고집스럽게 고개를 저었다. 그 순간, 류쥔웨이의 마음에서 불안이 일었다. 무엇인가를 더 말하고, 더 해서 그들이 피임을 하

도록 설득해야 할 것만 같았다. 하지만 그는 이내 다시 두 사람의 인생을 마음대로 조종해서는 안 된다는 생각이 들어 더는 참견하지 말고 모든 것을 순리에 맡기자 마음먹었다.

일어날 일은 결국 일어나고야 만다. 두 달 후, F가 배가 아프고 토할 것 같다고 했을 때 류쥔웨이는 드디어 올 것이 왔구나 직감하고는 즉시 F를 병원에 데리고 갔다. 과연, 임신 12주로 축하할 일이었다. 진료실을 나오자 F는 바로 M에게 전화를 걸었다.

"나 아이가 생겼어. 넌 아빠가 된다고!"

이후 F의 말에 의하면, M의 반응은 "깜짝 놀랐어"였다고 한다. 류쥔웨이는 퉁명스럽게 혼잣말을 했다.

"체, 놀라기는. 웃기고 있네!"

문제가 눈앞에 닥친 마당에는 어떻게 직면해야 할지, 과연 해결할 수 있을지 등만 생각해야지 못 본 척해서는 안 된다. 류쥔웨이는 F에게 정말로 낳을 것인지 진지하게 물었다. F는 어렸을 때 여동생을 돌본 적도 있고, 간단한 간병 일을 한 적도 있으며, 자신은 틀림없이 좋은 엄마가 될 수 있으리라 긍정적으로 말했다.

류쥔웨이는 눈앞의 F를 보면서 속으로 생각했다. F가 아이를 잘 돌볼 수 있을까? 잘 모르겠다. 하지만 확실한 건 F가 엄마가 될 자격이 있는지에 남들은 시큰둥하지만, F 본인이 다른 여성들처럼 아이를 낳아 기르기를 갈망한다는 사실이다. 류쥔웨이는 생각하고 또 생각한 뒤 F의 결정을 바꾸려 하기보다는 공감하는 태도로 F의 요구를 고려하고 나아가 의견을 제시하기로 마음먹었다.

3. 사랑할 권리

"당시에는 '아이고, 이런 일이 왜 나한테 일어나지?' 하는 생각이 들었는데, 나중에 생각해보니 제가 그 일을 돕는다는 게 다행스러웠어요. 안 그랬으면 어떻게 됐을지 알 수 없죠."

선택을 존중하지만, 걱정을 하지 않을 수는 없었다. F는 두 주에 한 번 산부인과에 들러 검사를 받았다. M은 낮에 일을 해야 했기 때문에 류쿤웨이가 직접 F를 병원에 데리고 다녔다. 목에 신분증을 보란 듯이 걸고 다녔음에도 간호사는 류쿤웨이를 아이의 아빠로 여겨 툭하면 물었다.

"아이 아빠, 여기에 서명 좀 해주시겠어요?"

"아빠, 이쪽으로 와서 좀 도와주시겠어요?"

그는 성질을 죽인 채 조금도 귀찮아하지 않고 설명했다.

"죄송한데요. 저는 아빠가 아니고 사회복지사거든요."

옆에 앉은 F가 눈을 흘기며 말했다.

"저기요, 뭐예요? 왜 내 남편을 놀리고 그래요?"

그는 F의 진지한 눈빛에 쓴웃음을 짓지 않을 수 없었다.

"저는 그들 두 사람과 허물없이 지내고 대화도 스스럼없이 나눠요. 일테면 제가 M에게 '싸지르기만 하지 말고 책임을 져요!'라고 하면 M은 하나도 기분 나빠하지 않아요."

그가 웃으면서 설명했다.

"우리 사회복지사들은 정말이지 다차원적이어야 해요. 깍듯해야 할 때도, 어수룩해야 할 때도, 머뭇머뭇해야 할 때도 있어요. '레인지range(범위)'가 정말이지 어쩌나 넓은지!"

사랑과 관련해 M과 F는 멋진 상상을 하지만, 함께 산다는 건 또 다른 차원의 문제였다. 서로 갈등하고 소통하는 가운데 항상 즐겁지만은 않지만, 두 사람은 길흉과 화복을 함께 겪으며 떨어진 적이 없다. 게다가 그 길을 내내 류쥔웨이가 동행해주어 더 안심할 수 있었다. 한번은 류쥔웨이가 자신이 너무 시어머니같이 사사건건 간섭하며 하지 말아야 할 일을 하는 건 아닌지 고민하자 기관의 책임자가 이렇게 격려해주었다.

"이 가정은 사회복지사가 정기적으로 개입해야 할 집이야. 전문성을 잃지만 않는다면 대담하게 일해도 돼!"

산부인과 검사를 위해 F와 동행할 때마다 의사든 간호사든 하나같이 거듭 충고했다.

"아이를 낳고 나서는 어떻게 키울 건데요? 정말로 지우는 걸 고려해보지 않겠어요?"

그 같은 충고 앞에서 자신도 같은 염려를 한 적이 있다는 사실을 떠올렸다. '자기 앞가림조차 힘든 사람들이 아이를 낳아서 어쩌겠다는 건가?'라고 말이다. 하지만 당시 기관의 책임자는 사회복지사가 걱정해야 할 것은 낳아야 하나 말아야 하나가 아니라 돌볼 능력이 있느냐 없느냐고, 이런 문제는 지원과 복지 시스템을 통해 해결할 수 있다고 일깨워주었다. 류쥔웨이는 이 말을 어쩌면 평생 잊지 못할 것이다. M과 F의 사례를 담당하면서 류쥔웨이는 그들에게 단 한 번도 아이를 포기하라고 요구하지 않았다. 그 대신 그들이 더 나은 조건에서 생활할 수 있는 방안을 강구하는 데

골몰했다.

아이가 태어났다. M과 F는 여전히 피임을 하려 들지 않았다. 두 사람에게 개별적으로 불임시술을 할 생각이 없는지 물었지만 M은 여전히 예의 그 말 "그러면 남자가 아니죠"라고 했고, F는 "몸 안에 뭘 하나 담으니 굉장히 이상하더라고요"라고 했다. 그는 이런 일로 두 사람의 목을 조를 수도 없고, 그래서 그냥 '됐다' 하고 내버려두었다.

한 달이 지나 F가 나서서 요구했다.

"쥔웨이, 날마다 모유 먹이고, 기저귀 갈아주고, 목욕시키고, 에고 정말이지 피곤하고 귀찮아 죽겠어요. 피임기구 삽입하러 병원에 데려가줄 수 있어요?"

그는 때가 되었음을 알았다. F를 대신해 긴급보조금을 신청하고 피임기구 삽입을 위해 F를 병원에 데려갔다.

이 부부는 경제 상황이 그리 좋은 편이 아니라 배부른 삶을 살지는 못한다. 하지만 그렇다고 아이를 굶긴 적은 없다. 이는 류쥔웨이에게 위안이 되었다.

"두 사람과 간단한 규칙을 정했어요. 두 사람이 어떻게 살든 상관치 않겠다, 다만 밤늦도록 집에 안 들어가고 아이를 데리고 돌아다니다 들키면 사회복지경찰이나 가정폭력센터 113에 신고해서 아이를 데려가게 하겠다고요."

다행스럽게도 아직 그런 일은 한 번도 일어나지 않았다.

"걱정하는 사람들이 한둘이 아니죠. 그들에게 가정폭력이나 아동학대, 유기 같은 일들이 일어나지 않을까 하고요. 하지만 그런 일은 없었어요. 세상의 일반적인 가치관으로 볼 때 두 사람을 가장 부모다운 부모라고 할 수는 없지만, 전 그들이 이미 최선을 다하고 있다고 생각해요. 절대적으로 책임을 다하는 부모죠!"

류쿤웨이는 진심으로 말했다.

M과 F는 삶의 여정에 류쿤웨이가 동행해준 덕분에 연애와 결혼, 출산의 시기를 순조롭게 통과해왔다. 이는 의심의 여지없이 행운이다. 행복한 가정에 관해서는 유일한 각본이 있는 것도 아니고, 어떤 단 한 가지 정해진 면모가 있는 것은 더더욱 아니다. 류쿤웨이와 이 지적장애인 부부가 엮어가는 이야기는 깊고도 넓은 시야를 열어주어 우리에게 서로 다른 인생의 풍경을 인식할 기회를 준다.

4.

자기만의
방

단지 살아 있기만 한 것이 아니다

내가 화웨이華威(가명)를 알았을 때, 그는 이미 몇 년째 병상에 누워 지내고 있었다. 그는 처음부터 전신 마비로 누워 지낸 게 아니라 서서히 기력을 잃어갔다. 상황이 호전되기는커녕 계속 나빠질 것이라는 의사의 말대로 처음에는 지팡이를 짚다가, 다음에는 휠체어에 앉았다가, 이내 침대에 누워 꼼짝달싹도 못하고 마냥 천장만 바라보는 신세가 되었다. 그때부터 더는 방을 떠나지 않았다.

열 몇 살에 병이 난 그에게 고통을 참는 일은 이제 숨 쉬는 일처럼 일상이 되었다. 그는 죽음에 선택지가 없는 것처럼 병에서 도망칠 수 없을 바에야 살아 있을 때 하고 싶은 일을 하자 싶었다. 컴퓨터 자판을 통해 세상과 열정적으로 대화하면서 적잖은 온라인 친구를 사귀었다. 하지만 마음 깊은 곳에 자리한 사랑에 대한 갈망은 어쩌지 못했다. 그는 자기 신체를 만지고, 귓가에 감동적인 말을 속삭여주는 이성을 느끼고 싶었다. 하지만 현실은 좋아하는 연예인 사진을 보는 것으로 대리만족해야 했다.

온라인 친구의 격려에 힘입어 그는 한 민간단체에 편지를 보냈다. 자신에게 남은 날이 얼마 되지 않는데 모 연예인을 만나보는 게 가장 큰 소원이라고 밝혔다. 뜻밖에도 그 단체가 갖가지 난관을 뚫고 그 연예인을 설득하는 데 성공해 두 사람의 만남이 성사되었다. 그 여자 연예인이 화웨이의 침대 옆에 앉아 눈물을 흘리며 얼른 쾌차하기를 빌어줄 때 화웨이는 자신의 병과 고통은 까

4. 자기만의 방

마득히 잊은 채 가족들을 재촉해 그 연예인과 사진을 찍기에 바빴다. 그의 얼굴을 가득 채운 웃음은 아버지, 어머니가 특별히 한 상가득 과자라도 차려준 것처럼 달달했다.

연예인의 방문에 앞서 나는 별다른 목적 없이 그와 잡담을 나누다 여자친구를 사귀어봤는지 물었다. 그가 수줍게 웃더니 "아니요, 열 몇 살에 병이 났는데 어디 기회가 있었겠어요"라고 했다. 그는 예전에 학교에 다닐 때 한 여학생을 짝사랑했지만 용기가 없어 구애하지 못했고, 병이 난 이후로는 더 불가능해졌다고 털어놓았다.

"그녀와 한 번도 연락하지 않았어요?"

내가 물었다.

"안 했어요."

"왜요?"

"겸연쩍어서요."

"뭐가 겸연쩍어요? 좋아하면 말하면 되죠!"

"감히 못 그러겠더라고요."

"뭐가요?"

"두려워요."

"뭐가 두려워요?"

"내가 죽으면 그 아이가 힘들어하지는 않을까 해서요."

그는 아주 덤덤했지만 그의 말은 너무나 무거웠다. 나는 그저 침묵하는 수밖에 없었고, 무슨 말로 입을 떼야 할지 몰라 당황스러웠다.

그날 밤, 나는 화웨이가 보낸 문자 메시지를 받았다.

"오늘 드디어 좋아하는 여성의 손을 잡았어요. …… 이젠 내일 죽는다고 해도 여한이 없어요!"

화웨이가 가장 연연해했던 것은 그 여자 연예인이라기보다는 '마침내 좋아하는 여성의 손을 잡는 것'이었다. 다른 사람들 눈에는 우스꽝스러운 집착일지 모르지만, 인간적인 관점에서는 참 마음이 아프다. 몇 년 후 화웨이는 세상을 떠났다. 당시 그는 겨우 스물세 살이었다.

화웨이에게 욕창이라고는 찾아볼 수 없었는데, 그것만 봐도 그의 부모가 그를 얼마나 잘 돌보았는지 알 수 있었다. 그들은 아들이 잘 못 먹고 못 입을까 봐, 제대로 못 잘까 봐 노심초사했고 하루라도 더 살게 하려고 온갖 노력을 기울였다. 하지만 정작 머리를 움직일 수조차 없는 아들이 이성에 대한 동경과 상상으로 머릿속이 꽉 찬 혈기왕성한 청년이라는 것은 생각지 못했다.

그렇다고 부모를 탓할 수 있을까? 당연히 그럴 수 없다. 시각장애인을 '환자'와 '불구자非人(non-person)'로 보는 데 익숙한 우리는 의학과 손상의 관점에서 그들에게 필요한 건 그저 의식주와 의료, 장애 없는 환경일 뿐 사랑과 우정, 친밀한 인간관계라고는 생각하지 않는다. 영국의 다발성 경화증 환자 투탄 하나포드Tutan Hannaford가 "남자는 늘 여자가 무엇을 원하는지 안다고 착각한다. 마찬가지로 비장애인은 늘 장애인의 필요를 안다고 착각한다"라고 말한 것처럼 말이다.

장애인은 그저 '살아 있는 것'만을 원치 않는다. 더 많은 것을 원한다. 하지만 '더 많은 것'은 언제나 폄하되어 변방의 변방으로 밀려난다. 마치 그들이 '건강하고 온전한' 신체를 잃은 그 순간부터 성과 사랑에 대한 갈망이 함께 사라지기라도 한 것처럼 말이다.

나는 업무 관계로 H를 알게 되었다. 그는 차 사고로 다리를 절단한 뒤 휠체어를 탄 지 여러 해째였다. 애교 부리기를 좋아해서 항상 귀여운 표정을 지으며 반농담조로 "제가 누나로 생각해도 될까요?"라고 묻는다. 내가 부러 그를 놀리며 "나를 아예 엄마로 생각해도 돼요!"라고 대답하면 그는 하하하 웃음을 터트리고는 좀체 그칠 줄을 모른다. 한번은 일을 끝낸 뒤 헤어지는 인사로 두 팔을 벌려 그를 가볍게 안아주자, 그는 처음에는 얼떨떨해하더니 이내 어색한 웃음을 지었다.

"아…… 당신은 지난 몇 년 동안 우리 어머니와 미야(그를 돌보는 외국인 노동자의 가명)를 빼면 처음으로 나를 만진 여성이라고요!"

그는 사고 이후 몸이 이 지경이 되고 여자친구가 떠나버린 뒤로는 자신을 원하는 사람이 없었다면서 원래대로 회복될 수 없는 몸처럼 상처받은 마음도 그렇다고 털어놓았다. 어머니가 중국이나 베트남 아가씨를 아내로 데려오면 어떻겠느냐고 넌지시 물었을 때 그는 화가 나기보다는 그저 슬펐다. 그날 내가 무슨 말로 그를 위로했는지, 혹은 아무 말도 하지 않았는지 잘 기억나지 않지만 지하철역을 향해 느린 걸음으로 걸어갈 때 뿌옇게 흐린 하늘에 아무런 빛깔도 없었다는 것만은 기억한다.

성과 사랑은 인간이 세상을 살아가는 데 가장 기본적인 존재감을 부여하지만, 그것의 곤혹스러움에 관해서는 말을 꺼내기가 쉽지 않아 인정하는 사람이 드물다. 그래서 리판立凡(가명)이 내게 애정 문제의 어려움을 토로할 때 나는 다소 의외라고 생각했다. 다 큰 남자가 주저리주저리 사랑에 대한 고민을 늘어놓는 것을 보통은 남자답지 못하다고 여기니까.

내가 그를 알고 지낸 지 여러 해째이지만, 잘 안다고도 잘 모른다고도 말할 수 없다. 그는 간간이 사적인 글을 보내 자신의 심정을 토로하곤 했다. 그렇게 섬세한 글에 담긴 그렇게 예민한 마음을 읽고 있노라면 가슴이 아팠다.

그는 본래 펄펄 뛰어다니는 장난기 심한 남자아이였으나, 병에 걸린 이후로는 두 다리에 힘이 없어 걷는 것조차 여의치 않게 되었다. 병은 교과서와 농구가 전부였던 그의 세계를 싹 다 빼앗아 간 셈이다. 애초 이길 수 없도록 운명 지어진 병마와의 전쟁에서 포기하지 않고 분투할 것인지, 아니면 패배를 인정하고 투항할 것인지, 이 두 선택지에서 그의 부모는 전자를 택했다. 그들은 리판을 데리고 명의란 명의는 모조리 찾아다녔다. 주사를 맞고, 약을 먹고, 안마와 카이로프랙틱(신경·근육·골격 체계의 장애 및 이러한 장애가 전체 건강에 미치는 영향을 진단, 치료, 예방하는 수기 치료법―옮긴이)을 받고, 침을 맞으며, 기공을 단련하고, 약초에 몸을 담그고, 계단을 올랐다. 심지어 조상의 위패를 모시는 자리까지 바꾸었다. 닥치는 대로 해볼 건 다 해봤지만 병세는 호전되기는커녕 휠체어로

4. 자기만의 방

다리를 대신하는 지경에 이르렀다.

그는 고집이 세서 버티기 시작하면 쇠심줄보다 더 질긴 사람이다. 그러나 일 처리가 온화하고 부드럽기 때문에 남을 난처하게 한 적은 없다. 그래서인지 뼛속까지 스며든 그의 반골 기질을 사람들은 여간해서는 알아차리지 못한다. 병 때문에 초래되는 불편은 그리 많지 않지만 한 가지 일만은 심적으로 힘들었다고 한다. 바로 어머니가 사랑하는 여동생의 결혼식에 그가 모습을 드러내지 않았으면 했던 일이다. 그는 울음을 삼킨 채 아무 말도 하지 않았지만 마음은 상할 대로 상했다.

사람들은 하나같이 그가 유머 넘치고 성격이 쾌활한 데다 '장애를 가졌지만 포기를 모르는 사람'의 전형이라고 입을 모은다. 하지만 정작 그는 '의지의 장애인'이 되고 싶지 않을뿐더러 자신이 타고나게 낙관적인 사람이라고 생각지도 않는다. 그저 문제를 맞닥뜨리면 극복하기 위해 최대한 애쓸 뿐이다. 그렇다. 그처럼 몹쓸 병에 시달리면서 당장 내일 어떻게 될지 모르는 사람이 문제를 직시하고 해결하려 들지 않으면 하루하루를 어떻게 살아갈 수 있겠는가?

하지만 인생은 늘 문제가 있기 마련이고, 최선을 다한다고 해서 그것이 꼭 해결된다는 법도 없다. 예컨대 사랑처럼 말이다.

나는 늘 리판이 온화하고 다정다감하며 재능이 반짝거리는 사람이라고 추켜세우지만, 그는 얼굴에 우울을 드리운 채 힘없이 말한다.

"그게 다 무슨 소용이에요? 툭하면 차이는데!"

그는 서너 번 연애 경험이 있다. 상대는 전부 '모든 휠체어족이 바라 마지않는 꿈'이라고 하는 '직립인'이었다. 하지만 정작 본인은 사랑은 사랑일 뿐 연령과 직업, 신분, 신체장애 유무와는 하등 상관이 없으며, 만약 '사랑'에 조건을 따져야 한다면 그건 이미 사랑이 아니라고 생각한다.

그의 첫사랑은 몇 개월 만에 막을 내렸다. 여자 쪽에서 둘의 관계가 연인이라기보다는 마음을 나누는 친구 같고, 거리를 두고 예의를 차리며 안전을 유지하는 이런 식으로는 더 이상 만나고 싶지 않다고 했다. 두 사람은 여자의 집 1층에서 이별을 이야기했다. 한번 시작된 이야기는 몇 시간이고 이어졌다. 여자는 모기에 온몸을 뜯겨가며 리판이 이야기를 할 만큼 다 했다 여기고, 더 이상 만회의 여지가 없음을 확인할 때까지 기다려주었다. 그런 다음 예의를 갖춰 정식으로 이별 인사를 하고는 조용히 집으로 올라갔다. 리판은 속으로 생각했다. 진짜 헤어졌구나. 이렇게 가슴 아픈 장면이 앞으로 계속 눈앞에 펼쳐지겠구나. 익숙해지는 법을 배워야겠구나. 리판은 상대방이 무정한 것도, 자신을 사랑하지 않는 것도 아니라고 생각했다. 아니라면 어떻게 그 밤에 그토록 길고 긴 시간 모기에 물어뜯겨가며 자신의 이별의 말이 끝날 때까지 묵묵히 기다려주었겠는가?

"당신 병이 나아지지 않는다는 걸 그녀가 알았어요?"

"알았어요."

리판은 시선을 떨구고 잦아드는 목소리로 말했다.

"그 사람 주변의 가족과 친구는 다들 우리가 함께하는 걸 반대했어요. 그녀가 스트레스가 컸다는 걸 알아요."

"그녀가 헤어지자고 했던 이유가 당신의 병 때문인가요?"

"모르겠어요. 그렇지만 그 사람이 날 사랑하고 신경 쓴다는 건 느낄 수 있었어요. 다만 그렇게 많은…… 것들이 감당이 안 됐을 뿐이죠."

그러고는 "키도 작고 뚱뚱한 그녀를 당시에 제가 어떻게 좋아할 수 있었을까요?"라고 중얼거리듯 덧붙였다.

이후 그는 두 번째 여자친구를 만났다. 그녀를 좋아했지만, 입을 열지 못하다가 용기를 내서 고백하자 상대가 놀라 허둥지둥 도망쳤다. 그는 실망이 컸지만, 쓴웃음을 짓는 수밖에 없었다. 그런데 뜻밖에도 며칠 후에 상대가 찾아와 예전에 자신이 남자친구를 사귀었던 걸 리판이 싫어하지는 않을까 걱정했다고 털어놓았다. 리판은 속으로 생각했다.

'아이고, 남자친구를 사귄 게 뭐 어때서? 나야말로 짝사랑한 여성이 한둘이 아닌데!'

내가 "무슨 짝사랑 가지고! 초등학생도 아니고, 유치하기는!"이라고 놀리자 리판은 입을 삐죽거리며 오기로 말했다.

"됐어요, 됐어. 내가 얘기할 수 있는 건 어차피 그런 것밖에 없잖아요!"

리판이 두 번째 사랑에 대해 기억하는 건 하나같이 사소한 일,

사소한 동작과 나누었던 말들로, 특히 잊지 못하는 건 두껍디두꺼운 렌즈 뒤에 감춰진 '세상을 뿌옇게 만들고 정신이 혼미해지게 하는' 그녀의 두 눈동자다. 그는 처음 그녀를 안았을 때의 긴장감, 사람들로 북적거리는 기차에서 처음으로 그녀가 서슴없이 리판의 허벅지에 앉아 주변의 이상한 눈초리를 당돌하게 맞받아치던 모습, 처음 그녀의 옷을 벗겼을 때의 흥분과 떨림을 영원히 잊지 못한다. 이때 리판 쪽에서 펜 하나가 날아왔다.

"에이, 글 쓸 때 어느 정도 노골적이어야 하는지는 당연히 조절할 줄 아시겠지요?"

리판의 어머니는 그에게 여자친구가 있다는 사실을 알고는 기쁘면서도 걱정이 되었다. '이런 아들'에게도 사랑하는 사람이 있다는 게 기뻤지만, 자칫 실수로 임신이라도 하면 문제가 커질 텐데 걱정이 되기도 했다. 그래서 아이를 낳는다는 건 엄청난 일이니 부디 잘 생각해서 결정해야 한다고 번번이 넌지시 일깨웠다. 분명히 선의에서 한 말이지만, 리판에게는 경고처럼 들렸다. 수다스러운 성격의 여자친구는 이를 마음에 담아두지 않았지만, 오히려 리판이 노파심에서 일찌감치 이것저것 따져보고는 유전자 검사를 하지 않기로, 아이도 낳지 않기로 마음먹었다. 출산과 육아는 평생을 걸고 하는 약속인데 리판은 약속할 수 있는 평생이 자신에게 있을지 확신할 수 없었다.

그들의 사랑은 부드러운 접촉 가운데 서서히 뜨거워졌지만, 세상은 그들의 사랑을 억지로 찢어놓으려 했다. 여자친구의 부모는

4. 자기만의 방

딸이 '몸이 성치 않은' 사람과 일생을 함께하길 바라지 않았다.

리판은 그들의 반대에 상처를 받기는커녕 너무나 속물적이라 여겨 시간을 들여 해결할 생각을 아예 하지 않았다.

"난, 우리만 같이 있고 싶어 한다면 우리를 갈라놓을 수 있는 건 아무것도 없다고 봤죠. 그 사람의 부모에게 군이 뭔가를 증명해야 할 필요는 없다고 생각했고요. 하물며 여자친구가 자기한테 유일한 사람은 나라고 한 마당에 우리가 헤어질 거라고는 생각지 않았어요(이 말을 하고서 리판은 겸허하게 덧붙였다. "맞아요, 맞아. 나라는 사람은 그야말로 그런 말을 너무 쉽게 믿어버린다고요!")!"

두 사람이 함께하는 시간이 길어지면서 인생관과 가치관, 생활 습관에서의 삐걱거림이 서서히 수면 위로 떠올랐다. 크고 작은 오해와 다툼이 거듭될수록 둘 사이 사랑의 균열은 점점 더 메울 수 없는 지경에 이르렀고 결국에는 이별이 유일한 출로가 되었다.

그 이후 우리는 꽤 오랫동안 연락이 끊겼다. 나는 가끔 페이스북을 통해 그가 별일 없이 잘 지내고 있다는 사실을 확인하며 마음을 놓곤 했다. 그런데 어느 날 뜻밖에도 그의 페이스북 계정의 현재 상태가 '연애 중'에서 '복잡다단한 심경'으로 바뀐 것을 발견했다. 내가 부랴부랴 메시지를 보내 안부를 묻자 그가 이내 전화를 걸어왔다. 목소리에서 깊은 슬픔이 묻어났다. 그는 이렇다 할 구체적인 상황을 말하기보다는 주로 개인적인 기분을 토로했다. 그렇게나 문학적인 대화에 그렇게나 몽환적인 사랑이라니, 그야말로 한 편의 멜로드라마가 따로 없었다!

그것은 빛이 보이지 않는 사랑이었다. '사귀는 여자친구마다 결혼을 생각하는' 그에게 그렇게 무의미한 사랑은 그야말로 한 차례 휩쓸고 지나가는 재난과 같았으리라.

나는 이야기나 하자고 그와 약속을 잡았다. 만나서 그가 흥미진진하게 들려주는, 한동안 늪에 빠져 허우적거렸던 집착에 가까운 사랑 이야기를 들었다. 해바라기 학생운동太陽花學運(양안 관계를 경색 국면으로 만들며 2002~2008년 집권한 민진당 천수이볜에 대한 반발로 당선된 국민당 마잉주이는 지나친 친중 정책을 펼쳐 타이완 경제가 중국에 과도하게 의존하는 상황을 낳았고, 그 결과 타이완 기업의 고용 창출이 어려워졌다. 이에 타이완 청년 세대는 2014년 3월 18일 '양안 서비스 무역 협정' 체결에 반대해 입법원을 점거하는 학생운동을 벌이고, 그 대안으로 2016년 민진당 차이잉원을 총통으로 선택한다-옮긴이) 기간에 이성은 현장에 나가 운동에 동참해야 한다고 종용했지만, 몸은 외려 자기도 모르게 그녀의 집에 똬리를 틀었다. 나흘 동안 두문불출한 채 대문 밖으로 한 발짝도 나가지 않았다. 미심쩍은 관계에 있었던 두 사람은 몸으로 천 마디 말을 대신했다.

"있잖아요. 제 생각에 그 사람에 대한 내 감정은 정말이지 거의 중독 수준이었어요!"

그녀는 그가 잘생겼다고 추켜세우면서 그에게 더할 나위 없는 믿음을 심어주었다. 적어도 그는 알았다. 그녀가 자신에게서 무엇을 원하는지를 말이다. 그는 자신을 내팽개친 채 감정과 시간, 돈과 영혼을 그녀에게 갖다 바쳤다. 마치 순교를 준비하는 신도처럼

4. 자기만의 방

자신을 좀 더 밝히고 맑힐 수만 있다면 그는 몸을 사리지 않았다. 그렇게 해야만 조금이나마 그녀에게 어울릴 테니까. 평소 짙은 색 꽃무늬 양장에 검은색 숄을 걸치고 화려한 샌들을 신는, 물처럼 맑고 옥처럼 깨끗한 그녀에게 말이다. 그는 휴대폰에서 그녀와 찍은 사진을 찾아 적잖이 득의양양해하면서 보여주었다. 빼어난 외모에 청초한 분위기의 여성이 거기에 있었다.

"후에 그 사람은 내게서 서서히 멀어졌어요. 바람을 피우지 않았나 의심이 돼요. …… 최소한 정신적 외도는 있었던 것 같아요."

"에이, 당신이야말로 그녀의 외도 대상 아니었나요?"

나는 내심 참을 수가 없어 있는 대로 말해버렸다.

"그것과는 달라요!"

"뭐가 달라요?"

"우리 감정은 진짜죠!"

나는 고개를 숙여 식어버린 커피를 한 모금 마셨다. 정말이지 형편없는 맛이었다. 그는 계속 수다스럽게 물었다.

"그 사람이 날 사랑한 것 같아요?"

그는 내 대답은 기다리지 않고 또다시 자문자답하듯 말했다.

"날 사랑한 게 틀림없어요. 그렇지 않다면 그 사람이…… 그럴 리가 없잖아요."

(이하 20분을 생략한다.)

한동안 이렇게 자문자답을 이어가던 그를 지켜보다가 나는 그만 참지 못하고 끼어들었다.

"그녀가 당신을 '사랑'한 게 아니라 그저 당신이 필요했던 거라고 생각해보지는 않았어요?"

그는 내 말은 뒷전인 채 그녀를 변호하는 데 열을 올렸다. 그녀만의 애로 사항이 있다느니, 그녀를 탓할 수만은 없다느니, 너무 늦게 만나는 바람에 그녀를 고통스러운 인생에서 빼올 수가 없었다느니. 그는 심지어 그녀에게 "미안해요. 너무 오래 나를 기다리게 해서요. 맞아요. 내가 다 나빠요……"라고 말했다고 한다.

나는 한참을 침묵한 뒤 줄곧 묻고 싶었지만 묻지 못했던 말을 꺼냈다.

"매번 연애가 실패로 막을 내리는데 이유가 뭔지 생각해봤어요? 당신의 병 때문인가요?"

"아니죠!"

그는 대뜸 큰소리로 대답하더니 이어 잦아드는 목소리로 말했다.

"최소한 내 생각에는 아니라고 봐요."

이틀이 지나 그가 내게 메일을 보내왔다.

건강한 인격을 지녔다면, 이 세상의 추악함을 바꿀 능력은 없다 해도 최소한 이 세상의 추악함에 잠식된 채 자신이 변질되도록 내버려두지는 않겠죠. 나는 지금 내 감정이 분노로 바뀐 걸 알아차렸어요. 이 연애와 상대에 분노를 느껴요. 약해빠진 나 자신에 진저리가 나고 상대의 기만에 화가 나요.

4. 자기만의 방

…… 고마워요. 그날 당신과 대화를 나눈 뒤 마음이 다소 안정되었어요. 그날 집으로 돌아오는 길에 슬픔의 감정이 몰려오더라고요. 슬픔이 싫지만은 않은 게 결심할 수 있게 해주잖아요. 후에 당신이 내게 물었던 '장애'가 '구애'에 걸림돌로 작용하지 않았느냐는 질문이 떠올랐어요. 분명 고등학교 때의 짝사랑은 그랬을 거예요! 훗날 좌절을 경험하고 저 자신이 외골수임을 확인할 때마다 저는 스스로를 일깨우곤 했어요. 나를 스스로 신체장애에 가두어서는 안 된다, 그렇게 하지 않으면 심연에 빠져 스스로를 미워하고만 있을지도 모른다고요.

그의 사랑은 언제나 고통스러운 시심詩心으로 충만하지만, 그렇다고 그만이 그런 복잡한 내면 풍경을 가진 건 아니다. 사랑을 향해 나아가고 그것에 안착하고자 한다면, 넘실대는 감정에 의지하기만 해서는 안 된다. 사랑은 단지 그런 것만이 아니다. 이 사실을 그가 서서히, 마침내는 이해하리라 생각한다.

경계를 뛰어넘는 쾌감

중학교 때 같은 반에 소아마비를 앓았던 여자아이가 있었다. 언제나 조용하니 말이 별로 없던 그 아이는 치켜 올라간 긴 속눈썹과 그에 잘 어울리는 반짝거리고 더없이 아름다운 두 눈을 가지고 있었다. "네 속눈썹은 가짜 속눈썹을 붙인 것처럼 정말이지 길고 예뻐"라고 알려주자, 그 아이는 이내 눈을 휘둥그레 뜨고 못 미덥다는 표정을 지으면서 어렸을 때부터 지금까지 불편한 다리 때문에 자기한테 예쁘다고 칭찬해준 사람은 아무도 없었다고 했다. 나는 말문이 막힌 나머지 뭐라고 대꾸해야 할지 몰랐다. 그렇게 침묵이 흐르던 순간, 그 아이가 말했다. 어렸을 때 날마다 집 안을 이리저리 기어 다닐 때는 한 번도 자신이 '추하다'고 생각지 않았는데, 여섯 살에 집 밖으로 나와 학교에 다니면서부터 자기한테 꽂히는 경악과 멸시의 시선에 자신이 못난이라는 사실을 알아차리고는 굉장한 열등감에 시달렸다고.

훗날 나는 장애인 친구들에게 이와 빼다 박은 듯 똑같은 이야기를 수시로 들었다. 그때마다 속으로 늘 살짝 놀라곤 했다. 그러면서 사람들이 긍정하지 않는, 결함 있는 몸을 가진 걸 부끄러워하는 마음을 좀 더 이해하게 되었다. 왜 장애를 가진 몸이 '추한가?' 설마 '미美'와 '추醜'가 선험적이고 절대적인 개념이란 말인가?

고대 그리스 철학의 설명에 따르면, 완벽한 신체는 고상한 도덕성을 지니는 반면 불완전한 신체는 사악함을 상징한다. 아리스토텔레스는 '아름다움'은 신이 내린 선물이라고 말한다. 그렇다면 거꾸로 '추악함'은 신이 내린 징벌이다. 이러한 이데올로기는 오늘날까지 영향을 미쳐 많은 사람들이 신체는 모종의 선험적이고 순수한 본질을 지니고 있어 어떤 결함이나 손상이 있다면 무용하

4. 자기만의 방

고 열등한 것이기에 반드시 그 결함이나 손상을 추방해야만—악의적인 말살이든, 음모론적인 격리든, 선의의 교정이든—후련하다고 여긴다.[1]

날카로운 안목을 지닌 이탈리아의 사진작가 올리비에르 페르마리엘로Olivier Fermariello는 장애를 가진 신체의 아름다움을 포착해냈다. 10명 남짓의 뇌성마비, 골형성부전증, 전쟁이나 질병으로 인한 사지 절단, 사지 마비 등이 있는 장애인을 접촉해 그들의 세계로 카메라를 들고 들어갔다. 그는 '나도 당신을 사랑합니다Je t'aime moi aussi'[2]라는 시리즈 작품에서 기존 신체 미학의 틀을 철저히 뒤집어엎은 뒤 '장애인은 성과 무관하다'는 고정관념에 도전해 강렬한 시각적 효과로 사람들을 전율하게 했다.

다분히 초현실주의 스타일인 이들 이미지는 페르마리엘로가 장애인의 욕실 깊숙이 들어가 그곳을 촬영장 삼아 찍은 것들이다. 그들은 옷을 벗어던지고 내리쬐는 온화한 금빛 햇살 아래서 목욕을 한다. 누군가는 반려자와 침대에 몸을 웅크린 채 카메라 렌즈의 응시를 받아낸다. 기묘하면서도 사실적인 화면에 사람들은 저도 모르게 탄성을 질렀다. 그러면서 팔이 하나 없어도, 다리가 하

---

1 사지가 멀쩡한 것을 '미'로 생각하는 심미관의 주된 흐름에서도 '불완전을 흠모하는' 비주류 심미관 역시 존재한다. 이는 장애인에게 반하거나 장애인 되기에 열을 올리는 성적 취향이다. 한편 '디보티devotee'는 장애나 기형적인 신체에 끌려 성욕이 자극되는 사람을 가리킨다.

2 이 시리즈에 속한 작품들은 http://www.lensculture.com/olivier-fermariello에서 볼 수 있다.

사랑을 말할 때
우리가 꺼내지 않았던 이야기들

나 없어도, 척추가 90도 틀어져 있어도 생각만큼 그렇게 추하지 않다는 사실도 깨달았다.

'건강하고', '온전한' 신체만이 성과 사랑을 누릴 자격이 있는 건 아니다. 건강하지도 온전하지도 못한 신체는 그저 '다를' 뿐이다. 장애를 가진 신체에 대해 사람들이 갖는 '동정', '공포', '기형'이라는 편견은 악의에서 나왔다기보다는 단순히 낯설어서인지도 모른다.

척추 손상 장애를 가진 한 다거大哥(큰형님이라는 뜻이다-옮긴이)는 아내와 외출할 때마다 주변에서 던지는 의혹의 눈초리와 '저런 데도 아내가 있다니' 하는 표정을 맞닥뜨린다고 하소연했다. 자신이 몸은 불편하지만 그래도 휠체어계에서 '트렌디한' 남자인데 의혹은 무슨 의혹이냐며 답답해했다. 부부 두 사람이 지하철역에서 열차를 기다리고 있으면 누군가 그를 한참이나 뚫어지게 쳐다보다가 이어 아내를 향해 "아이고 불쌍해라. 허구한 날 생과부겠구면……" 하고 혀를 찬다. 자신을 그다지 슬퍼하거나 가엾어한 적이 없던 그는 아마 그날 기분이 별로였는지, 또 다른 무례하고 무료하기 짝이 없는 사람을 만났을 때는 그만 참지 못하고 욕설을 내뱉었다.

"내가 척추가 손상됐지 거시기가 손상된 게 아니라고!"

척추 손상으로 몸이 마비되었다고 인생이 끝났는가? 당연히 아니다. 그렇다고 구태여 야단법석을 떨며 하나하나 세세하게 말해 주어야 한단 말인가?

4. 자기만의 방

'기준에 부합하지 않는' 신체에 대해 우리 사회는 불안에 떨면서 적대시한다. 세상이 장애인을 함부로 대하다 보니 장애인은 일찌감치 침묵으로 자기를 보호하는 법을 익힌다. 하지만 그렇게 하길 원치 않는 사람도 있다. 그들은 외치다 죽는 한이 있더라도 침묵하길 원치 않는다. 샤오치小齊(류위지劉於濟) 같은 사람이 그렇다.

샤오치는 동그랗고 호감 가는 얼굴이지만 잘 웃지 않는다. 웃더라도 대개는 예의상의 웃음으로 그 안에는 지난한 세월이 가져다 준 노련함과 침착함이 스며들어 있다. 그는 언론 노출도가 굉장히 높은데 원전 안전, '양안 서비스 무역 협정' 반대, 주거 정의, 노동자 권익, 다문화 가정 등과 관련된 시위라면 어디에서든 휠체어에 앉은 채 왔다 갔다 하는 그의 모습을 볼 수 있다. 왜 그렇게 몸을 사리지 않느냐고 물었다.

"몸이야말로 나의 싸움터이자 무기예요. 이 사회는 장애인이 가련한 모습을 연출하는 걸 좋아합니다. 저는 그렇지 않아요. 나라는 사람은 햇빛에 내놓은 인생이라 할 수 있죠. 일전에 이팡誼芳(샤오치의 아내)에게 내가 죽음을 눈앞에 두면 나를 총통부 앞에 끌어다 놓고 나를 돌볼 능력이 없어 나를 죽게 만들었다고 말하라 했어요."

그러고는 나에게 탁자에 놓인 물컵을 앞으로 밀어달라고 하더니 빨대에 입을 가져가 몇 모금 빨고는 말을 이어갔다.

"지금 위생복리부는 너무 외진 곳에 있어요. 예전에 내정부에 갈 때는 옆에 타이완대학교병원이 있어 무슨 일이 생기면 굉장히 편리했는데, 지금은 그렇지가 않아요. 그래서 지금은 시위를 하려면 총통부 쪽으로 갈 수밖에 없어요."

"그렇게 심각한 일을 이렇게 아무렇지도 않게 말해도 돼요?"

나는 우스꽝스럽다는 듯이 말했다.

"이게 아무렇지도 않은 건가요?"

그가 뚫어지게 나를 보았다.

"마지막 숨이 왔다 갔다 하는 순간에 총통부로 옮겨달라고 했어요. 전 이게 아무렇지도 않은, 가벼운 일이라고 생각하지 않아요. 내가 하고 싶은 건 우리의 장기요양서비스(현재 타이완은 '장기요양 10년 프로젝트 2.0'을 운영하고 있다. 일상생활에서 활동 장애나 치매를 겪는 65세 이상 노인을 위해 제공하는 의료 간병 서비스로 A, B, C 세 등급으로 나누고 서비스 이용 금액의 70퍼센트를 정부가 지원한다-옮긴이)가 아주 형편없어서 내가 바로 그것에 의해 살해된 것임을 보여주려는 것이죠!"

내가 샤오치를 막 알게 된 시기를 떠올려보면, 그와 이팡이 갓 스물을 넘겼을 때다. 그가 이팡을 소개해주면서 "여긴 제 여자친구예요. 꼬마 공주님이죠!"라고 했을 때 나는 그만 웃음을 터트리고 말았다. 이팡은 쑥스러워 그의 뒤에 서서 한마디도 하지 않았다. 샤오치와 달리 이팡은 어떤 사람을 만나든, 무슨 일을 맞닥뜨리든 언제나 당당하면서도 차분하게 말한다.

꽃 같은 청춘의 여성이 휠체어족을 택해 연애를 하다 보면 적잖은 부침을 겪었을 것이다. 나는 이팡에게 샤오치의 어떤 점이 가장 좋은지 물었다. 그녀는 얼버무리면서 말을 못 꺼내다가 좀 지

4. 자기만의 방

나서야 수줍게 밝혔다.

"부모에게 효도하고 친구에게 잘하고 또 정의롭죠. …… 게다가 제게 많은 것을 가르쳐줘요!"

남들은 언제나 샤오치가 가부장적이라 여기지만, 사실 그는 이팡을 생각하는 마음이 극진해 거의 공주님처럼 대접할 정도다. 비록 그에게 자유자재로 움직이는 두 다리는 없지만, 그는 휠체어로 누구보다 바지런히 움직여 날이면 날마다 이팡의 회사로 도시락을 배달해주고, 비가 억수같이 퍼붓는 날에는 전화 한 통이면 두말없이 비옷을 입고 깨끗한 옷과 필요한 물건을 가져다준다. 또한 이팡을 데리고 별을 보러 곳곳을 돌아다니며, 이팡에게 생리가 오면 곁을 지킨다. 이팡이 작고 사소한 일에 성질을 부리더라도 전혀 개의치 않는다. 누군가는 샤오치의 살뜰함은 혹시라도 그녀를 잃지 않을까 하는 두려움에서 온다고 오해하지만, 사실 이팡이야말로 만사를 샤오치에게 의존한다. 어쩌면 그녀가 더욱 그를 필요로 하는지도 모른다. 친구들이 이팡에게 "장애인과 사귀어서 피곤하지?"라고 물으면 이팡은 이렇게 대답한다. "그렇지 않아. 한결같이 그가 날 돌봐주는 걸!" 이는 명명백백 사실이지만 이를 진실로 받아들이는 사람은 별로 없다.

샤오치는 아직 나이가 어리지만, 상대방의 말과 안색을 살펴 의중을 헤아릴 줄 아는 사람이다. 이는 어쩔 수 없이 길러진 능력이다. 샤오치는 태어난 순간부터 근육이 무기력했다. 의사는 원인을 찾아내지 못했고 가족들은 속수무책이었다. 이런 상황에서 그의 마음이 얼마나 답답하고 괴로웠을지 미루어 짐작할 수 있다. 학창 시절의 갖가지 일을 회상하면서 자신은 너무나 암울했고 전혀 즐겁지가 않았다고 솔직하게 말했다.

"초등학교 다닐 때, 수업 시작 때마다 손을 들어 외쳐야 하잖아요. 하루 여덟 번은 문제가 되지 않았어요. 그런데 어느 날은 손을 들 수가 없는 거예요. 선생님은 제가 게을러서 움직이려 들지 않는다고 했지만 저도 왜 그런지 정말로 모르겠더라고요!"

움직임이 어렵다 보니 그는 언제나 주눅이 든 채 친구들에게 도시락을 들어달라 하고, 계단을 오르내릴 때면 휠체어를 옮겨달라 부탁해야 했다. 수업을 마칠 때마다 언제나 극도로 긴장했는데, 도와줄 친구들이 사라져 화장실에 갈 수도, 계단을 내려갈 수도 없을까 봐서였다. 이런 일들을 겪으며 그는 세상 물정에 밝은 사람이 되었고, 또래 젊은이보다 훨씬 처세에 능한 사람이 되었다. 특히 홀로 자신을 키운 어머니를 생각할 때는 한없이 감정적이 됐다.

"아무도 저와 함께해주지 않았어요. 엄마에게는 더더욱 그런 사람이 없었어요. 누구와 마음을 나눌 수 있었겠어요. 엄마가 '저한테는 이런 아들이 있어요⋯⋯'라고 말을 꺼내는 순간 사람들은 입을 싹 닫고 더는 엄마와 얘기하려 들지 않았어요."

오랜 슬픔과 공포, 외로움을 껴안은 채 스물한 살이 되었을 때, 샤오치는 친구의 제안으로 자신의 병이 무엇인지 검사해보기로 결심했다. 그제서야 마침내 여러 해 품고 있던 의혹이 풀렸다. 자신은 근위축성측색경화증, 즉 루게릭병을 앓고 있었다.

4. 자기만의 방

두려움과 걱정은 피할 수 없지만, 일단은 무슨 몹쓸 병에 걸린 건지 추측하지 않아도 되어서 오히려 삶의 시야가 탁 트이기 시작했다. 병명도 확정적인 데다가 치료할 수 없는 희소병이라는 사실을 알았으니, 아예 그 병과 공존할 방법을 찾아야겠다고 생각했다.

샤오치는 외할머니와 어머니의 손에서 자랐다. 그를 애지중지하는 외할머니는 한때 고향 푸젠에서 그의 아내를 '사 오고' 싶어 했다. 아내가 있으면 돌봄을 받으려 외국인 노동자를 들이지 않아도 된다면서 말이다. 어머니는 "아직 나이도 어린데 결혼은 무슨 결혼이에요. 몸이 저런데 어디 가당키나 하겠어요? 내가 평생 기르지요, 뭐"라고 했다. 두 사람은 뭐든지 그를 대신해 생각했지만, 정작 샤오치의 의견은 묻지 않았다. 이는 샤오치를 굉장히 답답하고 우울하게 만들었다.

"너, 할 수 있겠니? 어떻게 할 건데? 너 살 수 있니? 어렸을 때부터 대학 1학년 때까지 사람들한테 지겹도록 들었던 질문이에요. 저는 자라는 내내 내가 누구를 좋아하고, 누구한테 구애하고 싶은지를 분명하게 알았어요. 나한테 장애가 있다는 이유로 그런 게 없어지지 않았어요."

샤오치가 말을 잠시 끊더니 이어서 말했다.

"그런데 엄마와 할머니는 나한테도 (성적) 욕구가 있다는 건 생각지도 못했지요."

성장기의 성은 날뛰는 요괴와 같아서 아무리 제압하려 해도 제압되지 않는다. 이 요괴를 극복하려 샤오치는 친구들과 포르노 영화를 공동 구매해 가족이 잠든 밤을 틈타 몰래 보면서 자위했다. 하고 싶다고 해서 바로 할 수 있는 게 아니라 먼저 티슈를 침대 머리맡에 놓고 휴지통을 가까이 옮겨놓는 등 만반의 준비를 한 뒤에 어머니가 외출하거나 부엌에서 요리할 때면 부랴부랴 자위를 시작했다. 자극적이긴 했지만, 그다지 흥이 일진 않았다.

여성을 흠모하고 성적 판타지를 가지고 있던 샤오치는 적극적으로 나서기로 마음먹고, 용기를 내서 흠모하는 여성에게 마음을 표현했다. 하지만 돌아오는 건 언제나 "넌 좋은 사람이야. 하지만 ……"이라는 거절의 카드였다. 샤오치는 한 번도 기죽지 않고 좌절을 맛볼수록 용기를 냈다. 그렇게 N장의 거절 카드를 받고 난 뒤 마침내 이팡을 만났다. 두 사람이 연인이 된 지는 이제 10년이 넘었다.

두 사람의 연애는 다른 여느 연인처럼 함께 영화 보고, 밥 먹고, 친구들과 노래방에 가는 등 별반 다를 바 없었다. 당연히 아무것도 아닌 작고 사소한 일로 말다툼도 하고 화가 풀리면 다시 어디 가서 뭘 먹을지 고민도 하고 말이다. 그러면서 두 사람에게 서서히 평생 서로 의지하며 함께 가고 싶다는 생각이 싹텄다.

이어진 날들은 생각만큼 그렇게 평탄치 않았다. 양측 가족과 친구들은 결사적으로 반대하며 두 사람 사이에 가로 놓인 걸림돌이 되었다. 두려움과 불안, 뭔가 설명할 수 없는 이유 등으로 이팡은 만남을 꺼리기 시작했고 샤오치는 놀람, 분노, 불안, 상심, 무기력 등에 시달렸다. 친구들은 샤오치가 얼마나 고통스러워하는지, 이

4. 자기만의 방

팡이 얼마나 슬퍼하는지 알았기에 어떻게든 두 사람이 얼굴을 맞대고 소통할 수 있게 만남을 주선했다. 샤오치는 이팡이 자신을 잊지 못한 채 여전히 미련을 두고 있음을, 자신 역시 이팡과 차마 헤어질 수 없음을 느꼈다. 두 사람은 긴 시간 마음을 터놓고 이야기를 나누었고, 얼굴이 퉁퉁 붓도록 울면서 서로의 감정을 확인했다. 두 사람은 그때부터 더는 상대를 떠나서는 살 수 없는 사이가 되었다.

이어 해결해야 할 문제는 양측의 부모를 어떻게 설득할지였다. 샤오치는 장인, 장모의 환심을 사기 위해 설이나 명절 때마다 직접 선물을 골라 두 손으로 갖다 바쳤다.

"무슨 선물을 해야 할지 어렵더라고요. 이팡의 아버지는 담배도 술도 안 하시고, 어머니는 초콜릿도 안 드시는데 말이죠."

그가 말했다. 두 사람이 함께한 지 7년째가 되었을 때 해드릴 수 있는 선물은 얼추 다 해드린 뒤라 더는 새로울 게 없었다. 마음을 다하면 모든 게 조금씩 달라지듯, 이팡의 아버지는 응석받이로 자란 딸이 갈수록 어른스러워지는 것을 서서히 알아차렸고, 인권을 외치며 시위에 참여하는 샤오치를 뉴스를 통해 죽 지켜보았으며, 샤오치와 대화를 나눌 화제가 늘어나 좀 더 친해진 기분이 들었다. 현재 이팡의 부모는 전적으로 그를 받아들였을 뿐 아니라 샤오치 덕분에 딸이 철이 들었다며 칭찬을 마다하지 않는다.

"말이야 바른말이죠. 이팡의 부모님이 반대하는 것, 난 원망하지 않아요. 우리 전통문화에 장애인에 대한 몰이해가 계속 있었기 때문에 생긴 차별이니까요. 이팡의 부모님은 딸이 저라는 이 무거운 짐을 감당하지 못할까 우려하시는 거고요. 그래서 저는 더 열심히 사회적으로 제 가치를 펼쳐 보이려 했고, 이팡 역시 자신의 감정을 통제하고 집안일을 배우려 했어요. 우리 두 사람에게 이런 결심이 선 이상 두 분 역시 그것을 보게 되실 거라 믿었죠."

샤오치가 말했다.

사귄 지 여러 해가 되면서 두 사람은 결혼을 고려해보긴 했지만, 골문 앞에서 슛을 날릴 충동이 모자랐다. 그러던 중 한 단체에서 푸캉버스復康巴士(RehaBus, 장애인의 이동을 돕는 전용 버스-옮긴이)를 기증하고자 두 사람을 행사 귀빈으로 초청했다. 다들 이런저런 이야기 끝에 "현장에서 프러포즈를 해보는 건 어떨까?" 하는 아이디어가 나왔다. 샤오치는 그렇게 하면 초점이 흐려지지 않을까 걱정이 되었지만, 계속 고민하다 보니 공개 프러포즈라도 하라고 떡하니 무대가 만들어져 있겠다, 홍바오紅包(붉은색 봉투라는 뜻으로 세뱃돈이나 축의금을 줄 때 붉은색 종이봉투에 넣어서 주는 풍습에서 유래한 말-옮긴이)도 벌 수 있겠다, 마다할 이유가 있을까 싶었다.

샤오치는 여태껏 어떤 곤경에 처하든 덤덤하게 대처해왔다. 하지만 유독 어머니가 그의 사랑에 주저하는 태도를 보여 그를 난처하게 했다. 결혼하겠다고 결심은 했는데 이제 어머니를 어떻게 설득해야 할까? 샤오치는 며칠을 고민한 뒤 자기 생각을 편지로 써서 설명하기로 했다.

"엄마한테 쓴 편지의 구성은 이랬어요. 우선 결혼이 무슨 아이

4. 자기만의 방

들 장난이 아니라는 사실을 제가 잘 알고 있다는 것을 엄마에게 이해시키고자 했어요. 엄마는 결혼에 한 번 실패한 경험이 있고 재혼한 뒤에 성공적인 결혼생활을 하고 있었어요. 새아버지는 책임감이 강한 남자예요. 저는 엄마한테 새아버지를 본보기 삼아 배우겠다고 했지요. 두 번째는 루게릭이라는 병이 어떤 건지 엄마한테 상세하게 설명해드렸어요. 깊이 있게 알아보니 의학적으로 나 같은 사람의 평균 수명은 쉰다섯이더라고요. 벌써 서른을 앞둔 제게는 이제 20년밖에 남지 않았지요. 엄마는 인생의 수많은 일을 나와 함께 완성해갈 수 없지만 이팡은 가능하죠. 이 점을 엄마에게 일깨워주고 싶었어요. 세 번째는 혹여 이팡이 엄마가 원하는 사람이 아닐지라도 내가 원하는 사람이라는 사실을 확실하게 못박았어요. 이팡은 나와 결혼하려는 거지 엄마와 결혼하려는 게 아니라고요. 저는 편지를 접어서 엄마 방 문틈에 끼워 넣었어요. 뭐, 그랬죠!"

그가 선언과 같은 말들을 쉼 없이 단숨에 내뱉는 바람에 듣고 있던 나는 그만 어안이 벙벙해졌다.

"편지를 본 뒤 엄마의 반응은 어땠나요?"

"아무 일 없었던 것처럼 하시더라고요. 며칠이 지나 제게 그러셨어요. 그래, 너희 두 사람 얼른 결혼예비학교 같은 수업이라도 들어. 전 곧바로 그게 승낙의 의미라는 걸 알았죠."

교제에서 결혼에 이르기까지 내내 요란했던 두 사람은 늘 뭇 사람의 관심 한가운데 서 있었다. 샤오치는 "요란함이야말로 제 본성이죠. 고칠 수도 없고 고치고 싶지도 않아요"라고 해명했다. 그는 항상 글을 쓸 때 어휘 선택에 신중을 기했고, 자신은 장애인과 연애하지 않겠다면서 "잠자리하는 데 너무 불편하기 때문에"라는 이유를 댔다. 또 "근육이 수축하는 남자에게는 아내가 둘 있어야 한다. 그래야 제대로 돌볼 수 있다", "장애인도 여느 사람과 마찬가지로 먹는 것 좋아하고 노는 것 좋아하며 예쁜 것 좋아하고 더더욱 하고 싶어 한다"라고도 했다. 닭의 해 설을 쇨 때 그가 "음淫한 새해, 날마다 절정, 닭 울음소리 끊이질 않네!"라고 설 메시지를 보냈다. 나는 보자마자 푸하하 웃음을 터뜨리며 '굉장히 샤오치스러운 말'이라고 생각했다. 하지만 이렇게 남들과 다르게 너무 튀고 이상한 짓을 좋아한다며 샤오치를 싫어하는 사람도 있다.

남들이 그를 어떻게 평가하든 그는 굉장히 열려 있다. 하지만 한 가지 일만은 오늘날까지 여전히 마음에 담아두고 있다.

자신을 돌봐줄 외국인 도우미를 고용한 뒤로, 그는 자위하려 할 때마다 도우미에게 티슈를 가져다 달라고 하고 일이 끝나면 바닥에 널린 티슈를 청소해달라고 부탁한다. 10년 남짓 이렇게 하면서 도우미가 몇 명 바뀌었는지는 모르겠으나 그때마다 별문제 없이 그럭저럭 잘 지내왔다.

이팡이 들어와 함께 살면서 상황에 변화가 생겼다. 샤오치는 일상생활에서 휠체어에 오르거나 내리려면, 위치를 바꾸려면, 몸을 돌리려면 수시로 누군가의 도움이 필요해서 두 사람이 잘 때도 도우미와 같은 방을 쓴다. 그러다 부부관계를 갖고 싶으면 도우미에

4. 자기만의 방

게 밖에서 자라고 한다. 이런 경우 상대방도 별로 개의치 않는다. 그런데 2년 전에 새로 들어온 도우미가 감정 기복이 굉장히 심해서 샤오치의 어머니가 여러 차례 불만을 제기했다. 하지만 중개업체에서는 도우미가 타이완에 온 지 얼마 안 돼서 그러니 좀 더 지켜봐달라고 했다.

어느 날 밤, 샤오치와 이팡은 도우미를 신경 쓸 틈도 없이 충동적으로 섹스에 돌입하고 말았다. 이 일이 있고 난 뒤 도우미는 중개업체에 원망을 늘어놓았고, 샤오치는 비참할 만큼 욕을 먹었다. 샤오치는 상황이 그렇게 될 때까지 배려하지 못한 건 자신이 잘못했지만 그렇다 해도 억울한 건 어쩔 수 없었다.

"내가 하고 싶은 게 무슨 정해진 틀이 있어서 월, 수, 목을 할 테니 거실에 나가 자라고 할 수도 없는 노릇이잖아요. 도우미는 그때 잠들어 있었고, 우리가 시끄럽게 해서 깨운 것도 아니었다고요. 또 설령 깨서 알아차렸다 해도 조용히 나가면 되는 것을. 이런 일이 있기 전에 미리 이야기가 안 된 건 예, 맞아요. 제 잘못이에요. 그렇지만 제 경험에 의하면, 물론 신경 쓰는 사람도 있겠지만 개의치 않는 사람도 있다고요. 적어도 예전에 왔던 사람들(도우미)은 그러거나 말거나 아무 상관이 없었다고요!"

나중에 그 도우미는 샤오치 어머니의 불평 때문에 중개업체의 질책을 받았던 걸 되갚아주고 싶어서 당장 뛰어가 말했다고 털어놓았다. 일의 자초지종을 모르는 사람들이 샤오치에게 온갖 비난을 퍼부으니 샤오치는 마냥 억울할 수밖에 없었다. 샤오치는 같은 루게릭병을 앓는 친구의 얘기를 들려주었다. 그 친구가 방에서 자위를 하고 있는데 도우미가 불쑥 문을 열고 들어와 그를 보더니 놀라서 비명을 질렀다.

"사람이 왜 이렇게 더러워!"

친구는 수치스러워 자살하고 싶은 심정이었다고 한다.

"지금 제가 말하고 싶은 건 전체 돌봄 시스템에 관한 문제라고요. 도우미에게 자위하는 걸 도와달라는 게 아니잖아요. 그저 밖에서 기다려달라는 것뿐이잖아요. 이게 불가능한가요? 만약 그 사람이 싫으면, 다른 사람으로 대체해버리면 되는 걸까요? 새로 온 사람은 도와주고 싶어 할까요? 이런 일에 관해 토론할 여지는 있는 걸까요? 이 일은 해서도 안 되고, 언급해서도 안 된다고 하면 안 되죠. 정말이지 불합리해요!"

누구의 잘잘못을 떠나서 샤오치와 같은 경험은 보편적으로 존재하지만, 진지한 토론의 대상이 되는 일은 극히 드물다. 다시 말해서, 장애인에게 무장애 공간 이외에 사적인 공간도 필요한가 하는 문제 말이다.

버지니아 울프는 『자기만의 방A Room of One's Own』에서 남존여비의 사회문화 때문에 여성은 자기만의 공간과 사회적 자원을 갖지 못했다고 지적한다. 자세히 생각해보면, 장애인 역시 그렇지 않은가? 모두의 인생에는 남들에게 말할 수 없고, 그저 혼자 곱씹어야 하는 순간이 반드시 있기 마련이다. 하지만 돌봄상의 편의를 이유로 장애인의 생활은 수시로 사람들 앞에 노출된다. 그들에게

4. 자기만의 방

도 혼자 있는 시간과 공간이 필요하다는 것에 주목하거나 신경 쓰는 사람은 거의 없다. 혼자 있음의 목적이 굳이 성 때문이 아니어도 말이다.

"성적 권리가 어떠니, 그렇게 거창하게 목소리를 높일 것까지도 없어요. 프라이버시만 놓고 이야기해도 충분하죠. 저는 자라는 과정에서 줄곧 이 부분이 결핍되었어요. 연애편지를 쓰고 인형을 가지고 놀 수 있는 그런 자기만의 공간, 자기만의 프라이버시를 갖고 싶었던 것인데, 이게 불가능한 일인가요?"

나는 샤오치에게 언제부터 신체와 젠더, 성욕에 특별히 관심을 쏟기 시작했는지 물었다. 그는 먼저 "저는 본래 적막을 달가워하지 않아요"라고 운을 뗀 뒤 페미니즘 단체의 활동에 참여해서 놀라고, 이해하고, 받아들이면서 서서히 젠더 의식에 눈을 떴다고 했다.

"제가 늘 하는 말인데요. 잘 성장한 장애인의 뒤에는 하나같이 좋은 할아버지, 좋은 아버지가 아니라 좋은 할머니, 좋은 어머니가 있어요. 이게 바로 젠더죠! 우리같이 희소병을 앓는 사람들에게는 '도망가지 않은 아버지 클럽'이라는 게 있어요. 마치 도망가지 않은 아버지가 무슨 칭찬할 만한 일이라도 되는 것처럼 말이죠. 왜 우리는 '도망간 어머니'에 대해서는 들어보지 못했을까요? 왜냐하면 그런 경우가 드물거든요. 사회가 허용치 않으니까요. 만약 어머니가 도망갔다면, 예전 같았으면 아마 돼지우리에 갇혔거나 돌팔매에 맞았겠지요. 왜 도망간 아버지를 비난하는 사람은 없는데 도망간 어머니는 비난받아야 할까요? 정말 불공평하죠!"

사랑을 말할 때
우리가 꺼내지 않았던 이야기들

인생을 살아가는 동안 탐색은 계속된다. 샤오치는 장애인 인권운동에 참여한 인연으로, 적잖은 성소수자 친구들을 알게 되었는데 성에 거리낌 없는 그들의 태도를 보면서 놀라워하기도 부러워하기도 했다. 특히 동성애자 사진작가가 아내와 여자친구를 좌우에 두고 포옹하는 모습을 보고 충격을 받기도 했지만 "와, 세 사람이 이렇게 조화롭게 어울리다니 굉장히 좋아 보인다. 왜 이성애자들은 이렇게 할 수 없을까?"라고 생각했다.

"청룽成龍, 우위성吳育昇(타이완 정치인으로 한때 불륜으로 떠들썩한 스캔들을 일으켰다-옮긴이), 아지스阿基師(방송인이자 타이완의 국민 셰프라 불린다-옮긴이) 같은 이들은 누군가의 카메라에 찍혀 불륜이 들통 나면 아내를 데리고 나와 사람들에게 용서를 구하죠. 왜 그렇게 거짓을 꾸며댈까요? 성소수자 친구들처럼 그렇게 하면 좋지 않나요? 이성애자들은 몰래 슬그머니 하다가 카메라에 찍히면 필사적으로 해명이나 하고 구태여 그럴 필요까지 있을까요? 저는 주바다오九把刀(영화 〈그 시절, 우리가 좋아했던 소녀那些年, 我們一起追的女孩〉를 연출한 타이완의 소설가이자 영화감독-옮긴이)의 양다리가 그렇게 나쁜 것인지 모르겠어요!"

동성결혼 합법화(타이완은 아시아 최초로 2019년 5월 동성결혼을 합법화했다-옮긴이)에 그는 상당히 적극적이다. 하지만 바로 이것 때문에 장애인계 원로에게 질책을 받았다.

"장애인 의제에만 신경 쓰라고! 동성애에는 관여하지 말고! 어차피 장애인계에는 (동성애자가) 없으니까!"

4. 자기만의 방

이 말에 샤오치는 굉장히 의아했다. 장애인계에서 그렇게나 많은 사람이 성소수자임을 커밍아웃하고 다 같이 친구로 지내는데 어째서 저 사람은 두 눈 부릅뜨고 새빨간 거짓말을 하고 있을까?

"그때 저는 그분과 크게 언쟁하지 않았어요. 그럴 필요도 없었고요."

샤오치는 덤덤하게 말했다.

"이런 이유들 때문에, 또 몇몇 일들을 겪으면서 저는 장애인의 성과 관련해 누구도, 아무 일도 하고 있지 않다는 생각을 하게 됐어요. 이쪽으로 뭔가를 해본다면 상황을 바꿀 수 있는 가능성은 있는가, 이런 이야기를 해보고 싶어요."

최근 몇 년간 그는 성 서비스를 제공하는 자원봉사 단체인 '손천사'에 참여해 곳곳을 돌아다니며 장애인의 성욕을 고취하고 있는데 언론의 기준이 한층 여유로워졌다. 그는 공개적으로 대놓고 이렇게 말한다.

"오토다케 히로타다에게는 50명의 여자친구가 있습니다. 전 아주 고무적이라고 생각해요."

"어떻게 아이를 낳느냐? 사람들이 제게 묻습니다. 그러면 저는 '꽂아 넣습니다. 안 그러면요?'라고 말합니다."

이 이야기를 들으면 누구나 우습다며 뒤로 넘어가지만, 정작 샤오치는 무슨 엄숙한 이론이라도 말하듯 사뭇 진지하다.

최근 몇 년 사이 샤오치와 이팡을 다시 만났을 때 두 사람에게서 뭔가 많이 달라졌다는 느낌을 받았다. 어쩌면…… '어른'이 되었기 때문이리라. 그날 그의 집에 갔을 때 이팡은 주방에서 먹을 것을 준비하면서 수시로 고개를 돌려 거실에 앉아 있는 아들 룬룬 潤潤의 상황을 살폈다. 좀 허둥대는 모습이었다. 가까스로 룬룬을 먹이고 얼러서 재우고는 녹초가 된 몸으로 소파에 털썩 주저앉았다. 샤오치가 통화하는 틈을 타 나는 이팡에게 이런저런 이야기를 건네다 룬룬이 생긴 뒤로 생활에 많은 변화가 있었는지 물었다. 이팡은 싱긋 웃기만 할 뿐 별다른 말은 하지 않았지만 눈에서는 말할 수 없는 피로가 묻어났다.

나는 샤오치에게 룬룬을 낳을 계획이 있었는지, 예상치 못한 일이었는지 물었다. 그가 말했다.

"본래 저는 원치 않았고 이팡은 간절히 원했어요. 저는 정말이지 오랫동안 고민한 끝에 DNA 검사를 하고 유전되지 않는다는 사실을 확인한 뒤에야 낳기로 결심했어요."

그런 다음 그는 스스로 알아서 털어놓았다.

"아이를 낳고 난 뒤에 우리는 거의 안 했어요."

그 말투는 원망이라기보다는 어쩔 수 없다는 무기력함에 가까웠다.

두 사람의 세계에 돌연 룬룬이 나타나면서 일상생활에 거칠고 사나운 변화의 소용돌이가 들이닥쳤다. 이팡의 입장에서는 당장 자신을 가장 필요로 하는 사람은 샤오치가 아니라 룬룬이다. 샤오치는 머리로는 잘 이해했지만, 상실감이 몰려오는 건 어쩔 수 없었다.

4. 자기만의 방

"우리가 결혼에 성공하자 다들 우리야말로 진정한 사랑의 표본이라고 입을 모아 칭찬했어요. 이팡은 장애인계에서 위인처럼 떠받들어졌고요. 스트레스가 만만치 않았어요."

샤오치가 한번은 페이스북에 좀 더 잘 먹고 싶은데 이팡이 허락하지 않는다고 원망하는 투의 글을 올렸는데, 그 아래에 이내 "이팡은 돈 버느라 힘든데 그것조차 이해하지 못하느냐"라는 식의 댓글들이 주르륵 달려 굉장히 경악했다는 이야기를 꺼냈다.

"저는 분명 농담일 뿐이었죠. 그런데 사람들은 정색하고 달려들더라고요! 이팡의 고생이야 왜 제가 모르겠어요. 대부분의 시간을 사회운동 한다고 뛰어다니느라 쥐꼬리만큼 벌어오는 저를 이팡은 아주 잘 이해해주죠. 언제나 고맙게 생각해요. 그런데 그 댓글들은 대체 뭡니까? 어차피 천 번이고 만 번이고 전부 제 잘못이고, 죄다 남자가 공격받아야 하죠. 그게 맞아요, 맞아!"

"이팡의 반응은요? 이팡과 얘기해봤어요?"

"아이고, 어떻게 얘기를 나눠야 할지 저도 잘 모르겠어요."

나는 샤오치의 삶에서 사랑이 차지하는 비중이 어느 정도인지 너무나 잘 안다. 그는 말한다.

"저에게 사랑은 신앙과 같아요. 몸을 던져 사회운동을 하는 것도 사랑이 제일 중요하기 때문이죠. 사랑이 없으면 장애 없는 환경이 갖추어진다 한들 무슨 소용이 있으며, 사랑이 없으면 완벽한 평생 돌봄 시스템이 갖추어진다 한들 또 무슨 소용이 있겠어요?"

그들의 관계, 그들의 미래는 어떻게 변할 것인가? 나는 좀 걱정이 되었다. 그 무렵 나는 그가 그다지 즐겁게 지내지 못한다는 소리를 듣고는 메시지를 보내 물었다.

"샤오치, 이팡과 괜찮아요?"

재빨리 답이 왔다.

"별로예요."

둘 다 신뢰하는 친구나 웃어른을 찾아가 이야기해보는 게 어떻겠느냐고 제안하자 그는 안 그래도 이미 누군가 자리를 마련했다고 했다. 그러고는 내게 물었다.

"이 이야기 쓸 건가요? 너무나 안 좋은 상황이라…….."

나는 정중하게 밝혔다. 프라이버시와 관련된 것이면 쓸 수도 없고 써서도 안 되니 안심하라고 일렀다.

며칠 후에 그는 자신의 블로그에 공개 글을 써서 마음속 고민을 허심탄회하게 털어놓았다.

나 같은 중증 장애인이 안정적이고 반짝거리는 사랑과 연애를 통해 7년 만에 결혼에 골인했다. 경제적으로 특별히 풍족하지는 않지만 우리 두 사람은 뜻이 잘 맞고 생활과 서로를 위해 함께 헌신해왔다. 최근 아이가 생기면서 친척과 친구들이 우리 가족을 향해 더 큰 축복을 전해주었다. 동시에 나는 마치 '승리한 인생'의 전형이 된 듯했다. 나 또한 우리같이 이렇게 행복의 에너지로 충만한 가정도 드물 것이라 믿는다.

　　　　　　　　　　　　　　　4. 자기만의 방

이 모든 과정에서 어떤 일들은 스스로 희망을 품고 실천한 것이고, 어떤 계획들은 스스로 생각지도 못한 것이다. 예를 들면 아이의 출생은 우리 두 사람의 동반자 관계에 영향을 미쳤다. 계획에 따라 진행된 것이든 아니든, 성공이든 실패든, 우리는 줄곧 이런 생활을 즐겨왔고 이 일들을 직면하고 감당하는 일에 만족을 느꼈다. 당연히 우리는 그 과정에 스트레스와 좌절이 있을 수밖에 없음을 잘안다. 하지만 서로 사랑하는 사람이 함께 보듬고 해결해나가는 것이야말로 행복을 이루는 일이 아니겠는가.

지금껏 나와 내 반려자의 관계에서 나는 최선을 다해 장애인의 연약함을 드러내지 않으려 했고, 많은 경우에 내가 상대를 돌보기도 했다. 내가 할 수 있는 최선을 다해한 사람의 공주를 지켜냈다. 내 반려자 역시 내게 열과 성을 다했다. 그녀는 뒤에서 우리 집의 경제를 힘껏 지탱해주었고, 덕분에 나는 별 지장 없이 사회운동에 몸을 던질수 있었다. 우리는 서로의 곁에 있는 모든 것을 함께 누렸고, 공통의 친구들이 있었으며, 열심히 일한 후에 손잡고맛있는 것을 먹으러 가서 하루의 수고로움을 위로하는 일상이 있었다. 신호등을 기다리는 시간에 내가 그만 못 참고 손을 뻗어 그녀의 그 매혹적인 엉덩이를 만지면 우리는 그만 달떠서 껴안고 키스를 했다. 키스는 파란 신호등을 수차례 흘려보낼 때까지 계속되었다. …… 격정은 서로의 감정을 지켜나가는 데 좋은 양분이 되어주었다. 욕망이 달아올라 하고 싶으면 우리는 바로 했다. 휠체어에서, 침대에서, 수많은 장소에서. 어쩌면 그곳들에 우리가 남겨놓은 사랑이 있을지도 모르겠다.

하지만 이 모든 것의 모든 것은 아이가 태어나고 난 뒤 서서히 변질되었다. 산모는 출산 후 체질이 변해서 원래 욕망의 여자였던 사람이 석녀石女가 되었다. 원래 내가 연연해하던 쌍봉雙峯은 더는 나만의 것이 아니다. 원래의 원래는 더 이상 내가 기대할 수 있는 일이 아니다. 동시에 나는 경제적 능력을 키워야 한다는 현실을 직면해야 했다. 이는 내가 마땅히 맞닥뜨려야 하는, 더더군다나 실력을 갖추고 맞닥뜨려야 하는 현실이었다. 그녀는 혼자 아이의 모든 것을 돌보아야 했고, 어쩔 수 없이 매일 반복되는 단조로운 돌봄 노동에 적잖이 스트레스가 쌓였다. 원 가족과의 관계는 단순히 건물이 하는 역할 그 이상도 이하도 아니어서 외부의 영향을 차단하고 안전한 상태에 머무는 우리는 부모와 직접적으로 대면할 필요가 없었다. 하지만 포대기에 싸인 아이에게 이 집은 하나의 건축물이기만 한 것이 아니라, 나아가 이 아이를 성장하게 하는 기지다. 그래서 우리는 아예 가치관이 다른 사람들과도 대면해야 했다.

이 집의 모든 사람은 하나같이 이 아이를 사랑한다. 하지만 모든 사람이 자신의 방법이 최고라고 생각한다. 모두

4. 자기만의 방

가 자신이 가장 많이 희생하고 다른 사람은 덜 희생한다고 여기며, 덜 희생한 사람은 더 많이 희생한 사람을 이해하고 그의 말에 순종해야 한다고 생각한다. 우리는 아프리카 황야의 동물처럼 제한된 공간에서 서로의 기반을 뺏으려 달려들고, 그 기반이 다소 겹쳐도 피차 양보하려 들지 않는다. 자기 생각을 말하면 무례하다거나 어른을 존중하지 않는다고 낙인을 찍는다. 나는 떠밀려서 전투에 내보내졌지만 아무런 보급품도 주어지지 않는다. 나는 무력한 나머지 어떻게 싸워야 할지, 누구를 위해 싸워야 할지 아무런 생각도 없고 잘 알지도 못한다.

유감스럽게도 우리를 짓누르는 스트레스와 피로는 언어상의 악의적인 공격으로 드러나기 시작했다. 동시에 내 몸의 퇴화와 악화에도 속도가 붙기 시작했다. 나는 이렇게 악화되는 상황을 누구와 말해야 할지 모르겠다. 이는 의학이 해결해줄 수 있는 것도, 아무나 개입할 수 있는 것도 아니다. 이렇게 봇물 터지듯 쏟아져 나오는 문제들 앞에서 나는 누구를 찾아가 하소연해야 할지 모르겠다. 발걸음을 멈추어보지만 상황은 횡스크롤 액션 게임 Side-Scrolling Video game처럼 앞으로 나아갈수록 빨라져 숨이 막히고 탈진할 지경이다.

…… 나는 중상을 입었지만, 원래의 모습을 회복하고 있다. 우리의 갖가지 모습에서 사람들은 빛나고 아름다운

것을 보았을지 모른다. 이 모든 것에 나는 내 전부를 쏟아 부어 곳곳에서 전쟁을 벌였다. 이 과정을 돌이켜 보면 …… 내가 여전히 살아 있다는 것에, 내게 도움의 손길을 내밀어준 수많은 친구들에게 감사하지 않을 수 없다.

정말이지 잘 쓴 글이다. 하지만 그 이면에서는 진실한 슬픔이 여지없이 묻어난다.

샤오치는 자신의 병이 결국에는 온몸이 마비되고 말을 할 수 없는 지경까지 악화될 것을 알고는 이팡에게 일찌감치 말해두었다.

"만약 당신이 좋아하는 사람이 생기면 과부로 지낼 필요 없어. 난 다 이해한다고."

이팡은 그에게 말했다.

"만약 정말로 그런 날이 오면 상대방을 데려와서 당신한테 확인받을게. 안심이 되게 말이야. 이 세상에서 나를 가장 잘 이해하는 사람은 당신이잖아!"

결혼생활에 절대적 시시비비란 없다. 그저 현실에서 서로의 다른 점을 보고 이해하며, 자기 뜻대로 되지 않는 한계를 받아들일 뿐이다. 그렇지만 사랑은 본래 이래야 한다. 사랑은 서로의 인생을 풍부하게 하고, 서로에게 더 큰 세계를 펼쳐준다. 어떤 어려움이 있더라도 함께한다면 모든 문제는 어쨌든 해결되기 마련이다.

샤오치와 이팡 역시 그럴 것임을 믿는다.

4. 자기만의 방

이토록 험난한 사랑

내 어머니는 오래전 인도네시아에서 외국인 신부를 인터
뷰하는 일을 담당하셨다. 어머니한테 종종 인터뷰할 때
맞닥뜨린 일들에 관해 들었는데 그중 가장 인상에 남는
건 타이완 남성이 인도네시아에 신부를 찾으러 갔다가 인
터뷰 현장에서 간질 발작을 일으켜 현장의 모든 사람을
소스라치게 놀라게 한 일이다. 마지막에 어머니가 그 인
도네시아 신부에게 그래도 시집을 오겠느냐고 묻자 그녀
는 그래도 그러겠다고…… 말했다.[3]

이런 이야기라면 우리는 적잖이 들었고 또한 적잖이 보았다. 이
처럼 소개업체를 통한 결혼에서 양측이 고려하는 건 매우 현실적
인 문제들이다. 남자 측이 대를 잇고 돌봄의 편의를 얻기 위해서
라면 여자 측은 환경 개선과 빈곤 탈출이 목적이다. 이들에게 사
랑은 가당치도 않은 상상일 뿐, 이들은 그저 하루하루를 무사히
보냈으면 한다.

내정부 통계에 따르면, 국제결혼을 선택하는 남성 중 9.46퍼센
트가 장애인이다. 한편, 타이완의 남성 장애인은 전체 남성 인구

---

3   Jadelyn, 「외지에서 사 온 신부」, 2017년 4월 14일(http://blog.udn.
com/skeptical/100583829).

의 5.29퍼센트를 차지한다.[4] 외국인 여성(동남아 각국에서 온 여성)을 배우자로 택하는 남성 장애인의 비율이 상당히 높다는 사실을 알 수 있다. 한 지체장애인 남성은 베트남으로 선보러 간 경험을 이렇게 회상한다.

> 이제 막 알게 된 베트남 아가씨가 내 겉모습에 두려움을 느끼지는 않을까? 이 베트남 아가씨가 어떻게 느끼는지 당장 알고 싶어서 나는 투숙하고 있던 여관방으로 돌아가자마자 무턱대고 이 낯선 아가씨 앞에서 바지통에 숨긴, 아는 사람이 별로 없는 내 의족을 벗어던져 보였다. 이 일에는 상당한 용기가 필요했다. …… 먼저 바지를 벗어던진 뒤 사각팬티 차림으로 의족을 벗었다. 이때 나는 첫사랑 연인을 만나기라도 한 것처럼 얼굴이 화끈거리고 쥐구멍이라도 찾아 들어가고 싶은 심정이었다. 더는 부끄러워서 안 되겠다 싶어 속으로 생각했다.
>
> '지금 당신(당시 아직 내게 시집오기 전의 아내를 가리킨다) 거절이라도 해보라고. 그럼 내가 망가지진 않겠지. 손해가 크다고. 바지까지 벗어던지고 있는 것 없는 것 다 보여줬잖아. 감히 안 받아주기만 해봐라, 되갚아주고야 말 테니까. 두고 보라고!!'

4 내정부 2007년 통계.

다행스럽게도 그녀는 놀라 줄행랑을 치지는 않았다. 나는 통역을 통해 "내 이런 모습이 무서워요?"라고 물으며 그녀를 바라보았다. 손으로 내 의족을 만져보던 그녀는 이제 두 손으로 그것을 받쳐 들고 말했다.

"무섭기는요! 이것 때문에 당신이 베트남에 온 거잖아요. 그리고 저야말로 이것 때문에 당신을 알게 됐잖아요. 그러니 오히려 사랑스럽지요."

통역을 통해 이 말을 전해들은 나는 언론 보도에 의해 덧씌워진 '돈을 밝힌다', '겉모습만 번지르르하다', '집에서 도망가버린다' 등과 같은 베트남 여성의 부정적 이미지가 일거에 해소되면서 그녀에게 좋은 인상만 갖게 되었다. 그녀는 착한 마음씨에 온화하고 다정다감해 보였다. 한편 이 말은 그녀의 인식을 드러내는 것이기도 했다. 일테면 베트남 현지 여성과 결혼하려는 타이완 남성은, 대개 조건이 좋은 사람이라기보다는 타이완에서 결혼 상대를 찾지 못해 베트남에 온 사람이라는 생각 말이다.[5]

낯선 생활과 소통의 어려움 때문에 국제결혼은 쌍방이 고립되었다는 무력감을 느끼기 쉽지만 외국인 배우자가 직면하는 압박

---

5   우젠창伍建昌, 「행복하지 않은 장애인의 국제결혼?」, 중산대학 사회과학원 고차원 공공정책 석사 논문, 2010년 6월.

사랑을 말할 때
우리가 꺼내지 않았던 이야기들

과 고통은 훨씬 더 클 것이다. 만약 선택할 수만 있다면, 인류지대사를 그리 좋다고 여겨지지 않는 상대와 치르고 싶은 사람은 없으리라. 고향을 떠나온 그들은 이후의 세월 동안 진실한 사랑에 대한 갈망은 가슴 깊이 묻어둔 채 지내다 결국에는 거의 잊고 산다. 하지만 언젠가 혼란스러운 욕망이 불쑥 수면 위로 떠오른다면 가정이 서로를 옥죄는 감옥이 될지도 모른다.

예전에 친구 차이충룽蔡崇隆이 만든 다큐멘터리 〈나의 창눠웨이強娜威(My Imported Wife)〉를 보았는데, 창눠웨이는 보통 외국인 신부에 대해 갖는 '약자'라든가 '가엾다'라든가 하는 고정관념을 완전히 뒤집는 인물로 나 역시 크게 놀라지 않을 수 없었다. 그녀는 뇌성마비 남편 황나이후이黃乃輝와 툭하면 돈 때문에 이판사판으로 싸운다. 어찌나 사나운지 그 기세가 확실히 한 수 위다. 내뱉는 말마다 유리 조각을 품고 있기라도 한 듯 언제든 이 결혼생활을 찢을 만반의 준비가 되어 있는 사람 같다.

다큐멘터리에는 창눠웨이가 침대에 비스듬히 누워 무심결에 손가락으로 침대보에 뭔가를 그리면서 가만히 남편에게 말하는 장면이 나온다.

"우리한테는 미래가 없는 것 같아. 우리한테는 행복이 없는 것 같아⋯⋯."

스무 살도 안 되어 이국의, 말도 제대로 못하고 비틀거리며 걷는 남자에게 시집온 그녀는 설령 행복이 무엇인지 그 정의는 잘 모른다 해도 "적어도 이런 모습이 아니라는 건⋯⋯ 알아!"라고 말한다.

　　　　　　　　　　　　4. 자기만의 방

그래, 행복은 사회의 시선으로 재단해서는 안 된다. 사람마다 마음속 기준이 다르다. 창눠웨이의 마음속 행복은 어두운 터널 끝에 비치는 한 줄기 빛인 듯하지만 그녀는 영원히 그 끝에 도달할 수 없다.

'10인의 걸출한 청년'이라는 타이틀을 거머쥔 황나이후이는 여러 차례 연애를 했지만 그때마다 실연으로 일단락되었다고 털어놓았다. 그러면서 그는 상대방이 성적으로 만족하지 못해 먼저 떠나지 않았을까 추측했다.[6] 황나이후이는 창눠웨이와의 결혼에 대해 이렇게 말한다.

> 집안의 어르신들이 외국인 신부를 데려오라고 권했죠. 저는 사람들과 캄보디아로 가서 떠들썩한 일정에 참여했고 딱 두 여자만 봤습니다. 첫 번째 여자는 날 원치 않았고, 두 번째 여자한테는 만난 지 4분 만에 시집을 올 건지 안 올 건지 물었죠. 그녀가 말하더군요.
> "우리 집이 이렇게 가난한데도 당신이 날 무시하지 않는데 내가 당신한테 시집 못 갈 이유가 없지요?"
> 저는 바로 그 여자를 아내로 맞았습니다.
> …… 제게 장애는 슬프지 않습니다. 결혼생활이야말로 생

---

6 리유러우李宥樓(기록 정리), 「신체장애는 아내를 만족시키기 힘들지만 그보다 더 두려운 건 자신이 조만간 죽는 것이다」, 『펑궈일보』, 2008년 1월 24일.

각하기 싫을 만큼 끔찍했죠. 처음 반년 동안 저는 결혼을 굉장히 후회했습니다. 두 사람이 언어도 통하지 않지, 이해는커녕 감정도 없지, 뭐든 싸움의 이유가 됐습니다. 제가 음식을 해서 주면 그녀는 거들떠보지도 않고 캄보디아에서 가져온 고춧가루와 소금을 더한 밥만 먹었죠. 저는 반년 동안 시달렸어요. 날마다 팽팽하게 맞서면서 일촉즉발의 상황이었어요. 그녀가 중국어를 할 줄 알게 되고서야 서서히 감정이 좋아졌어요.

어쨌든 외국인 신부를 얻은 건 잘한 일인 것 같아요. 뇌성마비 장애인은 걸핏하면 신경이 곤두서거든요. 섹스하면서 흥분하기 시작하면 이내 그런 증상이 나타나죠. 섹스를 오랫동안 할 수 없고, 한 번 하고 나면 너무 피로해서 온종일 누워 있어야 해요. 이런 상황을 받아들일 타이완 여자는 없어요. 아내가 제게 말했어요.

"사람들은 내가 당신 돈을 갈취한다고 욕하지만 내가 뭐하러 그래? 당신을 죽이겠다고 마음먹으면 간단한데. 하루에 세 번만 당신과 하면 당신이 죽어나가는 건 일도 아닌데."

한 베트남 신부가 제게 물었어요. 제 아내가 도망갈까 봐 걱정되지 않느냐고요. 사실 전 아내가 도망가는 건 두렵지 않아요. 제가 죽는 게 두렵죠. 뇌성마비 장애인은 오래 살지 못하니까요. 장애가 있는 저는 좋은 아내를 얻었고,

4. 자기만의 방

가난에 찌든 집 출신인 그녀는 이렇게 호화 주택에 살고, 이것만으로도 우리 두 사람은 이미 굉장히 만족해요.[7]

무엇보다 중요한 것은 창눠웨이가 정말로 만족하느냐다.[8]

사람과 사람 사이에 미궁처럼 어려운 문제가 사랑이다. 어떤 사랑은 행복으로 통하는 길이지만 또 어떤 사랑은 외려 육체를 옭아매는 족쇄다. 멍핑夢萍(가명)은 한때 사랑하면 일체의 장벽을 뛰어넘을 수 있다고 믿었다. 가장 험한 늪에 빠졌다 해도, 그 어떤 장애가 있다 해도 이겨낼 수 있다고 말이다. 하지만 그녀가 틀렸다. 그것도 굉장히 터무니없이 틀렸다. 아무도 좋게 보지 않았던 그 시절의 사랑 이야기를 꺼낼 때 그녀는 생각조차 하기 싫다는 듯 한숨을 지었다.

멍핑은 서른 살에 T를 알았다. 하루는 몇 명의 친구와 만나 밥을 먹고 커피를 마시면서 수다를 떨었다. 그 가운데 T도 끼어 있었다. 어떻게 시작됐는지는 모르겠지만, 어쩌면 멍핑이 시끌벅적하

---

7 리유러우(기록 정리), 앞의 글.

8 창눠웨이는 다른 사람이 대필한 『천국으로 시집온 신부嫁來天堂的新娘』라는 책에서 이렇게 말한다. "타이완으로 시집온 후 처음에는 언어도 통하지 않고 생활도 낯설어서 나이후이와 툭하면 싸웠어요. 천국이 어딘지 모르겠지만 지옥이 뭔지는 알고도 남겠더라고요. 지금은 제 중국어가 많이 나아졌고 생활도 서서히 적응이 돼서 어쩌다 한 번씩 싸우긴 하지만 그래도 어쨌든 나이후이에게 굉장히 감사해요." (창눠웨이, 『천국으로 시집온 신부』, 원징사文經社, 2008)

사랑을 말할 때
우리가 꺼내지 않았던 이야기들

고 들뜬 무리에서 유독 과묵해 눈에 띄는 T에게 끌렸는지도 모르겠다. 멍펑은 시끄러운 친구들과 더는 자리를 같이하지 않고, 그를 따로 불러내 둘만의 시간을 가졌다.

두 사람은 처음에는 밖에서 만나 밥을 먹었다. 그러다가 멍펑이 이따금 그를 자신의 집으로 불러 시간을 보냈다. 이야기를 나누다 시간이 너무 늦어지면 T에게 자고 가도 된다고 했지만 T는 한 번도 그렇게 하지 않았다. 그러던 어느 날 저녁에 T가 스스로 멍펑을 찾아왔다. 얼굴이 온통 발그레한 게 술을 좀 마신 게 틀림없었다. 밤이 깊도록 얘기가 이어졌고, 멍펑은 피곤하면 소파에서 자고 가도 된다고 했다. 소파에서 자던 T가 한밤중에 멍펑의 침대로 파고들었다.

활달하고 외향적인 멍펑이 내성적이고 수줍음을 잘 타며 다소 유치한 T를 택하자 친한 친구들은 굉장히 의외라는 반응을 보였다. 멍펑의 말에 따르면, 멍펑은 T가 처음으로 깊게 사귄 여자친구다. T는 멍펑이 자신을 진짜 사랑해서가 아니라 장애인이라서 시혜적 차원에서 사귀는 건 아닌지 두려워했다. 그런 이야기를 하면서 뜻밖에 훌쩍훌쩍 흐느끼기까지 했다고 한다. 멍펑은 이 일에 크게 감동해 마음이 한없이 부드러워졌다.

"그때부터 그 사람에 대한 책임감이 생겼던 것 같아요."

남녀 간의 일이라면 T가 아는 게 거의 없어 멍펑이 전적으로 세심하게 이끌었다. T는 지체장애뿐 아니라 시력도 약해 멍펑의 반응을 그다지 잘 살피지 못했다. 언제나 멍펑이 그의 손을 끌어다

4. 자기만의 방

자신의 몸에 갖다 대고 점자를 읽듯이 그의 손가락 끝으로 한 곳 한 곳 식별할 수 있게 해주었다. 시간과 품이 들었지만, 재미가 쏠 쏠했다.

하지만 두 사람 사이에 가로놓인 장벽은 T의 신체만이 아니었다. 외부의 장벽이 떡 하니 버티고 있었다. 데이트 장소만 놓고 보더라도 두 사람은 늘 발을 동동 굴러야 했다. 분위기가 우아한 곳을 골라 특별한 날을 기념하려 해도 식당 앞에 두세 칸짜리 계단이라도 있으면 T는 지레 겁을 먹고 주춤거렸다. 설령 계단이 없거나 엘리베이터를 타고 바로 입구에 닿을 수 있는 식당이라 해도 안에 장애인 화장실이 없어 낭만적인 한 끼 저녁 식사가 황급히 끝나버리기 일쑤였다. T가 화장실에 가야 해서다. 이런 상황이 한두 번, 또 여러 차례 반복되자 매번의 외출이 두 사람의 지혜와 임기응변 능력을 시험하는 무대처럼 느껴졌다.

지나가는 사람들의 악의적인 시선과 친한 친구들의 몰이해 역시 그들을 의기소침하게 만들었다. 그는 그녀가 사랑하는 남자이고, 그 역시 그녀를 사랑하는데 두 사람의 연애는 축복받지 못했다. 멍펑은 간혹 이런 생각이 드는 걸 막을 도리가 없었다. 대체 우리가 뭘 잘못했기에 온 세상이 들고 일어나 맞서는 것 같은 느낌인 거지? 지나가면서 뭐라 하는 사람들에게 싹 다 죽어버리라고 악담을 퍼붓고 싶은 심정이었다.

T가 자신에게 보이는 집착과 의존을 멍펑이 모르는 바는 아니었다. 그런 사랑은 독점욕이 워낙 강해 두 사람의 세계만을 허용

할 뿐 다른 사람들은 지워버리고 만다. T는 멍핑이 회사에서 개최하는 직원 야유회에도 못 가게 하면서 "당신 가기만 해봐. 돌아올 때는 더 이상 날 못 볼 줄 알라고"라며 협박하기까지 했다. 멍핑은 T의 두려움을 이해하기에 언제나 어쩔 수 없이 그의 뜻을 따라주었다. 그건 적어도 T가 자신을 사랑한다는 뜻이니까.

언젠가 멍핑은 회사의 스케줄에 따라 다른 지방으로 출장을 가야 해서 T에게 이런저런 사정을 설명했다. 하지만 아무리 설명해도 T는 회사에 그렇게 사람이 많은데 왜 굳이 당신이 가야 하느냐고 억지를 부렸다. 멍핑은 이참에 좀 더 뜻을 밀고 나가 두 사람 관계에 돌파구를 마련하고 싶었다. 그러다가 그만 참지 못하고 심한 말을 내뱉었다.

"다들 어른이라고. 당신 이렇게 유치하게 굴지 않을 수 없어?"

T는 화가 나서 젓가락을 내던지고 그릇을 때려 부수면서 "내가 모르는 줄 알지. 이 기회에 회사의 모모랑 같이 있고 싶어서 그러는 거 아니야?"라고 말했다. 멍핑은 T가 무슨 엉뚱한 짓을 저지를까 봐 결국 동료에게 대신 가달라고 부탁했다. 그러고서야 한바탕의 난리가 잠잠해졌다. 멍핑은 여전히 쓴웃음을 지으며 말했다.

"아마 제가 천성적으로 약자를 동정하거나, 아니면 저 자신조차 무엇인지 모를 사랑을…… 멍청하죠?"

그해는 정말이지 형편없는 해였는데, 거기에 더해 더 엉망진창인 상황이 멍핑을 기다리고 있었다. 멍핑은 꽤 여러 차례 T의 집에 갔고 그때마다 T의 어머니가 자신에게 잘해준다고 느꼈다. T의 어

4. 자기만의 방

머니는 만나면 언제나 예의 바르고 싹싹하게 대해주었다. 한번은 멍펑과 T 사이에 언쟁이 오갈 때, T가 말했다.

"당신은 전혀 날 사랑하지 않아. 우리 엄마도 그렇게 말했어!"

멍펑은 무슨 뜻이냐고 T에게 따져 물었다. T는 그제야 횡설수설 밝혔다.

"우리 엄마가 그랬어. 내가 당신의 첫 번째 남자친구는커녕 마지막 사람도 아닐 게 뻔하다고!"

멍펑은 T가 어린아이도 아닌데 어떻게 이런 일조차 어머니에게 '보고'할까 싶었다. T는 굉장히 떳떳하게 "엄마가 아들의 일을 아는 게 뭐 어때서. 정상 아니야?"라고 했다.

나중에 T의 어머니가 멍펑에게 몰래 전화를 해서는 T에게는 영리하고 순종적인 여자가 필요하지 멍펑처럼 '세상 물정에 훤한', '일에 성취욕이 강한' 여자는 필요 없다고 했다. 그런 말끝에 한마디를 더 보탰다.

"댁이 우리 아들을 행복하게 해줄 리가 없어요!"

멍펑은 욱하고 올라오는 충동을 억누르지 못하고 "그러면 당신은요? 아침부터 저녁까지 아들의 연애에 참견하면 아들을 행복하게 해줄 수 있나요?"라고 반문하지는 않았다. 하지만 그때의 너무나 치욕스러웠던 감정은 지금까지 끈질기게 멍펑을 쫓아다닌다.

전화를 끊고 곰곰이 생각하다가 멍펑은 두 사람 사이에 존재하는 문제가 막무가내인 T의 어머니만이 아님을 알아차렸다. 어머니에 대한 T의 의존이 더 큰 문제였다. 원래 멍펑은 T의 사랑을 저버리지 않으려 자신이 버틴다고 생각했는데, 아무래도 '마마보이'의 저주에서는 벗어날 수 없어 보였다. 멍핑은 줄곧 T를 바꾸어보려 노력했지만, 결과는 그저 헛수고일 뿐이었다. 게다가 그런 노력을 하면 할수록 T에 대한 자신의 감정이 옅어지고 연애의 피로감만 쌓여갈 뿐이었다.

서로의 감정이 이미 막다른 골목에 이르렀음을 깨달은 멍핑은 마음을 모질게 먹고 T의 전화를 삭제하고 페이스북과 라인 계정을 바꾼 뒤 친구 집에 한 달 남짓 숨어 지냈다. 그러고 나서야 끈덕지게 매달리는 T의 집착에서 벗어날 수 있었다.

돌이켜 생각해보면, T의 어머니가 아들을 지나치게 보호하지 않나 하는 생각이 든다. T가 한 살이든, 열 살이든, 서른 살이든 언제나 T의 일은 곧 어머니의 일이고, T의 문제는 곧 어머니의 문제였다. T의 어머니가 심혈을 기울여 T에게 가장 좋은 생활 환경을 만들어주고, 미래를 향한 모든 준비를 해주는 것을 멍핑은 이해할수도, 받아들일 수도 없었다.

"어머니의 염려를 이해 못 하는 게 아니에요. 그렇다고 우리의 애정 문제에 대놓고 간섭해서는 안 되잖아요? 그의 아들은 지체장애인이지 지적장애인이 아니라고요!"

샤오치가 했던 말이 떠오른다. 자신이 내내 가족들의 극진한 보살핌을 받아온 건 어쩌면 굉장히 다행스러운 일이지만, 그 때문에 오히려 자신은 아무것도 할 수 없고 아무것도 할 필요가 없는 폐인이 된 느낌이었다고. 성격이 다소 거친 이팡은 가족들과 달라서 자신을 잘 보살피기는커녕 오히려 모든 일이 샤오치의 몫이었는데, 그게 오히려 자신을 더 편안하고 가볍게 해주었다고.

부모들이 장애인 자녀에게 보이는 애착은 장기적이라 스스로 알아차리기가 쉽지 않다. 그들은 일편단심으로 희생한다. 아이들이 넘어지고 부딪히면서 걸어 나가는 길에 언제나 동행하면서 혹여 다칠세라 안절부절못한다. 하지만 지지와 굴레는 때론 동전의 양면과 같다. 누구나 사랑이 필요하지만, 동시에 사랑받는 가운데 상처받는 경험도 반드시 필요한 법이다. 그런데 왜 장애인에게만 그것을 허용하지 않는가? 부모 된 심정이 그렇긴 하지만 말이다.

사랑에서 비롯된 모든 행위가 반드시 다 좋은 것은 아니다. 멍펑과 T의 사랑은 아침 드라마에나 나올 법한 모든 요소를 갖추었다고 할 수 있다. 멍펑 역시 줄곧 모호한 환상을 품었던지라 두 사람의 관계가 드라마에서처럼 해피엔딩으로 마무리될 줄 알았겠지만, 그런 날은 영영 오지 않았다.

지나간 청춘, 과거의 영광은 다시 돌아오지 않는다. 멍펑의 가장 좋은 시절도 더 이상 여기 없다.

5.

장애,
여성,
연애

갈망하고 상상하고 말하는 여성들

신메이心美(가명)는 잘 웃는다. 그러나 안타깝게도 후천적 실명으로 정작 자신은 자기가 얼마나 환하고 아름답게 웃는지를 직접 볼 수 없다. "당신이 웃으면 얼마나 많은 사람이 매혹되고 마는지 당신은 모를 거예요!"라고 내가 말하자 그녀는 아무 말 없이 해죽해죽 웃기만 했다. "당연히 당신을 좋아하는 사람이 있겠죠?"라고 묻자, 신메이는 얼굴을 붉힌 채 부끄러워하며 "한 사람 있어요. 그렇지만 불가능해요"라고 했다.

"왜 불가능해요?"

"그 사람은 실명한 사람이 아니거든요."

"그러면 딱 좋지 않나요? 그 사람이 당신 눈이 되어줄 수 있잖아요?"

"그 사람이 받아들인다 해도 집안에서 반대할 거예요."

신메이는 고집스럽게 고개를 저었다.

"물어보지도 않았잖아요. 어떻게 알아요?"

"당신이 몰라서 그래요……."

신메이의 얼굴에서 미소가 서서히 사라졌다.

"나 같은 사람은 불가능해요."

신메이는 어려서부터 지금까지 자신을 '여자'로 보는 사람은 극히 드물었다고 말했다. 잘 알고 지내는 '남자 사람' 친구들이라 해도 그들은 신메이를 구애의 대상이라기보다는 같이 어울리는

5. 장애, 여성, 연애

'형동생'으로 대했다. 신메이는 사랑은 자신과 무관하다고 철석같이 믿었고 현실도 확실히 그런 듯했다.

훗날 비페이위畢飛宇가 쓴『마사지사推拿』[1]를 읽을 때 시각장애인 마사지사 두훙都紅이 등장할 때마다 나는 신메이가 생각났다. 두훙은 누구나 다 알아볼 수 있을 만큼 아름답지만 오로지 그녀 자신만은 그 아름다움을 볼 수 없다. 손님들이 안타까운 마음에 "아이고, 어떻게 이럴 수가 있죠?"라고 내뱉으면, 연민의 마음에서 나온 말인 걸 알지만 듣기에 굉장히 거슬린다. 그러면 두훙은 비굴하지도 거만하지도 않게, 너무 많은 감정을 섞지도 않은 채 대답한다. "왜 안 되죠?" 두훙은 앞을 볼 수 없지만, 많은 일을 오히려 더 훤히 '들여다볼' 수 있다. 손님들이 부러워 마지않는 외모를 지녔지만, 별로 대수롭지 않게 여기고 동료가 자신을 사랑하지만 특별히 즐거워하지 않는다. 두훙이 천성적으로 낙천적이어서라기보다는 사랑이 어떤 일인지 알기 때문이다.

"앞에서 한 사람이 걸어와 당신과 부딪치면 그건 사랑이다. 맞은편에서 달려오는 차와 당신이 부딪히면 그건 교통사고다. 하지만 이해가 안 되는 건 차와 차는 언제나 부딪치는데 사람과 사람은 왜 언제나 비켜서는지."

두훙이 한 선택이라면, 한 번도 맞부딪쳐 쟁취하려 하지 않고

---

1 비페이위가 실제로 시각장애인들과 함께 생활한 뒤에 쓴 소설로 시각장애인 마사지사들의 삶과 내면을 들여다보는 장편소설이다(한국어판은 문현선 옮김,『마사지사』, 문학동네, 2015-옮긴이).

사랑을 말할 때
우리가 꺼내지 않았던 이야기들

늘 '비켜서는' 것이었다. '비켜서는' 것의 이면에 자리 잡고 있는 건 회피다. 사랑에 대한 갈망을 회피하는 것이다. 이는 일종의 상실이다. 한 사람으로서, 또 한 여자로서 마땅히 가져야 할 경험을 갖지 못하는 일종의 결여다.

차이링彩玲(가명)은 열네 살에 병으로 망막이 손상된 뒤 시력이 점차 나빠졌다. 차이링의 어머니는 몸이 이렇게 된 이상 결혼은 못 할 것이라 말했다. 이 일로 차이링은 어렸을 때부터 예민하고 조숙했으며 열등감 속에서 항상 움츠러들곤 했다. 호감을 표시하는 남자들이 있어도 한 번도 받아들이지 않았다. 쉽게 떨어지지 않는 상대를 만났을 때는 예의 그 필살기를 선보였다.

"난 앞으로 완전히 실명해요. 이런 여자를 감히 원한다고요?"

과연 뭇 남성들은 줄행랑을 치고는 더 이상 그녀를 귀찮게 하지 않았다.

남자들이 호감을 표시할 때마다 차이링은 그들을 멀리 밀어내려고만 했다. 너무 위험해 그 가운데로 빠져서는 안 되니까. 하지만 진정한 사랑이 찾아왔을 때는 그 어떤 것으로도 막아낼 재간이 없다. 스물네 살이 되던 해 직장 동료가 끈질기고 열렬하게 구애를 해오자, 마침내 그녀도 더 이상 버티지 못하고 둑이 터지고 말았다. 차이링이 자신의 상황을 솔직하게 설명하자 그는 정말로 아무렇지도 않다면서 전혀 개의치 않았다. 차이링은 어디서 용기가 솟았는지, 가족들을 속인 채 사랑의 달달함을 맛보며 언젠가는 면사포를 쓰고 사랑하는 그와 함께 레드 카펫의 저쪽을 향해 걸어갈 수 있으리라 꿈꾸었다. 차이링의 인생에서 가장 찬란한 시절이었다.

훗날, 차이링은 시력을 전부 잃었고, 건강 역시 나날이 악화되어 툭하면 침대에 드러누운 채 일어나지 못했다. 꽃다운 청춘이었지만, 몸은 외려 누더기 조각을 걸친 인형처럼 형편없이 무너져 내렸다. 이런 여자가 그를 행복하게 해줄 수 있을까? 차이링은 그에게 각자 시간을 갖다가 6년 뒤에도 그의 마음이 여전히 변치 않았으면 그때는 자신도 그를 받아들이겠다고 제안했다. 그는 차이링이 한 번 결정하면 더는 돌아볼 여지가 없다는 건 알았지만, 이 제안 뒤에 숨어 있던 뜻은 헤아리지 못했다. 그를 정말 사랑하고, 그가 자신을 기다려주었으면 하는 차이링의 마음 말이다.

4년이 지난 뒤 남자친구는 결혼했다. 신부는 차이링이 아니었다. 차이링은 자신이 제안한 6년의 약속을 떠올리면서, 자신의 고집과 어리석음을 후회했지만 때는 이미 늦었다. 차이링은 자신의 마음과 사랑은 물론 연애할 때 좋은 아내, 좋은 엄마가 되겠다며 마련해두었던 요리책, 예절 및 자녀교육 자료 등도 갈기갈기 찢어버렸다.

"나는 이제 고향으로 돌아갈 작정이에요."

차이링이 가만가만히 말했다.

"그곳에서는 나처럼 이렇게 앞을 볼 수 없는 여자가 결혼한다는 건 아예 불가능하죠."

그 순간 왜인지는 모르겠지만, 나는 콧날이 시큰거렸고 차이링이 자기 말처럼 정말 아무렇지도 않은 것은 아님을 알아차렸다.

북받치는 내 감정을 어렴풋하게 감지했는지 그녀가 차분하게 말했다.

"나 대신 힘들어하지 않아도 돼요. 적어도 사랑이 어떤 것인지는 맛보았잖아요."

너무 많은 좌절을 겪은 통에 이런 여성들은 어쩔 수 없이 자신이 과연 사랑받을 자격이 있는지 의심한다. 그들의 자신감에는 영원히 구멍이 뚫려 있어 진짜 자신의 모습을 제대로 받아들이지 못할뿐더러, 자신에게 누군가를 사랑할 능력이 있음을 믿지도 못한다. 그들은 침묵에 익숙해졌고, 더는 기대하지 않는 법을 배웠으며, 기대가 크면 클수록 실망도 커질까 두려워한다. 자신이 사랑을 갈망한다는 사실을 인정하는 건 두려움 가득한 고백과 같다.

최근 들어, 민간단체에서 잇따라 '자기 삶 쓰기' 커리큘럼을 개설해[2] 장애 여성이 자신의 성과 젠더 경험을 탐색하도록 격려하고 있다. 이에 도덕의 이름으로 가해지는 공격에 아랑곳하지 않고 과감하게 자신의 갈망과 상상을 입 밖으로 꺼내는 여성들이 서서히 나타나기 시작했다.

사춘기 때 나 역시 여느 여학생처럼 사랑에 호기심과 낭

---

2 신체장애연대의 '진실한 자신 끌어안기: 장애 여성 자기 삶 쓰기 과정'을 포함해서 손천사의 '여성 신체장애인 삶 쓰기반: 신체, 감정과 유대 관계' 등의 수업은 신체장애 여성들이 글쓰기를 통해 자신을 발굴하고 알아가기를 격려한다.

5. 장애, 여성, 연애

만적 환상을 품었고 당연히 성적 판타지도 있었다. 하지만 부모는 이렇게 민감한 문제를 내 앞에서 언급한 적이 한 번도 없다. 어쩌면 교사와 윗세대, 부모 역시 나를 어떻게 가르쳐야 할지 몰랐으리라. 그래서 다들 나를 '무성의 신체장애 여자아이'로 취급하면서 감싸고 돌려고만 했다. 나는 그저 생명의 위험 없이 무탈하게 살아만 있으면 될 뿐이었고 형제자매와 반 친구들 역시 내 사춘기 따위에는 관심도 없었다. 마치 내게 성과 사랑 쪽으로는 어떤 욕구도 없다는 듯이 말이다. 나 역시 그렇게 37년을 살아왔다. 남자들은 나를 보호하고 도와주어야 할 병약한 친구로 대할 뿐이었다. 사랑이 아니라 동정으로…….

왜 나는 결혼과 출산을 할 수 없는가? 내 마음 깊은 곳에서 불만과 의문이 차올랐고 인터넷 채팅방에서 친구를 사귀는 것으로 만족하기에는 턱없이 부족했다. 그래서 나는 점을 보러 가거나, 월하노인月下老人(부부의 연을 맺어준다는 전설상의 노인-옮긴이)을 모시는 사당에 기도하러 가거나…… 이런 일들을 하기 시작했다. 보통 여자들이 하는 일이라면 나 역시 죄다 시도해보았다. 귀를 뚫고, 치마를 입고, 머리를 길게 기르고, 해볼 수 있는 일은 다 해봤지만 월하의 첨사籤辭(시구로 표시된 길흉을 적은 제비-옮긴이)나 사주 선생의 풀이는 쉰 살이 지나서 다시 이야기하자거나, 부모 곁에 몇 년을 더 있으라거나 하는 것들이었다.

이렇게 나름대로 별별 노력을 다 했지만, 여전히 내 뜻대로 되는 게 없자 나는 서서히 결혼을 갈구하는 일을 포기했다. ……

장애 여성으로 산다는 게 얼마나 억압적인지, 섹스를 말할 수도 해볼 수도 없는 지경에 이르러 평생 독신으로 살면서 관에 들어가는 날까지 처녀의 몸을 유지하는 사람이 다수를 차지한다. 섹스하고 싶은 장애 여성은 그저 남몰래 비공식적으로 할 뿐 결혼은 그들의 몫이 아니다. 그래서 동거나 하룻밤의 섹스를 하는 장애 여성이 적지 않다. 만약 상대와 결혼을 이야기할 수 있다면, 그 사람은 이미 행운아인 셈이다. 더욱이 비장애 남성과 결혼할 수 있는 신체장애 여성은 소수 중의 소수라 그야말로 초특급으로 행복한 여성이라 할 수 있다. 신체장애 여성의 성적 자기결정권은 정말이지 풀 수 없거나 풀기 어려운 연습 문제다. 나 스스로도 어떻게 하는 게 가장 좋은지 정말 모르겠다. 잘생긴 오빠를 쫓아다니며 사진이나 찍으면서 순간의 즐거움을 만끽하는 것에 만족하는 수밖에 없다.[3]

그들에게 사랑은 너무나 요원한 일이고, 섹스는 더더욱 분에 넘

---

3 허슈쥔何秀君, 「성적 욕망의 아름다움과 발버둥」, 장애인 서비스 자료 사이트, 2014년 12월 29일(http://disable.yam.org.tw//archives/3060).

5. 장애, 여성, 연애

치는 일이다. 이는 전적으로 그들의 생각이기만 한 것이 아니라, 사회의 집단적인 낙인이나 마찬가지다.

내정부의 2012년 「장애인의 생활 환경 및 각 항목 필요 평가 조사 보고」에 따르면, 정기 진료가 필요한 장애인은 68.77퍼센트이고, 그중 장애 여성의 비율이 장애 남성보다 훨씬 높았다. 그 밖에도 장애 여성의 64.56퍼센트가 독자적으로 진료를 받을 수 없었는데, 이는 51.82퍼센트인 남성보다 높은 수치였다.[4] 여성의 건강과 직결된 자궁경부암 검사와 관련해 10명에 가까운 장애 여성에게 물었더니 하나같이 검사를 받아본 적이 없다며 "너무 번거롭다"라는 이유를 댔다. 시각장애인과 청각장애인은 "의료인과의 소통이 힘들다"라는 점을 들었다. 예를 들면, 의료인들은 툭하면 그들을 지적장애인으로 취급해 그들이 아무것도 못 알아듣는다고 여기거나, 그들을 보면 곧장 질겁하면서 어떻게 대응해야 할지 안절부절못하거나 한단다. 그래서 그들은 안 갈 수만 있다면 절대 가지 않는 곳이 병원이라고 한다. 지체장애 여성의 대답은 더더욱 내 예상을 벗어났는데, 그들은 진료대에 올라갈 수가 없어 검사를 받아본 적이 없다고 한다.

"의사와 간호사가 함께 들어 올려도 방법이 없을까요?"

상황이 여전히 이해가 안 돼 공연히 따져 물었다.

4　위생복리부 통계처 참조(http://dep.mohw.gov.tw/DOS/lp-1770-113.html).

사랑을 말할 때
우리가 꺼내지 않았던 이야기들

"아이고, 이 아가씨야!"

누군가 그 자리에서 대뜸 비아냥거렸다.

"아무것도 안 입은 하반신에 엉덩이를 드러낸 채인데 다른 사람들한테 엉덩이를 이리 들고 저리 들라고? 댁이라면 그렇게 하겠어요?"

몇 명의 여자들이 마늘을 찧듯이 고개를 끄덕끄덕하면서 저마다 한마디씩 거들었다. 의사들은 장애 여성들이 여태껏 성행위를 한 적이 없고, 앞으로도 절대 없을 것이라 가정하고는 산부인과 검사를 권유해본 적이 없다고 한다.

의사들은 그들의 '장애'만 볼 뿐 그들에게도 여성이라면 다 가지고 있는 특질이나 필요가 있다는 사실은 무시한다. 보조기구를 맞추기 위해서든 의료상의 필요에 의해서든 어쩔 수 없이 상하반신 옷을 벗고 실오라기 하나 걸치지 않은 채 외부인 앞에 놓이는 순간, 그들은 '여자'가 아니라 성별이 없는 '신체'가 된다. 그 수치는 평생 그들에게 집요하게 들러붙어 떨어진 적이 없다.

이와 같은 심정을 이해하기 위해 나는 많은 장애 여성에게 인터뷰를 요청했다. 아는 사람도 있고 모르는 사람도 있었지만, 모두에게 하나같이 거절당했다. 신체적 결함과 결핍은 그 깊이를 헤아릴 수도 없고 가늠할 수도 없는 고독을 낳는다. 깊고도 미묘해 헤아리기 어려운 감정이라 내가 아무리 선한 동기에서 다가간다 해도 그들에게는 여전히 말하기 힘든 일이고, 나로서도 더 이상 캐묻기 어려운 지극히 사적인 영역이다.

5. 장애, 여성, 연애

하지만 후이치慧琪(가명)는 달랐다. 곧바로 내 요청에 응하면서 "굉장히 중요한 문제죠. 진작 제대로 얘기가 됐어야 해요"라고 말하기까지 했다. 그녀는 호르몬의 작용으로 일찌감치 성에 눈을 떴고, 경험도 있어 가장 적절한 인터뷰 대상임은 말할 것도 없었다. 후이치는 누군가 자기한테 "넌 말하기를 너무 좋아해서 탈이야. 좀 자중할 필요가 있어"라고 일러주었다며 익살스러운 표정을 지었다.

"그래서요, 나한테 가명을 붙여줘요. 진짜 이름으로 하는 건 너무 오버하는 것 같아요. 하지만 외국에 이 글을 발표한다면 상관없어요!"

후이치는 대범한 성격에 말할 때 에너지가 넘치고 웃으면 입을 다물지 못하며 굉장히 자유롭다. 함께 대화를 나눌 때면 처음부터 끝까지 놀람과 기쁨의 웃음소리가 끊이지 않는다. 후이치는 '천성적으로 웃기고', '덤벙대며', '지금까지 제멋대로 살아온 데다가', '끝 간 데 없이 적극적이다'라고 자신을 소개했고, 병이 났을 당시의 경험을 들려줄 때조차 재미있다는 듯이 말했다.

"저는 돌 때 병(소아마비)을 앓았어요. 이상하죠. 백신을 맞아야 하는 그날에 열이 났어요. 그래서 맞지 못했지요. 웃기지요?"

그녀는 퉁명스레 말했다.

"이게~바로~운명~이죠!"

그러고는 곧이어 말했다.

"그래도 그것도 좋은 점이 있더라고요. 한 살에 병이 났는데 걘는 것에 대해 무슨 특별한 느낌이 있었겠어요. 그러니 실망할 것도 없었죠. 안 그래요?"

이렇게 말하면서 크게 웃음을 터트렸다. 굉장히 호탕한 웃음이었다.

후이치는 같이 있으면 마냥 즐거워지는 사람이다. 친구들이 모이면 그야말로 웃고 농담하느라 떠들썩하다. 지하철에서 같이 가는 '직립인' 친구가 "아이고, 넌 자리가 있는데 나만 없네. 일어나 자리를 양보할 줄도 모르고!"라고 탄식하면 다들 그 자리에서 웃느라 뒤로 넘어간다. 엘리베이터 안에서 휠체어에 앉은 몇 명이 자기네들끼리 허튼소리를 한다.

"한밤중에는 일어나서 걸어 다녀. 평소에는 일부러 몸을 휠체어에 묶어두어야 해. 그래야 사방으로 막 돌아다니지 않지. 안 그러면 장애 보조금이 취소되거든."

그러면 직립인이 이내 "에이? 너희 밤에는 걸을 수 있어? 진짜야 가짜야?"라고 캐묻는다. 후이치는 부러 무표정한 얼굴을 하고 정색하며 말한다.

"진짜지. 안 그러면 어떻게 엉덩이를 씻을 수 있겠어?"

다들 숨넘어갈 듯 웃는다. 엘리베이터 안에 있던 낯선 사람들은 웃고 싶은데 감히 따라 웃지는 못하겠고, 답답해 죽는 표정이다.

후이치의 낙천적인 성격은 어느 정도는 아버지에게서 왔지만, 더 많은 부분은 사랑을 듬뿍 받고 자란 어린 시절에서 비롯했다. 어린 딸을 몹시도 사랑한 아버지는 늘 후이치를 안고 곳곳을 놀러

5. 장애, 여성, 연애

다녔다. "당신 딸, 다리가 왜 그래요?"라고 질문을 받으면, 아버지는 "소아마비죠, 한 살 때 앓았어요"라고 매우 진지하게, 일말의 거리낌도 없이 설명해주었다.

한때 아버지와 어머니의 일이 너무 바빠서 후이치가 시골의 외할머니 집에 보내진 적이 있다. 4명의 이모와 2명의 삼촌이 후이치를 공주 모시듯 사랑하고 예뻐하며 외부에 엄포를 놓았다.

"감히 후이치를 괴롭히는 사람이 있으면 우리가 상대해준다!"

이웃집 아이들은 똑똑하고 영리한 후이치와 같이 놀지 못해 안달했고, 함께 피구를 하기 위해 규칙까지 바꿨다. 후이치에게 공이 닿기만 해도 지는 것으로 말이다. 매번 학교를 파하고 집으로 돌아갈 때면 언니들 서넛이 앞다투어 후이치를 업고 집까지 데려다주었다. 후이치는 놀랍게도 자기 말을 안 들으면 자신을 못 업게 할 거라고 협박까지 했다.

"낯이 진짜 두꺼웠어요. 예전의 저는 정말이지 안하무인이었다니까요!"

후이치가 웃으며 인정했다.

"훗날 알게 된 많은 장애인 친구들이 그러더라고요. 자기는 어렸을 때부터 감히 문밖으로 나오지 못했고, 가족들은 자기를 숨기기에 바빴다고요. 저는 그 말을 듣고는 어떻게 그럴 수가 있는지, 말도 안 된다고 생각했어요."

후이치는 자기 삶의 중요한 경험들을 연이어 말했다. 기쁜 일도 슬픈 일도 있었지만, '슬픔을 기쁨으로 바꿀' 줄 알았다. 아무리 심각하고 무거운 사연이라도 그녀의 재치 있는 말을 거치면 하나같이 경쾌하게 바뀌었다. 그녀의 입에서 나온, '대박 웃기고', '멋짐이 폭발하는' 자신의 '도망가 버린 아버지'를 포함해서 말이다.

"아빠는 예전에 날 데리고 술집엘 다녔어요. 아빠는 그곳에서 굉장히 인기가 많았는데요, 술집 아가씨들이 황제의 은총을 얻으려 서로 절 안겠다고 난리였죠. 공주한테 잘해야 하니까요. 그렇지 않나요? 그렇지만, 아빠라는 인간은 이 세상 누구보다 아내 얻기를 좋아하는 사람이었죠. 제가 보기에 이미 얻은 아내가 800명쯤은 될 걸요! 진심이냐 아니냐, 남자는 그런 걸 고민하지 않는 것 같아요. 더 이상 피할 수 없이 내몰리면 하는 수 없이 절차를 밟고 손님을 초대하죠. 제가 본 마지막은, 나이가 저랑 거의 비슷했어요. 저는 두 사람의 결혼식에 안 갔어요. 아이고, 그렇게 결혼을 많이 하고도 무슨 낯으로 청첩장을 돌려요?"

후이치가 '여왕'의 자태로 강호를 휘젓고 다니는 건 땅이 갈라지고 하늘이 무너지는 한이 있어도 자기 성격대로 해야 직성이 풀리는 사람이기 때문이다. 내가 단도직입적으로 몇 명의 남자친구를 사귀었는지 묻자 그녀는 일부러 눈을 가늘게 뜨고는 고개를 갸웃거리며 물었다.

"공개적으로 인정한 것 말이에요?"

"마음대로요. 당신이 몇 명이라 하면 몇 명인 거죠."

"그럼…… 3명이라 해두죠."

이렇게 말하고는 한바탕 미친 듯이 웃었다.

5. 장애, 여성, 연애

후이치의 학력은 중졸인데, 성적이 안 좋아서가 아니라 합격한 학교가 집에서 너무 먼데 휠체어에 앉은 채 버스를 탈 수 없었기 때문이다. 열여덟 살이 되던 해에 직업학교에 들어가 패턴 메이킹 pattern making과 옷 만드는 일을 배웠다(여기까지 이야기하고서는 말도 안 되는 멜로디를 흥얼거리며 '열여덟 살에 생계를 위해 나왔네……'라고 노래하기 시작했다). 후이치는 한두 해 배운 뒤에 소개받은 공장에 가서 일했다. 속으로 '설마 앞으로 인생이 날마다 이렇게 단조로운 직선인 거야? 이렇게 지겨운 거야?'라고 생각하면서 두 달 일한 뒤에 도망쳤다. 그때부터 여기저기를 전전하면서 제대로 된 일 없이 지냈다.

패턴 메이킹과 옷 만드는 일은 새까맣게 잊었는데, 유일하게 남은 기억은 그 학교에서 신발 만들기를 배우던, 역시 소아마비 장애인인 첫사랑 남자친구다.

"그를 만난 건 행운이었다고 할 수 있죠. 저를 잘 이끌었어요. 둘 다 몰랐으면 어쩔 뻔했어요. 처음 할 때 허둥지둥 끝냈을 테고, 그럼 그것만큼 지루한 게 어디 있겠어요?"

그런 다음 후이치는 목소리를 낮춰 부러 신비스러운 듯 말했다.

"게다가 우리는 처음에 풀숲에 있었다고요!"

"풀숲! 풀숲에서 어떻게 하죠?"

"아이고, 이 언니 진짜 뭘 모르네! 그가 내 휠체어를 뒤쪽으로 눌러 휠체어 전체가 뒤로 기울어지게 하면 되는 거잖아요. 등 뒤가 가렵고 따가워서 좀 그렇긴 하지만."

"처음인데 거기서요? 전혀 낭만적이지 않은데요!"

"아니요, 전 엄청나게 신났어요. 다만 제가 일반적이지 않잖아요. 모든 장애인이 저처럼 이렇지는 않으니까, 오해는 마세요!"

결혼을 부정적으로 생각하는 후이치는 애정이 어느 정도까지 발전해 상대가 결혼을 생각하면 어딘가에 묶이기라도 한 것처럼 기를 쓰고 벗어났다. 첫사랑 남자친구와는 3년을 사귀고 상대가 청혼하자 뒷걸음질 쳤다.

"그 사람에게 시집가면 어디로 가는 줄 알아요? ○○(타이완 남부의 한 현)라고요! 그렇게 산 설고 물 선 곳에 가려는 사람이 어디 있어요? 타이베이에서 무던히 잘살고 있는데 왜 굳이 가겠어요? 제가 그럼 넌 날 어떻게 먹여 살릴 거냐고 물었더니 뭐라는 줄 아세요? 결혼은 둘이 함께 분투하는 거라네요. 제가 웃기지 말라고 했어요. 울 엄마가 날 이렇게 키운 게 너랑 같이 분투하게 하려고? 그랬더니 저더러 자기를 사랑하지 않는다고 하더라고요. 그래서 그랬죠. 응, 그런 것 같아."

"당신 정말 못됐군요!"

내가 그만 참지 못하고 말했다.

"맞아요. 젊었을 때 못된 짓을 너무 많이 했는지 나중에는 남자친구를 사귀지 못했어요. 그때 결혼했더라면 아마 아이가 벌써 열여덟 살은 됐겠죠. 뭐, 안 그래도 행운이었던 게……."

그녀는 속사포처럼 잔뜩 쏟아내고는 마지막에 이렇게 결론지었다.

5. 장애, 여성, 연애

"그렇지만, 전 지금이 굉장히 즐겁고 좋아요!"

"그 사람과 결혼하지 않았던 게 진짜 단순히 남부에 가고 싶지 않아서였어요?"

"예, 알겠다고요. 그때 우리는…… 음, 음, 음…… 재밌게 놀 만한 참신한 게 없었어요. 그 남자는 재미가 좀 없더라고요. 나도 웬만해선 말을 못 꺼내는 사람이 아닌데 당시는 젊었던지라 어떻게 말을 꺼내야 할지 모르겠더라고요. 그 사람과 잠자리를 같이하는 게 불꽃은커녕 너무 시시했어요. 두 사람의 '성'적 취향이 맞느냐 안 맞느냐는 정말이지 중요해요!"

후이치는 '성'이라는 글자에 힘주어 말하는 것을 잊지 않았다.

"그 사람은 알았어요? 그게 둘이 헤어진 이유라는 걸?"

"아……, 당연히 모르겠죠."

"그러면 그 사람은 무슨 죄예요? 그 사람과 얘기했더라면 개선의 여지가 있었을 거잖아요!"

"그럴까요? 설마 내가 마음의 상처를 줘서 그 사람이 지금까지 결혼하지 않고 있는 건 아니겠지요? 알았어요, 알았어. 돌아가서 제대로 반성할게요."

"혹시 생각해본 적 있어요? 어쩌면 그 사람 역시 당신과의 잠자리가 불꽃이 튀기는커녕 이를 데 없이 따분했을지?"

나는 부러 그녀를 놀렸다.

"헤헤, 그럴 수도 있겠네요. 그렇지만, 그것까진 미처 헤아리지 못했어요!"

사랑을 말할 때
우리가 꺼내지 않았던 이야기들

후이치의 두 번째 남자친구 역시 지체장애인이었다. 지지대 등받이를 가슴 앞까지 묶어야 할 정도로 심각한 지체장애인이었지만 후이치는 그다지 개의치 않았다. 그저 두 사람이 일을 치르기전의 '준비 동작'에 대해 다소 불평했을 뿐이다.

"그 사람과 성관계를 하려면 얼마나 번거로운지 아세요? 모든지지대를 다 풀기까지 기다리는 데만 엄청 오래 걸려요!"

내가 거의 까무러칠 정도로 웃자 후이치는 신이 나서 덧붙였다.

"그렇지만요. 그 사람은 탁월했어요. 아이고, 이것저것을 하는데 어찌나 대단하고 성의를 다하는지. 그 사람이 내 무엇을 가장좋아했는지 아세요? 만지면 편안해했어요. 정말이에요. 통통한 여자를 만지면서 편안해했죠. 해골같이 비쩍 마른 자신과 달랐으니까요. 하지만, 당시 전 살결이 너무 여렸어요. 하긴 스물 몇 살치고살결이 안 여린 사람이 어디 있다고요."

이번에도 3년의 '맛보기 기한'이 끝나자 그녀는 또다시 예의그 '시시함'이 느껴져 그때부터는 전화도 받지 않고 그를 상대도해주지 않았다. 후이치의 말에 따르면, '사람을 가지고 놀다 버린' 것이다. 끝이 좋지는 않았지만 후회하지 않는다. 이후 후이치는 자평하기를 "나이가 많아서 예전만 못한 몸값에다 외모도 떨어지는 편이라 주도적으로 나서지 않으면 안 된다"면서 적극적으로 '직립의 젊고 잘생기고 착한 남자'를 찾아 나선다. 후이치는 상대에게 "오늘 우리 집에 아무도 없는데 밥 먹으러 올래? 내가 요리할게"라고 한다. "이 동생은 생각이 너무 많은 나머지 나랑 하면 꼭 결혼해야 한다고 여겼어요."

"잠시, 잠시만요. 처음으로 집에 데려온 날 잔 건 아니죠?"

내가 말을 끊고 물었다.

"당연히 잤죠. 안 그럴 거면 뭐 하러 그러겠어요? 이 둔하디둔한 언니 씨, 이야기를 나눈다든지 영화를 본다든지 하는 건 평소에 하면 돼요. 집으로 오라고 할 땐 오직 한 가지 목적이 있을 뿐이라고요. 알겠어요? 집 청소하려면 만만치가 않거든요!"

2~3년이 지난 뒤 '달아오르는 감정'은 없어졌고, 두 사람은 '바이바이'라는 인사조차 없이 자연스럽게 냉담해져 헤어졌다. 그때는 왜 그랬어요? 왜 그렇게 단호했어요? 만회해볼 생각은 전혀 하지 않았나요?

"없었어요. 남녀 사이라는 게 그런 거 아니겠어요?"

후이치는 당연히 이 세 번의 '공식적 남녀 관계' 이외에 다른 사람들과도 사귀었지만, 언제나 좀 가다가 흐지부지됐다. 이들을 '남자친구'라기보다는 그저 그때그때의 '관계'일 뿐이라 여겨 상대와 찍은 사진 한 장 남겨놓지 않았다. 중년에 가까워져 문득 돌아보니 별로 적극적이지도 않았고, 끝날 때도 별로 고통스럽지 않았던 인생의 몇 차례 연애가 매번 마치 한 차례의 연극 공연을 끝낸 것 같다는 생각이 들었다. 결국에는 막이 내리고 무대를 떠났을 때 오히려 해방의 쾌감마저 없잖아 있었다. 인생이 결국 즐거움을 추구하는 것이라면, 후이치가 즐거움을 위해 노력해온 것을 나쁘게 볼 것도 없다.

"저는 어려서부터 지금까지 줄곧 굉장히 즐거웠어요. 사람들이 말하는 무슨 '우울한 사춘기' 같은 건 저한테는 없었죠. 정말이에요. 저는 일이 생기면 '아이고, 일이 이렇게 되어버렸네. 이렇게가 아니라면 또 어떻게 됐겠어'라고 생각해요. 정말로 무턱대고 긍정적으로 생각하죠. 그런데 제 이런 성격을 두고 사람들은…… 뭐라고 해야 하나. 그러니까 미래 따윈 전혀 신경 쓰지 않는다고 생각하죠!"

후이치는 한 살이라도 젊을 때 하고 싶은 대로 다 하고 살았다. 돈은 버는 족족 여행을 다니느라 한 푼도 모으지 않았다. 가족과 친구들은 미래에 대한 계획도, 결혼할 생각도 없는데 앞으로 자식도 없고 같이 늙어갈 반려자도 없이 혼자 노후를 어떻게 할 거냐며 걱정이 이만저만이 아니다. 그러면 후이치는 언제나 "늙으면 늙은 대로 방법이 있어! 반려자도 일찍 죽고 자식들도 나 몰라라 하면 그것 역시 마찬가지 아니야?"라고 언짢아한다.

누구도 한 번 사귀면 영원해야 한다거나 연애하면 반드시 결혼해야 한다고는 말하지 않지만, 그렇다 해도 후이치는 사랑의 맹세가 현실과 너무 동떨어졌다 여기고 진실이 무엇인지 이미 너무나 잘 알고 있다.

"생각해봐요. 두 사람이 사귈 때는 그렇게 죽고 못 살더니 나중에는 죽이고 싶을 만큼 미워하잖아요. 결혼이라는 게 대체 뭐죠? 성대한 의식을 치르며 이제부터 행복하게 살겠다고 선언해놓고는 금세 또 이혼 절차를 밟으려 해요. 예전의 우리 엄마와 아빠처럼

5. 장애, 여성, 연애

요. 뻔뻔하게도 정말 서로 무섭게 으르렁거렸어요. 그게 딴 여자 때문이 아니에요. 엄마는 오히려 아빠의 애인들과 사이가 좋았어요. 애정 문제에서는 무덤덤한 편이었죠. 남편이라는 사람을 어떻게 굴리든 괜찮다, 깨끗하게 씻어 제자리에 돌려놓기만 하면 된다고요. 하지만 돈이라는 게 얽히면 방법이 없더라고요. 예전에 엄마는 아빠의 애인한테 이런 충고까지 했다니까요. 내 남편한테 돈을 주지 마라. 주면 어차피 몽땅 도박으로 날린다고요!"

후이치는 결혼에 대한 부정적인 생각이 자기 집의 영향을 받아서라는 사실을 알지만, 사랑하는 엄마의 마음을 아프게 할까 봐 이 이야기를 굳이 나서서 꺼내지는 않는다.

"노인네가 체면을 중시해서요. 엄마는 입버릇처럼 우리 같은 한 부모 가정의 아이들은 모두 건강하다고 말하죠. 전 이 말이 실없다고 생각해요. 많은 사람이 어렸을 때의 상처를 밖으로 끄집어내려 애를 써요. 하지만 그래도 계속 살아가야 하잖아요. 아무래도 스스로 방법을 찾아야 해요. 그래 맞아, 어렸을 때 넌 너무 불쌍했어. 엄마가 정말 너한테 미안해. 그럼요? 그다음에는요? 지금 와서 갚아달라고 할 건가요? 그렇게 해서 뭘 어떻게 할 건데요? 이미 이렇게 다 큰 마당에 어쨌든 알아서 잘 살면 안 되나요?"

후이치는 성과 사랑, 결혼을 명확하게 나눈다. '갈수록 깊어지는 사랑이 도통 뭔지 모르겠다', '감정 문제에는 굉장히 이성적이다'라고 자부하지만 오히려 싼마오三毛와 호세(싼마오는 중국 현대문학을 대표하는 작가로 '유랑인'이라는 별명답게 20대 초반부터 전 세계를 떠

사랑을 말할 때
우리가 꺼내지 않았던 이야기들

돌았고 30대 초반에 스페인 사람인 호세와 결혼해 서사하라에 정착한다. 그러다 6년 뒤 호세의 죽음으로 다시 타이완으로 돌아와 대학에서 문학을 가르치다 48세의 나이에 자살인지도 모를 죽음을 맞는다. 싼마오는 '현대 중국 독자들이 가장 사랑하는 작가 100인'에서 루쉰魯迅, 조설근曹雪芹, 바진巴金, 진융金庸, 이백李白에 이어 6위에 올랐고 서사하라 사막에서의 신혼 기간에 잠재되어 있던 글쓰기 재능이 폭발해 『사하라 이야기』, 『흐느끼는 낙타』, 『허수아비 일기』를 써낸다. 이 책들은 한국에도 번역돼 나왔다. 싼마오는 중화권에서 이상, 낭만, 초월, 그리움과 동경의 대명사로 불린다-옮긴이) 같은 사랑을 갈망하고 이들 두 사람의 생사를 건 사랑, 영혼이 통하는 사랑과 같은 영혼의 반려자야말로 자신이 원하는 것임을 대놓고 말한다.

보통 사람은 다다르지 못할 많은 경험을 한 싼마오를 꿈꾼다면 그야말로 낭만이 지나친데 '감정 문제에는 굉장히 이성적이다'라고 할 수 있을까?

"그런가요?"

후이치는 고개를 숙인 채 잠시 생각에 잠겼다.

"알았어요. 아마 제가 인정하기가 무서운가 봐요."

연애와 사랑은 하나의 치료가 될 수도, 개인의 성장을 위한 수련의 장이 될 수도 있는데 후이치는 계속해서 회피를 선택하는 것으로 일관해왔다. 친구는 후이치를 이렇게 비유한다. 길에서 마음에 드는 사람을 보고는 무작정 끌고 간다. 어떤 장소에 도착하면 이제 상대는 떠나고 싶어 하지 않는데, 아랑곳하지 않고 각자 제 갈 길을 가자 한다고 말이다. 후이치는 연거푸 찬탄하며 정말이지

　　　　　　　　　　　　5. 장애, 여성, 연애

너무나 딱 들어맞는 비유라고 했다.

"친구는 10년, 20년을 함께할 수 있어도 한 사람과 10년, 20년을 연애하는 건 못 해요. 이게 이상한가요? 사랑의 감정에 신뢰가 별로 가지 않아요. 사랑을 잘 못 믿겠어요. 좋으면 함께하고 싫으면 헤어지면 그만이지 뭐 하러 굳이 연인 관계를 공포스럽게 계속 끌고 가죠? 전 이런 점에서는 우리 아빠와 닮았어요. 그러니까 책임지기 싫어하죠. 연애하는 데 책임을 져야 한다니, 아주 성가셔요. 저라는 사람은 단순명쾌해서 질질 끄는 걸 싫어해요. 제 친구 중에 연인이랑 여섯 번 헤어졌다가 여섯 번 다시 만난 애가 있어요. 그 과정에서 매번 죽을 만큼 힘들어했어요. 그 친구한테 제가 그랬어요. 아이고, 집에서도 두 손 두 발 다 든 마당에 아직도 이러고 있어?"

내가 후이치에게 어떤 남자한테 가장 끌리는지 묻자 후이치는 농담조로 말했다.

"없어요, 심심하고 할 일 없으면 남자친구 사귀며 노는 거죠."

"사랑에 대해 왜 이렇게 비관적이죠?"

"맞아요!"

그녀는 별로 깊이 생각하지 않고 툭 던졌다.

"전전긍긍하며 조심스럽게 끌고 가는 인간관계일수록 그것이 깨질 수도 있다는 사실을 받아들일 수가 없어요. 저는 애정 문제에서는 완벽주의자예요."

"그래서 당신이 낭만적인 사람이죠. 안 그러면 어떻게 유리로 만든 소녀의 마음을 가질 수 있겠어요?"

"맙소사, 전혀 말이 안 돼요! 그건 절대 인정 못 해요!"

장애 여성이 '인기 상품'이 아님은 모두 너무나 잘 아는 바다. 하지만 후이치를 가장 힘들게 하는 건 일부 여성 장애인 친구들이 실은 백지처럼 순진하기 이를 데 없으면서도 오히려 선수인 척, 대담하며 호탕하기 이를 데 없는 척한다는 점이다. 이는 누구를 속이는 것인가?

좀 더 현실적으로 말하면, '구매자' 위주의 '결혼 시장'에서 장애 여성은 아무리 눈길을 사로잡아도 선택되지 않는 꽁치처럼 언제나 사람들에게 트집 잡히고 괴롭힘만 당한다. 수많은 장애 여성이 당한 처절하고 참혹한 연애 일화를 이야기할 때 후이치는 울화가 치민 모습이었다. 누군가는 남자 쪽 엄마에게서 괴롭힘을 당한다.

"네가 2층으로 걸어 올라갈 수 있으면 너희 결혼을 허락하겠다."

누군가는 버림받는다.

"아들을 외국인 신부와 맺어주는 한이 있더라도 휠체어에 앉은 여자는 맞을 수 없다."

그야말로 먼지와 같은 비천한 존재가 되는 순간이다. 누군가는 몰래 도망가서 생쌀이 익은 밥이 되기까지, 즉 임신하기까지 기다렸다가 혼인신고를 한다. 혼인신고 후에 시어머니가 여자의 배를 쓱 훑어보고는 "아이고, 여자아이인 게 분명해"라고 쌀쌀맞게 말한다. 여자가 뽀얗고 통통한 사내아이를 낳으면 이튿날 '소위 시

　　　　5. 장애, 여성, 연애

어머니'라는 사람이 달려와서는 두꺼비 같은 손자를 안는다.

"지금 이 말들 과장한 게 아니냐고요? 사람이 어떻게 그럴 수 있느냐고요? 그래서요, 전 상대의 무슨 어른을 만나러 절대 안 가요. 굳이 뭐 하러 가서 뜯어보고 훑어보게 내버려두느냐고요. 나야말로 이렇게 시시한 일들은 대면하고 싶지 않아요!"

후이치가 식식거렸다. 사실, 후이치가 늘 제멋대로이고 막무가내인 건 아니다. 속마음은 한없이 부드럽고, 뒤죽박죽 뒤얽힌 인간적 갈등을 깔끔하게 정리하는 데도 능하며, 믿을 만한 친구다. 후이치와 이야기하다 보면 어느 순간 무장 해제당한 채 진심을 털어놓게 된다. 상대의 이야기에 집중하는 후이치의 표정은 마음을 다해 공감해주고 있다는 걸 느끼기에 충분하다. 안정된 힘을 보이는 이런 때의 후이치는 거대하고도 침착하다. 이렇게 섬세한 성격이라면, 연애에서도 분명 남모를 굴곡진 심정이 적지 않았으리라.

사랑은 총성 없는 전쟁으로 점령은 쉬워도 철수는 어렵다. 후이치가 진짜 감정을 숨기는 데 익숙한 것은 어떻게 철수해서 그 상처를 받아들여야 할지 걱정스럽기 때문이 아닐까? 여태 사랑에 희망을 걸어본 적 없는 것은 실망하는 게 두렵기 때문이 아닐까? 나도 모르게 이런 추측을 해보았다.

이와 관련해서는 후이치에게 물어보지도 않았고 물어볼 필요도 없다고 생각한다. 이 세상을 살아가는 한 자연스럽게 온갖 의구심과 난처함이 있을 수밖에 없고, 답을 가진 사람은 없다.

다들 성욕은 어떻게 해결해요?

원래대로라면 샤오위小育(가명)는 이 세상에서 가장 불행한 여자여야 한다.

나이 열아홉에 대형 트럭이 하반신을 누르고 지나가는 바람에 빗장뼈와 갈비뼈가 부러지고, 비장과 방광이 파열되었다. 골반강 전체가 짓뭉개진 데다 등뼈가 심각하게 손상돼서 '사지가 산산이 조각났다'는 말로 표현해도 역부족인 상태였다. 그야말로 인생을 제대로 펼쳐보기도 전에 험난하기 짝이 없는 미래가 예정된 셈이다. 하지만 현재의 샤오위는 유쾌하고 자신만만하며 사람을 보면 언제나 실실 웃음을 짓는다. 그 환한 얼굴에는 세상 물정 따위는 던져버린 기쁨 같은 게 배어 있다.

막 대학에 합격하고 아직 등록하기 전 사고가 나는 바람에 샤오위는 몇 개월 병원 신세를 졌다. 아직 병상에 누워 생사가 왔다 갔다 하는데 어머니는 "누구네 집 며느리는 시어머니 봉양에 명절 제사까지 척척 도맡아 하는데 너는 이렇게 작은 일도 못 해서 시집은 어떻게 갈래?"라며 연거푸 한탄을 늘어놓았다.

"아직 장애인증도 나오기 전이었는데 엄마는 줄기차게 그런 소리를 해댔어요. 지금 생각해보면, 정말이지 엄살이 어찌나 심했던지!"

이 말을 하며 샤오위는 자기도 모르게 은방울이 굴러가는 듯한 웃음소리를 냈다.

정작 샤오위 자신은 그렇게 비관적이지 않았다. 자신은 아직 젊은 데다 미래는 여전히 무한한 가능성으로 열려 있다고 믿었으니까. 샤오위는 퇴원한 후로 꼬박 2년을 집에 있으면서 크고 작은 수차례의 수술을 견뎌냈다. 그런데 온종일 방에 갇혀 지내는 일만은 좀체 적응이 되지 않았다. 샤오위를 보러 온 친구들이 떠들어대는 이야기는 미적분이 어떻고, 동아리가 어떻고 등등 죄다 낯선 내용이었다. 샤오위는 좀체 대화에 끼어들 수 없었고, 부모는 물기 어린 눈으로 친구들을 대하는 샤오위를 보며 답답해했다. 바로 이렇게 결정적인 순간에 남자친구는 더 이상 그녀를 찾아오지 않았다. 예상치 못한 일은 아니었지만, 어쨌든 마음이 상할 대로 상했다. 인생에서 가장 어두운 터널을 지나던 시절이었다. 훗날, 그 터널에서 어떻게 빠져나왔을까?

"평소 같이 어울리던 친구가 진지하게 말하더라고요. 야, 너 계속 이렇게 지낼 수는 없잖아. 뭐라도 찾아서 해야 하지 않겠어!"

샤오위는 그 말에 순간 멍해졌다. 그렇다. 앞으로 살아갈 날이 창창한데 허구한 날 이렇게 집에 틀어박혀 아빠, 엄마와 서로 눈만 멀뚱멀뚱 쳐다보고 있을 순 없지 않은가? 샤오위는 이를 악물고 다시 학교로 돌아갈 준비에 박차를 가했다. 1년 후 순조롭게 대학에 합격해 어느새 훌쩍 늦어버린 신입생 생활을 펼쳐나갔다.

지기 싫어하는 성격의 샤오위는 지팡이를 짚거나, 휠체어를 타거나, 운전을 해서 혼자 등하교를 하려고 무던히도 애를 썼다. 남들은 그런 모습을 낙관적이고 진취적으로 보았지만, 정작 샤오위는 잔뜩 주눅이 들어 무엇을 하든 하나같이 겁을 먹었다. 혼자 집 밖으로 나가거나 돌아다니는 일이 드물었고, 심지어 혼자 도시락을 사러 가는 일조차 가슴이 조마조마해서 날이면 날마다 낮은 그냥 건너뛰고 얼른 밤이 왔으면 좋겠다고 생각했다. 적어도 밤에는 꿈을 꿀 수 있지 않은가. 아무리 두려움 가득한 세상이라도 가장 아름다운 꿈에서는 함께 어울릴 수 있지 않은가?

잔뜩 겁먹은 샤오위의 마음을 알아차린 한 세심한 선배가 샤오위가 일을 보러 밖에 나갈 때마다 함께해주었다. 그렇게 물건을 사고 밥을 먹으며 돌아다녔다. 선배가 처음으로 샤오위를 데리고 야시장에 갔을 때 샤오위는 당황한 나머지 눈물을 글썽였다. 다행히도 그가 곁에 있어 차츰 모든 것에 마음이 놓였다. 샤오위는 자기 같은 여자아이에게 사랑이란 분수에 맞지 않는 헛된 바람일 뿐이고 요원한 일이라 생각했지만, 선배에게 갑작스러운 고백을 받고는 두 사람이 이미 사랑의 감정으로까지 발전했구나 하고 화들짝 놀랐다.

"제가 솔직하게 말했어요. 나는 대소변 가리는 일조차 못 한다. 그래도 괜찮겠느냐. 그는 쫓기는 사람이라도 된 듯 다급하게 괜찮다고 하더군요. 이후 우리는 함께했죠."

이 연애는 달달했지만, 스트레스 또한 만만치 않았다. 특히 주변의 이상한 시선은 두 사람을 숨 막히도록 불편하게 했다. 둘이 가게에서 국수를 먹는데 주인이 선배에게 엄지손가락을 치켜세워 '짱'이라고 손짓하는 통에 난처한 적이 있었다. 사람들과 야외로 답청踏靑(청명절을 전후하여 야외로 나가 산책하며 노는 것을 일컫는다-

　　　　　　　　　　　5. 장애, 여성, 연애

옮긴이)하러 나갔을 때, 계단 앞에서 선배가 두말없이 그녀를 업고 오르자 이내 주변에서 우레와 같은 박수가 터져 나왔다.

샤오위는 자신이 그렇게 노력해서 바닥 쓸고 닦기와 세탁하기 등을 배우고 모든 것을 혼자 알아서 할 때는 대단하다고 말해주는 사람이 하나도 없더니, 선배가 자기 대신 도시락을 사 오거나 가방을 들어주기만 해도 사람들이 박수갈채를 보내는 것에 마냥 어리둥절했다.

"우리 엄마가 아빠를 저한테 보내서 아침부터 저녁까지 이 일 저 일 다 하게 하잖아요. 그럴 땐 왜 아무도 우리 아빠가 대단하다고 칭찬하지 않는 걸까요? 우리는 그저 연애를 할 뿐인데 왜 남들은 언제나 선배가 대단하다고 입이 닳도록 칭찬을 하는 걸까요?"

직립인과 휠체어족의 사랑을 좋게 보는 사람도 있고, 그렇지 않은 사람도 있었다. 친구와 가족들은 샤오위의 어머니에게 "네 딸과 사귀는 그 남자, 진짜 고맙네!"라고 칭찬을 늘어놓았지만 뒤돌아서는 "내 아들이 그런 여자아이랑 사귀었단 봐라. 인연을 끊고 말 테다"라고 마구 입을 놀려댔다. 이렇게 아침 드라마 같은 일화가 허구한 날 주변에서 벌어졌지만 샤오위 자신은 더 이상 이 드라마의 주인공이 되고 싶지 않았다. 하지만 상황은 샤오위의 바람대로 흘러가지 않았다.

사람들이 칭찬해 마지않던 이 연애는 상대가 새 애인을 사귀며 마침표를 찍었다. 내가 평화롭고 좋게 잘 헤어졌느냐고 묻자 샤오위는 고개를 갸웃거리며 잠시 생각에 잠겼다.

"음, 그렇게 평화롭지는 못했어요. 울고불고 난리를 쳤으니까요. 그렇지만 그 사람을 죽이지는 않았어요!"

샤오위는 애정 문제에서 시시비비를 따진다는 것 자체가 부질없는 짓임을 잘 알지만, 주변 여자들의 침묵만은 이해가 되지 않았다. 분명 상대가 양다리를 걸치고 배신을 했는데 그들은 아무런 맞장구도 쳐주지 않았다. 그러다 누군가 슬쩍 이렇게 다독였다.

"에이, 그것도 무리는 아니지. 선배가 널 돌본 게 벌써 얼마야."

샤오위는 그제야 돌연 깨달았다. 그러니까 남들 눈에 그들은 대등한 관계가 아니었다. 밖에서는 그가 떠나지도 포기하지도 않는 것만 보였을 뿐 샤오위의 진심과 진의 따위는 보이지 않았던 것이다. 하나같이 그녀가 그를 필요로 할 뿐 그에게는 그녀가 필요치 않다고 여겼다.

다행히도 연애의 실패가 샤오위를 내내 그 상처의 늪에 빠져 있게 하지는 않았다. 스스로 노력한 데다 행운도 따라줘서 샤오위는 장애인 지도자 양성 프로그램 대상자로 선정되어 1년 동안 해외 연수에 참여했다. 주최 측은 개인의 학습 의향에 따라 선택할 수 있는 다양한 주제와 커리큘럼을 마련했다. 청시각장애 관련 지식, 수화 훈련 기교, 무장애 공간 만들기, 적응 훈련, 자립 생활 계획, 동료 상담, 개인 도우미 훈련과 파견, 홈페이지 제작, 점자, 시각장애인용 지팡이 제작 등등. 이 연수 경험을 통해 탁 트인 시야를 갖게 된 샤오위는 이때부터 '장애'를 전적으로 새롭게 사유하기 시작했다.

예를 들면, 처음으로 장애인 볼링·수영·스키·축구·마라톤 등을 접하고는 그제야 적당한 도움만 있으면 장애인도 생활 자주권을 확보할 수 있고, 어떤 일이든 타인의 손을 빌리지 않고 할 수 있다는 것을 깨달았다. 무엇보다 샤오위는 현 상황을 받아들일 줄 알게 되었다. 더 이상 꼴도 보기 싫은 휠체어에 저항하지 않았고, 굳이 긴 치마로 쪼그라든 두 다리를 가리려고도 하지 않았다. 이제는 비현실적이고 허황된 환상을 힘겹게 좇기보다는 하고 싶은 일에 에너지를 쏟기로 마음먹었다.

타향에서 객으로 생활하다 보면 어쩔 수 없이 갖게 되는 향수는 각국에서 온 장애인 동료들과의 생활이 차츰 익숙해지고 서로 의지하게 되면서 서서히 사라졌다. 호기심 많은 샤오위는 그만 참지 못하고 성적 욕구는 어떻게들 해결하는지를 포함해 이런저런 이야기들을 화제로 꺼냈다.

"모두가 괴로워하는 문제인데, 묻는 사람도 말해주는 사람도 없더라고요."

어색함을 피하기 위해 샤오위는 조촐한 술자리가 마련되었을 때 아름다운 조명 아래 화기애애한 분위기가 만들어진 틈을 타서 "다들 평소에 성욕은 어떻게 해결해요?"라고 물었다. 외국인 친구들은 낯부끄러워하며 "타이완 사람들 진짜 개방적인데요"라고 대놓고 말했다. 그러면 샤오위는 얼른 그렇지 않다고 자신만 그런 거라고 해명했다.

달아오른 술기운을 빌려 속마음을 털어놓는 사람들이 생기기 시작했다. 게다가 풀어놓은 이야기들은 그야말로 소설보다 더 소

196

사랑을 말할 때
우리가 꺼내지 않았던 이야기들

설 같았다. 샤오위가 뇌성마비 친구에게 "어떻게 DIY 해요?"라고 묻자 상대방은 수줍어하며 과거 시설에 살 때는 몸을 침대에 비볐고, 나와서 독립해 살면서는 술집에 가서 돈을 주고 해결한다고 답했다. 이 말에 샤오위는 같은 장애인 남성이라도 외국에 살면 타이완에 사는 것보다 훨씬 행복하겠구나 하고 감탄했다.

"그들이 해준 말인데요. '가슴 클럽'이라는 게 있더라고요. 그 안에는 온갖 크고 작은 가슴들이 있어 자기가 선택할 수 있대요. 그것을 어떻게 주무르든, 어떻게 핥든, 어떻게 꼬집든 다 가능하고요. 일본의 화이트핸즈White Hands처럼 장애인 남성이 자위할 수 있도록 전문적으로 돕는 것이죠. 타이완의 손천사랑 비슷해요. 그런데 친구 말에 의하면, 화이트핸즈(의 서비스 제공자)는 전부 오바상(할머니)인 데다 장갑을 끼고, 서비스 이용자가 그들의 신체를 만질 수 없기 때문에 차라리 술집에 가서 아가씨를 찾는 게 낫다네요."

묻는 걸 좋아하고 잘 묻기도 해서 샤오위는 적잖은 1차 자료를 모았다. 예컨대 이런 거다. 청각장애인 친구들이 말하길, 그들은 섹스할 때 불을 끄지 않는다. 들리지 않는데 볼 수도 없다면 어떻게 반응해야 할지 알 수가 없기 때문이다. 반드시 불이 켜진 상태에서 상대의 표정을 살펴야 어떻게 해나가야 할지 알 수 있다고 한다.

"또 말해줬는데요. 들리지 않기 때문에 매번 내는 소리가 너무 커서 이웃을 당혹스럽게 하기도 한다네요."

샤오위는 한참을 키득키득했다.

"그들의 대답을 들을 때마다 매번 얼마나 웃긴지 몰라요!"

샤오위가 알고 지내는 한 중증 장애인 부부는 움직이고 앉고 눕는 일을 전적으로 타인의 힘에 의존한다. 침대에 누웠다 하더라도 움직일 수가 없다. 이런 상황인데, 어떻게 섹스를 할 수 있을까?

"그들도 굉장히 오랫동안 고심했다고 해요. 나중에는 시각장애인을 불러 체위를 바꿔달라고 부탁했다죠. 어차피 상대방은 못 보잖아요."

못 미덥다는 표정을 짓는 나를 보고는 샤오위가 얼른 해명했다.

"저도 그 말이 진짜인지 가짜인지 모르겠어요. 그렇지만 사람들한테 이런 문제를 물으면 정말이지 매번 놀랍고 이상한 대답들이 등장한다고요!"

"이게 외국에서 당신이 연구한 주제였군요?"

"아니에요. 제 부전공이죠."

샤오위는 은방울이 굴러가는 듯한 웃음소리를 냈다.

"내가 말해놓고도 좀 웃기네요, 하하하."

『바이스Vice』라는 잡지에 실린 어떤 글에서는 남자 도우미 칼이 루게릭병 환자 부부인 제인과 더그의 섹스를 어떻게 돕는지 묘사하고 있는데, 그야말로 샤오위 이야기와 판박이다. 목욕하기, 옷 입기, 밥 먹기, 휠체어에 앉기 등을 도와주는 게 칼의 주 업무지만, 칼은 제인과 더그의 다른 필요도 기꺼이 돕는다. 칼은 제인을 침대 옆 소형 크레인까지 안고 가 더그가 손을 뻗어 닿을 수 있는 곳에 내려놓는다. 그런 다음 더그에게 성 보조 기구를 건네고 두 사람이 그들만의 시간을 갖도록 비켜준다. 어떤 때는 제인의 손을 잡아당겨 더그의 성기에 올려놓은 다음 자기 손으로 제인의 손을 움직여 더그가 자위할 수 있게 돕는다. 칼은 전적으로 자신이 원해서 하는 일이지 강제성은 조금도 없고, 이 일로 월급을 올리는 일도 없다고 밝혔다. 이 글을 쓴 사람은 칼을 천사로 묘사했다. 칼이 한 일은 글쓴이가 상상할 수 있는 범위 안에서 가장 아름답고 가장 사심 없는 일이었을 테니까.[5] 내 생각에 그 시각장애인도 샤오위의 친구 부부에게는 그야말로 천사다!

샤오위가 묻고 이야기하기를 좋아하는 성격인지라 친구들은 툭하면 샤오위에게 조언을 청한다. 갖가지 난제를 들고 찾아오는 친구들을 샤오위는 한 번도 내친 적이 없다. 친구들은 샤오위 앞에서는 무슨 말이든 할 수 있었다. 그리고 샤오위는 자기 이해 밖의 일이면 사방팔방에 가르침을 청한다. 예를 들면, 소아마비 남성의 경우 발기가 잘 되지 않는 편이라 사전에 약간의 술을 이용해 도와줄 필요가 있다는 사실은 여기저기 캐묻고 다니면서 알게 되었다.

"정보는 교류해야 해요! 보통 세미나를 열면 해외에서 사람을 초청해 듣지 않나요? 우리 쪽도 그렇게 해야 해요! 그런데 장애인

---

5   원문은 http://www.vice.com/read/interview-with-a-volunteer -sex-nurse를 참조.

은 언제나 일반적인 방식이라는 틀에 갇혀 자기는 안 된다며 지레선을 긋고, 감히 입에 올리지도 못하고, 약한 모습 보이기 싫어하고……."

샤오위는 몸의 한계를 인식하는 데는 용기가 필요하다는 점을 순순히 인정했다.

"지금 저는 남편과 관계를 할 때 이야기를 할 수 있어요. 내가 발을 움직일 수 없으니 조금만 옮겨달라고요. 대놓고 이야기하죠. 별거 아니잖아요!"

해외에서 공부한 경험 덕분에 샤오위는 그 전에는 보지 못했던 풍경과 인물, 사물을 보게 되었고, 다른 세계를 발견하고 자신의 가능성을 찾았다. 완벽하게 새로운 세계관과 태도를 가지고 타이완으로 돌아와 과거에는 감히 생각지도 못했던 일을 감행했다. 바로 장애인과의 연애를 시작한 것이다.

"원래는 현실적으로 불가능한 일이라 생각했어요. 장애인을 볼 때 제 자신이 그렇게나 슬픈 감정이 되는데 어떻게 그런 상대와 눈이 맞을 수 있겠느냐면서요. 나중에는 제 이런 사고방식이 완전히 바뀌었죠. '장애'는 개인의 문제가 아니라 어쩌면 주위의 지지가 충분치 않아서 발생한 문제다, 환경의 문제다. 이 사람이 좋으냐 그렇지 않으냐, 이 사람에게 적응하느냐 못 하느냐는 그가 장애인인지 아닌지와는 무관하다고요."

샤오위가 처음으로 장애인 남자친구를 집으로 데려갔을 때다. 무슨 말도 하기 전에 어머니는 노발대발했다.

"이 사람은 누구야? 경고하는데, 자기 앞가림도 못하는 네가 이런 사람과 연애를 하겠다고? 죽음을 자초하는 거랑 뭐가 달라?"

남자친구 쪽 가족들의 반응 역시 크게 다를 바 없었다. 듣자하니 그의 어머니는 울고불고 난리를 치며 "아들, 널 돌봐줄 수 있는 사람을 찾아야지. 어떻게 휠체어에 앉은 사람이랑 사귈 수가 있어? 설마 다들 지쳐 나가떨어지게 하고 싶은 거야?"라고 화를 냈다고 한다.

장애인의 부모는 대개 자식의 배우자가 같은 장애인이어서는 안 된다고, 그렇지 않으면 남은 반평생은 끝장난 거라고 여긴다. 하지만 샤오위는 이런 생각을 받아들일 수가 없다.

"다리만 있으면 날 돌볼 수 있다고요? 우리 아빠가 한평생 다리로 우리 엄마를 돌봤나요? 나쁜 놈만 아니라면, 혹은 재물을 약탈하고 여자를 강간하는 사람만 아니라면 달려 나와 '내가 널 보호해줄게'라고 할 수 있다고요?"

그녀는 손짓으로 '독수리가 병아리를 덮치는' 놀이를 할 때 암탉이 병아리를 보호하는 모습을 흉내 냈다.

"저는 그 어떤 이유도 못 찾겠어요. 손발이 멀쩡해야만 날 돌볼 수 있다고요? 손발이 멀쩡하지 않으면 그저 상대를 부릴 수 없을 뿐이죠. 우리 아빠가 엄마한테 꼼짝 못하는 것처럼……. 그럴 바에야 제가 좀 더 독립적인 인간이 되죠, 뭐!"

훗날 무슨 일이 생겼던 걸까? 왜 두 사람은 계속 함께하지 않았을까?

5. 장애, 여성, 연애

"그놈이 양다리를 또 걸쳤더라고요!"

샤오위는 하하 웃음을 터트렸다.

"하지만 이번 연애는 제게 굉장히 좋은 경험이었어요!"

과거 선배와 사귈 때는 행동의 제약으로 불편했고, 깨알 같은 잔재미를 즐기며 놀지도 못했고, 하지 않아도 될 일을 했다. 하지만 지체장애 남자친구와는 '정상적 피스톤' 운동은 하지 못했지만 서로의 감정을 더 잘 이해하기 위해 더 많이 대화했고, 더 많이 배려했다. 이 배움의 여행에서 둘 다 인생에 관해, 성과 사랑에 관해, 자아에 관해 탐색하고 그것을 잘 결합한 것 같아 샤오위는 얻은 게 많았다고 여긴다.

"제 생각에 사귀는 과정에서 그래도 그 사람이 여자의 '마음'을 배려하려 했던 것 같아요. 말하자마자 바로 관계를 하고서는 잠들어버리는 게 아니고요. 만약 상대가 장애인이 아니었다면 '여기에 감각이 있어? 이렇게 하면 스트레스를 많이 받지 않아?'라면서 적극적으로 묻지 않았겠지요. 만약 상대의 행동력이 컸다면 그저 누워서 가만히만 있으면 됐을 테고요. 상대가 모든 걸 알아서 할 테니까요. 그랬다면 두 사람이 다정다감하게 대화하는 일은 없었을 거예요."

샤오위는 지체장애 남자친구와 성적으로는 손발이 척척 맞았지만, 성격적으로는 그렇지가 않아 결국 그 연애도 상대의 배신으로 일단락됐다. 이 일을 통해 샤오위는 자기 성격이 지나치게 강해서 당해낼 남자가 없는 건 아닌가 자신을 돌아보기도 했으나,

다행히도 선천적으로 낙천적인 사람이라 한 번 씩 웃고는 힘든 상황을 잊었다.

샤오위는 헤어진 상황에 서서히 익숙해지면서 혼자라도 별로 나쁘지 않다고 느꼈다. 특히 그녀처럼 자의식과 권리의식이 충만한 여자는 장애인과 사귈 때는 늘 상대가 자신보다 강했으면 하고, 비장애인과 사귈 때는 상대가 자신을 지나치게 '애지중지하거나', 지나치게 '돌봐주지' 않았으면 하고 바란다. 그런데 문제는 세상에 어디 그런 남자가 존재하느냔 말이다.

그러다 샤오위는 후에 남편이 될 남자를 만났다. 그는 중증 장애인의 자활을 돕는 외국 국적의 남자다. 장애인 관련 주제라면 둘 다 누구 못지않은 열정을 가졌기에 죽이 척척 맞을 정도로 소통이 잘됐다. 시간과 경험을 통해 단련된 샤오위는 점점 성숙해져 서로의 차이를 받아들일 줄 알게 되었고, 둘은 누구보다 친한 사이로 발전했다.

그렇지만 힘겨운 전쟁이 이제 막 시작되려 했다. 상대는 다른 사람들의 이상한 시선에 좀체 적응하지 못했다. 또한 그녀와 함께 하는 것을 있는 그대로 받아들이는 데는 커다란 용기가 필요했기 때문에 관계를 계속 이어갈 수 있을지 확신하지 못했다. 샤오위는 이는 피할 수 없는 난제임을 알기에 그저 상대방이 하루라도 빨리 마음의 벽을 허물고 나오기만을 몰래 기도할 뿐이었다. 다행히도 소통은 소통하고자 하는 마음과 상대에게 귀 기울이려는 마음에서 시작되기 때문에 두 사람은 순조롭게 손을 맞잡았고 오늘에까

5. 장애, 여성, 연애

지 이르렀다. 이것이 바로 진정한 사랑이리라!

남자친구와 함께 길을 걸을 때면, 주변의 이상한 시선이 마치 만 개의 화살이 가슴을 뚫고 지나가듯 샤오위를 만신창이로 만들곤 했다. 지금 그때를 돌아보면 샤오위는 오히려 조금 웃긴다는 생각이 든다. 심지어 지나가는 사람들의 시선이 국내와 국외를 기준으로 어떻게 다른지 진지하게 분석하기에 이르렀다. 그녀의 경험에 따르면, 타이완 사람들은 대개 대놓고 괴상야릇한 시선을 던지고 심지어 달려와 그녀에게 묻기까지 한다.

"이 사람이 당신 남자친구예요? 외국인이네요. 와, 진짜 좋겠다. 진짜 감동이다!"

누군가는 뭔가 진기한 물건을 감상하기라도 하듯 자신들을 뚫어져라 쳐다보면서 분명 이미 지나쳐 갔으면서도 참지 못하고 옆사람을 잡아끌어 귀에 대고 이런저런 험담을 늘어놓는다. 반대로 외국 국적을 가진 남자친구의 고향에서는 낯선 사람이니 뭔가 색다른 눈으로 보기는 하지만, 조심스럽게 몰래 흔적을 남기지 않고 그냥 쓱 한 번 쳐다보는, 완곡하고 예의 바른 태도라 샤오위는 완전히 다른 느낌을 받을 수밖에 없었다.

"한데 가장 중요한 건 어쨌든 제 마음의 태도가 변했다는 거예요. 지금은 사람들이 어떻게 보든, 어떻게 말하든 저는 아무렇지도 않을뿐더러 상처받지도 않아요."

같은 장소에 있어도 달라진 태도로 인해 마음에는 엄청난 변화가 일었다.

신뢰는 조심스럽게 지켜나가야 한다. 두 사람이 함께한 뒤에 있었던 소소한 일들을 언급할 때 샤오위는 그가 성숙한 인격을 갖췄고 책임감이 강한, 정말이지 훌륭한 동반자라고 했다. 한편 사소한 원망도 빼놓지 않았는데 여태 자신의 비위를 맞추려 한 적이 없고 자신의 장애 따위는 안중에도 두지 않는다고 했다. 그가 물건을 들어달라 부탁할 때 샤오위가 "난 장애인이라고, 휠체어에 앉아서 어떻게 도와?"라고 하면, 그는 냉정하게 휙 돌아보고는 "장애인이면 뭐 어쩌라고?"라고 말한다. 집을 나서기 전 밖에 비가 오는 것을 보고는 "아이고, 비가 내리네. 나가야 하는데 어떻게 하지?"라고 한탄하면 그는 외려 무덤덤하게 "주차장이 있는데 뭐, 비 한 방울 맞지 않는다고!"라고 한다.

그는 샤오위가 할 수 있는 한계치를 알지만 한 번도 특별하게 대하지 않았다. 샤오위가 간혹 장애를 핑계로 나약함을 드러내는 때는 환심을 사거나 애교를 부리기 위해서일 뿐이다. 샤오위는 어렸을 때부터 엄마가 끊임없이 세뇌한 탓에 모든 잘못은 무조건 남자 탓으로 돌리는 버릇이 있었다고 인정했다. 그런데 하필이면 외국인 남자친구에게는 이 논리가 먹히지 않았다. 그는 잘못했으면 잘못을 인정하는 것이 사람의 도리라는 주장을 굽히지 않았다. 초반에 샤오위는 자존심을 내세우며 좀체 고집을 꺾으려 하지 않았지만, 나중에는 이렇게 계속 억지를 부리다가는 완전히 말도 안 되는 소리를 늘어놓겠구나 싶어 저자세로 순순히 사과하게 되었다.

"에고, 인간은 정말이지 비겁한 것 같아요."

　　　　　5. 장애, 여성, 연애

말은 이렇게 했지만, 불평이라기보다는 그냥 툭 내뱉은 말처럼 들렸다.

"당신은 틀림없이 그의 그런 성격을 엄청 좋아하는 거예요. 사실에 근거해 시시비비를 따지는."

"사람이 참 비겁하죠! 강하면, 자신보다 더 강한 사람을 찾으려 하죠. 그래야만 자신을 감당해낼 수 있으니까요!"

"당신은 그 사람 앞에서는 좀 더 자유롭게 여성스러운 일면을 보여줄 수 있죠? 그렇죠?"

"음…… 그런 것 같아요."

샤오위는 해죽이 웃으며 그는 자신보다 여덟 살이나 어린 데다 두 사람이 갓 사귀었을 때는 그가 겨우 열아홉이었기 때문에 자칫 잘못하면 자기가 범죄자가 될 뻔했다고 말했다. 이 말에 우리 두 사람은 동시에 큰 웃음을 터트렸다.

샤오위가 그를 처음 자신의 집으로 데려갔을 때 아버지와 어머니는 그가 왜 샤오위와 사귀는지, 진짜 멍청해서인지, 아니면 멍청한 척해서인지 알 수가 없어 아무것도 묻지 않은 채 그저 보통 친구로 대했다. 밥을 먹은 뒤 다 함께 나가 돌아다니다가 그가 마음에 드는 운동복을 발견했다. 그런데 현금이 부족해 샤오위에게 일단 대신 내게 했다. 샤오위가 지갑을 연 순간, 어머니가 샤오위를 한쪽으로 끌고 가 나무랐다.

"딸, 절대 돈으로 남자를 키워서는 안 돼!"

"당시 제 마음속 외침은 이랬죠. 뭐래? 나야말로 저 사람을 키울 능력이 없다고요. 알기나 해요?"

샤오위는 언짢은 마음으로 손을 흔들며 '바이바이'라고 말한 뒤 남자친구를 보냈다. 몇 분 지나지 않아 어머니가 전화를 걸어와 경고했다.

"딸, 네 조건이 많이 밀진다고 말하는 게 아니잖아. 돈으로 남자를 사는 건 안 돼. 엄마가 한 말, 알아듣지?"

그 말에 머리카락이 쭈뼛쭈뼛 선 샤오위가 부랴부랴 반박했다.

"엄마, 어떻게 그런 말을 해요? 어떻게 자기 딸을 이렇게 형편없이 무시할 수 있죠? 내가 돈으로 남자를 산다고 생각해요? 가진 돈이 부족해서 먼저 대신 내준 것뿐이라고요. 지극히 평범하고 정상적인 일이라고요, 예?"

샤오위는 어깨를 으쓱거리며 귀 쪽 머리를 매만졌다.

"당시 엄마도 말이 안 된다고 생각했던 거죠. 불가능하다, 불가능하다, 절대로 가능할 리가 없다고 여겼으니까요. 자기 딸에게, 그 딸을 좋아하는 비장애인이 있을 거라고는 믿지 못했던 거죠!"

마음이 따뜻한 외국 남자와의 동고동락을 세상은 좋게만 보지 않았지만, 그것이 그들 사이에 균열을 내지는 못했다. 다만 그가 장기간 타이완에 머무를 수 없고 샤오위 역시 하던 일을 내려놓을 수 없어 사귀는 3년 남짓 장거리 연애를 해야 했다. 결혼은 가족들도 재촉하지 않았고 두 사람도 급할 것이 없어 그렇게 계속해서 미뤄졌다.

그러다 샤오위가 임신을 했다. 갑작스럽게 들이닥친 이 소식은

5. 장애, 여성, 연애

그녀를 일종의 무중력 상태와 같은 혼란에 빠트렸다. 그녀는 외국에 있는 남자친구에게 전화해 말했다. "저기, 두 줄이라고!" 상대방이 "무슨 두 줄?"이라고 반문하자 샤오위는 퉁명스럽게 말했다. "나 임신했다고!" 상대는 "내가 아빠가 된다고?"와 같은 종류의 흥분한 기색은커녕 그저 덤덤하게 말했다. "오, 그럼 낳아야지!" 샤오위는 그 말에 코끝이 시큰했다. 대범한 척하려 굉장히 노력한 말투였지만, 자신이 걱정할까 부러 아무렇지도 않은 척한 것임을 알았으니까.

샤오위의 부모는 그를 고작 두 번 본 데다 샤오위도 두 사람의 관계를 설명하지 않은 터라, 둘의 관계를 짐짓 모른 척하고 있었다. 양측이 세 번째 만났을 때 두 사람은 임신 소식과 결혼 의사를 알렸다. 아버지는 별다른 반응을 보이지 않았지만, 어머니는 뜻밖의 기쁨에 어쩔 줄 몰라 하며 남자친구의 손을 죽어라 붙들고 "아이고, 정말로 감동이야, 감동!"이라는 말을 연거푸 내뱉었다. 어머니의 반응에 샤오위는 참 별스럽게도 군다는 느낌을 지울 수 없었다.

"울 엄마는 지금까지도 저한테 그래요. 네 남편이 널 좋아해주는 것만으로도 이미 잘하는 거야. 신경 써서 꾸미고 다녀. 버림받지 않으려면. 어차피 엄마는 누군가 날 좋아할 수 있다는 사실 자체를 믿지 못하니까요. 아이고, 우린 그저 사랑해서 함께하는 것뿐인데 우리 엄마가 감동할 건 뭘까요? 그 사람이 저를 원해서 감동한 걸까요? 남편은 이런 이야기를 들을 때마다 굉장히 우습다 하죠."

샤오위는 지난 시절의 사소한 슬픔과 기쁨에서 이미 자유로워졌다. 이제 그녀가 가장 마음에 두고 소중하게 여기는 건 바로 지금 이 순간의 행복이다. 나이가 들고 엄마로 살아가면서 혼돈과 추상에 머물렀던 개념이 서서히 수면 위로 떠올라 체화되었고, 지금의 그녀는 '장애'가 인생에서 마이너스가 아니라 플러스라 여긴다. 샤오위는 휠체어에 앉은 자신을 좋아한다고 말한다. 거리 상점의 통유리를 지나가다 멈춰 서서 자신을 비춰볼 때마다 그런 자신이 '너무 멋있다'고 느낀다. 그녀는 웃으면서 자신을 '구제불능의 자신감'을 가진 인간, '저 잘난 맛에 사는 인간'이라고 소개한다. 그녀의 유쾌하고 달달한 콧소리, 그 자신처럼 귀엽고 싱그러운 그 소리를 듣고 있노라면 과연 누가 그녀를 아름답지 않다고 할 수 있을까 하는 생각이 든다.

"모든 사람의 신체에는 한계가 있어요. 자신의 신체를 바꾸어 장애를 돌파하려 하기보다는 주변 사람들이 자신을 더 잘 이해하게 해야 해요. 도움이 필요할 때 구할 수 있게요. 지금의 저는 예전보다 저 자신을, 제 몸을, 제 휠체어를 더 사랑해요. 무엇보다 제게는 내 아이와 가족을 변함없이 사랑할 힘이 있고요!"

찬란한 햇빛 아래서 샤오위는 그렇게 확신에 가득 차 보였다.

내 몸에 맞는 엄마 되기

R과 T가 결혼한 지는 10여 년이 되었다. R은 시각장애인이고, T

는 지체장애인이다. 두 사람 사이에는 아이가 없을 뿐 아니라 왜 아이를 낳지 않는지 묻는 사람도 없다. 장애인 부부에게 아이가 없는 건 너무나 당연한 일이라는 듯 말이다. 남편 R은 결혼은 그저 반려자를 찾고 싶어서 했을 뿐 아이를 낳는 일은 생각조차 해보지 않았다 하고, 아내 T는 자신의 마비된 두 다리를 가리키며 답은 뻔하지 않느냐는 표정으로 말했다.

"나 같은 사람이 엄마가 될 수 있다고 생각하세요?"

만약 T가 아이를 좋아하지 않아서 낳지 않겠다고 한다면 그것은 전혀 문제될 게 없다. 그런데 T의 대답으로 봐서는 아이를 낳지 않는 게 단지 원치 않아서가 아니라, 엄마 역할을 감당할 충분한 자신감이 없기 때문인 듯했다. T가 '아이를 원치 않는 것'은 명백한 사실이지만, 그렇게 말하는 건 어쩌면 자기 방어인지도 모르겠다. '아이를 원치 않는다'는 공언이 '아이를 간절히 원하지만 감히 낳지 못한다'는 수긍보다 훨씬 간단하니까.

학자 추다신邱大昕은 여성 장애인이 가장 일상적으로 부딪히는 차별은 그들의 역할을 가정주부에 제한하는 것이라기보다는 오히려 사회가 그들에게 '아내'와 '어머니'의 역할을 기대하지 않는 것이라고 지적한다.

> 남성 장애인은 배우자의 돌봄이 필요하다고 여겨지기에 가족들이 어떻게든 결혼 상대를 찾아주려 한다. 하지만 여성 장애인은 돌봄을 제공할 능력이 없다고 받아들여진

다. 이에 여성 장애인의 결혼 비율은 남성 장애인보다 낮다. 또한 후천적으로 장애인이 된 여성의 이혼 비율은 후천적으로 장애인이 된 남성보다 높다. 출산과 양육의 능력에 따라 여성을 정의하는 가부장제 사회에서 여성 장애인은 위험한 생식자生殖者로 인식된다. 여성 장애인은 심지어 출산과 양육의 권리조차 부여받지 못한다. 급진적 페미니스트 진영은 독신 여성이나 동성애 여성에게는 생식 관련 과학기술을 이용할 권한을 부여해야 한다고 주장하면서도 정작 여성 장애인의 능동성에 대해서는 적극적으로 지지하지 않는다. 여성 장애인은 언제나 불임 계획의 대상이 되어왔고, 지적장애 여성의 불임시술 비율은 지적장애 남성보다 줄곧 높았다.[6]

학자 궈후이위郭惠瑜 역시 소아마비 여성이 결혼이나 출산, 육아를 하지 않겠다고 하는 건 반드시 자신의 선택이라고만은 볼 수 없고, 어머니로서의 역할을 부정당했기 때문이라고 지적한다.

소아마비는 유전되지 않지만, 결혼 전에 남자 측 부모가 질병이 아이에게 유전되지 않는지 물었다고 하는 응답자

6 추다신, 「왜 여성주의 장애인 연구가 필요한가?」, 『여성학포럼』, 제96회, 2012년 4월 1일.

5. 장애, 여성, 연애

가 여전히 존재했다. 이런 사회적 편견은 장애 여성이 출산과 육아에 공포를 느끼도록 부추긴다. 한 응답자가 임신 사실을 알았을 때 자기가 '괴물'을 낳으면 어떡하나 하는 두려움에 사로잡혔다고 밝힌 것처럼 말이다. 유전병을 가진 여성에게는 출산과 육아라는 선택 앞에서 더 많은 의심의 눈초리가 쏟아진다.

…… 대를 이어야 한다는 관념이 변함없이 강력한 타이완에서 신체장애 여성 역시 남자아이를 낳아야 한다는 압박에 시달린다. 여러 응답자가 시댁을 위해 아들을 낳아야 한다는 요구를 받았다고 지적한다. 이 밖에도 임신은 신체장애 여성의 몸에 엄청난 부담을 지운다. 임신 기간에 그들은 보통의 임산부와는 다른 생리적 변화를 겪을 가능성이 다분하지만, 현행 출산과 양육 시스템에서는 임신 기간에 직면하는 위험과 문제에서 보호받지 못한다. …… 신체장애 여성은 아이를 양육하는 과정에서도 엄청난 도전에 맞닥뜨리기 때문에 양육 방식에서도 조정이 필요하다. 일테면, 손이 불편한 한 어머니는 "손에 힘이 없어서 아이가 어렸을 때는 이빨로 옷깃을 물어 아이를 보행기에서 꺼냈어요"라고 밝혔다. …… 아이의 병원 진료 역시 많은 응답자가 언급한 난제다. 지팡이나 휠체어를 사용하는 신체장애 여성은 병원에 아이를 데려갈 때 혼자 데려갈 수도, 안고 갈 수도 없어 반드시 다른 누군가와 함께 가서 진

료를 받아야 한다. 동반자도 장애인이거나, 갑작스러운 일로 가족이 동행할 수 없을 때는 그야말로 도움을 구할 데가 없어 속수무책이 된다. 한편, 현행 장애인 동반 의료 서비스는 장애인 본인의 진료 위주로 제공되기 때문에 신체장애가 있는 어머니에게 반드시 필요한, 아이의 병원 진료를 함께 가주는 동반자 서비스는 포함하지 않는다.

이러한 예들을 통해 신체장애 여성들이 부모 역할을 하는데 지원이 절실함을 알 수 있지만, 그 필요는 여전히 무시되고 있다.[7]

출산과 양육에서 장애 여성이 직면한 어려움은 이데올로기 문제에 국한된 것이 아니라, 개인의 생리적 조건 및 주변의 의료 환경과 더 밀접하게 연관된다. 학자 천보웨이陳伯偉는 장애인 에인절Angel과 남자친구 브라이언Brian을 인터뷰하고서 이렇게 서술한다.

에인절은 한 걸음 더 나아가 자신의 신체 때문에 출산 과정에서 '엄마를 살릴 것인가, 아이를 살릴 것인가' 하는 위험한 상황에 처할지도 모른다고 설명했다. 자신은 "반

---

7 귀후이위, 「그들은 엄마가 되기에 어울리지 않는다? - 잊히고 있는 여성 장애인 가족 도우미」, 『바오다오저報導者』, 2017년 5월 14일.

5. 장애, 여성, 연애

드시 아이를 살려야 한다고 고집하지요. 하지만 그(브라이
언)는 제게 그러죠. 자기는 절대 아이를 살리지 않을 거라
고요"라고 말했다. 만약 정말로 임신하면 무슨 일에 가장
초조해할 것 같으냐고 묻자 에인절이 대답했다.

"전부 다죠. 다 초조해요!"

자신에게 물이 줄줄 새지 않을까를 포함해서 말이다.

"배 이쪽에 호스가 하나 꽂혀 있어요. 평소 가스가 심하게
차면…… 물이 새죠. 그런데 임신해서 이렇게 부풀어 오
른 배를 지탱하려면, 이 호스는 어떻게 될까요? 의사한테
가서 상담을 해봐도, 자신들도 저 같은 상황을 접해본 적
이 없다고만 해요."

그뿐만 아니라 척추 손상으로 몸에 가해지는 장력이 굉장
히 강할 때가 있는데 "그러면 돌연 근육이 방전돼요. ……
마치 반사작용처럼요. …… 통제할 수가 없어요. …… 그
러면 내 배 이쪽이 굉장히 뻣뻣해져요. 휘면서 뻣뻣해지
죠. …… 아이가 있으면 해를 입지 않겠어요?"

게다가 하반신에 감각이 없어 일단 "자궁이 수축되거나
아이가 나오려 하면서 양수가 터졌는데도 아무것도 못 느
낀다면, 몸에서 어떤 일이 일어났는데 전혀 모르고 있다
면……." 척추가 손상된 한 친구가 임신과 출산 과정에서
겪었던 일처럼 말이다.

"5분에 한 번씩 머리가 아프다고 막 그러는 거예요. 어떻

게 이렇게 계속 아플 수가 있지? 너무 이상해서 병원에
가봐야겠다고 생각했대요. 병원에 가서야 알았대요. 자궁
수축과 함께 아이가 나오려 하는데 그것도 몰랐고, 양수
는 이미 터진 뒤였다고 해요."

운이 좋아 별문제 없이 순조롭게 아이를 낳는다고 해도
제대로 키우기나 할 수 있을까 하는 걱정과 고민은 여전
히 따라붙는다.

"아이가 창문 쪽으로 달려가고 있는데 아이를 구할 도리
가 없어요. 그저 죽을힘을 다해 '빨리요! 빨리 누가 좀 와
주세요'라고 외칠 뿐이죠. 누군가 어른이 부랴부랴 달려
와 구해줄 때까지 그저 눈만 멀뚱히 뜬 채 창문 쪽으로 기
어가는 아이를 바라보기만 할 뿐 구하지 못한다면요. 이
런 초조함이 절 무겁게 짓눌러요."

당연히, 이러한 초조와 불안에는 일상생활에서 아이를 먹
이고 입히는 데 필요한 경제적 문제는 아직 포함되지도
않았다.[8]

사회의 시선과 우리가 처한 상황이 이러하니 샤오웨이가 자신은
굉장히 운이 좋은 편이라고 입버릇처럼 말하는 것도 무리는 아니

8　천보웨이, 「친밀함의 즐거움과 한계…… 신체장애인의 성과 사랑,
욕망」, 『골목 사회학巷子口社會學』, 2017년 8월 22일(http://twstreetcorner.
org/2017/08/22/chenbowei-2/).

다. 사랑하는 남자와 결혼도 했고, 사랑스러운 딸을 별 탈 없이 낳아 아름답고 용감한 영혼과 손 맞잡고 하나가 되었으니 말이다. 하지만 샤오위의 길이 언제나 순탄했던 것만은 아니다. 특히 엄마가 된 후로는 한동안 전전긍긍하면서 자신이 엄마로서 얼마나 연약하고 무력한지를 절절히 체감해야 했다.

결혼 후 샤오위는 남편을 따라 해외로 거처를 옮겼다. 타국 생활에 적응도 해야 했고, 언어와 문화상의 충돌, 초보 엄마의 좌충우돌을 겪느라 삶은 매일이 엉망진창 뒤죽박죽이었다. 당시 그들은 산 중턱에 살고 있어 출입이 불편하기 이를 데 없었는데, 남편이 출근하고 나면 집에는 모녀 두 사람밖에 남지 않았다. 눈에 보이는 것이라곤 창밖의 풍경이 전부였고, 단조롭기 짝이 없는 생활에 샤오위는 미치기 일보직전이었다. 외출하고 싶어도 차가 없어 아무 데도 가지 못하고 그야말로 손발이 묶인 채 아무것도 할 수 없었다. 샤오위는 과거 화려했던 직장 생활을 떠올리면서 기저귀 사는 일조차 누군가에게 부탁해야 하는 신세로 '전락'한 자신이 정말로 무가치하다고 느꼈다.

타국에서의 외로움에, 혼자 감당해야 하는 육아 스트레스까지 겹쳐 마침내 폭발하는 순간이 오고 말았다. 어느 날 남편이 녹초가 된 몸을 이끌고 집으로 돌아왔을 때, 샤오위는 돌연 미친 듯이 짖어대는 들개처럼 걷잡을 수 없는 감정에 휩싸여 자제력을 잃은 채 대성통곡했다. 무참하게 무너져 내린 아내 앞에서 남편 역시 뭘 어떻게 해야 할지 난감했다. 창밖에는 짙푸른 바다와 파란 하늘이 펼

216

사랑을 말할 때
우리가 꺼내지 않았던 이야기들

쳐져 있었고, 집 안에는 이제 막 옹알이를 하며 말을 배우는 사랑스러운 딸이 있었다. 모든 것이 너무나 아름답게만 보였지만 샤오위는 분노와 무기력에 꼼짝없이 결박당해 더 이상 버틸 수 없었다. 이런 마음이 된다는 게 그녀는 부끄럽고 혼란스러웠으며, 이 굴레에서 어떻게 빠져나가야 할지 몰라 곤혹스러웠다.

사랑은 본디 서로에게 부담을 더한다. 지쳐 나가떨어졌다고 부끄러워할 필요는 없다. 부부는 차분하게 한참을 이야기한 뒤 교통이 불편한 지금의 집을 떠나 다른 곳에 세를 얻기로 했다. 또 남편은 자전거로 출퇴근하겠다면서 출퇴근용이던 소형차를 샤오위에게 주었다. 이렇게 해서 '타국에서의 초보 엄마 분투기'는 잠시 명랑 버전으로 바뀌었다.

"남편이 차를 당신에게 내주고 자기는 자전거로 출퇴근한다고요? 잘못 들은 건 아니죠?"

"맞아요. 제가 아이를 데리고 있어야 하고, 장도 보아야 하니 그렇게 하면 편리하죠!"

"와, 정말로 자상한 남편이군요!"

"예, 저보다 성숙한 사람이에요. 그래서 난 정말로 행복한 사람이라고 입버릇처럼 말하죠."

이때 샤오위의 예의 그 달달한 콧소리가 또다시 새어 나왔다.

아이를 돌본 경험도 없었고, 곁에서 도와주는 사람도 없어 남들이 꼭 해야 한다고 하는 일을 제대로 못해서 쩔쩔매는 상황은 별로 겪지 않았다. 더 긴장한 사람은 샤오위의 어머니였다. 하루가

5. 장애, 여성, 연애

멀다 하고 국제전화를 해서 아이는 어떻게 안아야 하는지, 밥은 어떻게 먹여야 하는지 신신당부했고, 샤오위가 딸을 제대로 씻기지 못할까 언제나 노심초사했다. 샤오위는 당연히 자신만의 육아법을 가지게 되었다. 무엇을 전수해주는 사람이 없으니 전적으로 자신이 알아서 탐색해나갔다. 자연히 앞 세대의 돌봄 방식은 그녀에게 먹히지 않았다.

"울 엄마가 정말로 웃겨요. 아이를 씻길 때는 반드시 욕실에 쪼그리고 앉아 커다란 세숫대야에 씻겨야 한대요. 그렇게 씻겨야 한다고 법에 나와 있기라도 한가요?"

샤오위의 이 말에 우리는 또다시 참지 못하고 함께 크게 웃었다. 똑똑한 샤오위는 세숫대야를 휠체어와 같은 높이의 거실 책상에 올려놓고 딸을 거기에 앉혀 문제를 해결했다. 당연히 다른 장애인 엄마의 경험이 많은 아이디어를 주었다. 일테면, 옷장 서랍을 열어 그 위에 솜이불을 깔면 아이의 침대로 쓸 수가 있어 높이가 맞지 않는 상황을 해결할 수 있다. 이는 하나같이 장애인 엄마의 분투 경험에서 얻은 아이디어다.

똥오줌을 누이는 일은 고생스럽긴 해도 어쨌든 해결 방법이 있다. 하지만 아이를 밖에 데리고 나가려 할 때 외부의 조건이 도와주느냐 아니냐는 스스로 결정할 수 있는 일이 아니다. 한번은 딸아이 '메이메이妹妹'를 데리고 친정 근처의 작은 공원에서 노는데, 메이메이가 쏜살같이 미끄럼틀로 달려갔다. 주변이 난간과 계단으로 겹겹이 둘러싸인지라 휠체어에 앉은 그녀로서는 전혀 건너

갈 수가 없었다. 고작 멀리서 목청을 높여 "엄마는 갈 수가 없어. 혼자서 조심해서 잘 올라가!"라고 외치는 수밖에 없었다. 결국 메이메이가 넘어졌다. 샤오위는 그 순간 애간장이 탔지만, 다른 엄마에게 자기 대신 올라가 메이메이를 다독이며 안고 내려와 달라고 부탁하는 수밖에 없었다. 다른 엄마가 "와, 당신 딸 진짜 독립적이네요"라고 감탄을 연발했다. 샤오위는 입으로는 고맙다고 했지만 마음에서는 피를 흘리고 있었다.

하지만 해외에 머물 때 샤오위가 엄마로서 했던 경험은 전혀 달랐다. 집 근처 공원에는 놀이시설 입구에 비탈길이 있어 그 길을 따라 휠체어를 시설의 꼭대기까지 밀고 갈 수 있었다. 메이메이를 안고 함께 미끄러질 수는 없어도 최소한 꼭대기에서 메이메이가 올라와 아래로 미끄러지는 것을 격려하고, 다시 휠체어로 비탈길을 따라 내려가 메이메이를 맞이할 수는 있다.

"이런 생각이 들더라고요. 와, 여기 공원은 벌써 이만큼이나 발전했네. 타이완은 아직도 의견을 나누는 걸음마 단계인데, 정말이지 늦어도 너무 늦어!"

엄마 역할은 꼭 타고나는 것이 아니다. 환경의 지지와 협조가 있다면 강한 모성이 없다 해도 어떤 일보다 잘해낼 수 있다. 샤오위의 경험과 한탄은 우리 사회가 '엄마 역할'을 정의할 때 체력적인 면을 지나치게 강조한 나머지 정서적 지지와 함께함의 중요성을 무시하게 된 상황을 반영한다.

5. 장애, 여성, 연애

자본주의 사회에서 아내는 반드시 남편과 미래의 아이를 돌볼 수 있는 노동력을 갖추어야 한다. 때문에 신체 기능이 손상된 여성 장애인은 무능한 여성이라는 딱지와 함께 사회가 기대하는 아내와 어머니 역할에 실패한 여성이라고 쉬이 여겨진다. '돌보는 사람은 의존적이어서는 안 된다'는 가치관은 가정에서 돌봄을 제공하는 사람과 돌봄을 받는 사람이 겹쳐서는 안 된다는 우리 사회의 생각을 드러낸다. 그러므로 장애 여성의 외모에서 시작해 생산력과 의존적인 이미지로까지 확대되는 인식은 사회의 가치관에서 비롯된 일련의 과정으로, 여기서 중요한 것은 여성 장애인이 사회를 유지하는 데 필요한 기능을 갖추었느냐 그렇지 않느냐 하는 문제다. 그래서 단순한 연애 관계는 이미 단순하지 않고, 그저 연애일 뿐……

우리는 지체장애 여성의 경험을 통해 보통 사람들이 말하는 '행복'의 정의가 놀랍도록 편협하다는 것을 발견할 수 있다. 행복한 가정생활이 단지 여성의 신체 기능 평가를 통해 정의되고, 지체장애 여성은 이런 정의 아래서 주체적 혹은 수동적으로 행복의 주변인으로 밀려난다. 앞서 이야기한 가정이 친밀한 관계를 구축하는 데 겪는 가장 큰 어려움은 뜻밖에도 여성 장애인의 겉으로 드러나는 지체장애였다. 여성 장애인은 장애라는 사실에 근거해 자신을 대하고, 타인 역시 그에 기반해 그녀를 대한다. 따라서 친밀한 관계를 추구하는 과정에서 여성 신체장애인은 '장애라는 사실'의 수동적 피해자가 된다. 그리고 사회가 여성 장애인에게 강요하는, 결혼해서 집안을 일으켜야 한다는 가치관과 그들의 돌봄 능력을 폄하하는 태도를 억지로 받아들인다.[9]

장애가 곧 한 여성이 엄마가 될 자격이 없다는 뜻이 될 수 있을까? 당연히 그렇지 않다. 아르헨티나의 다큐멘터리 〈휠체어 타는 어머니Mothers on Wheels〉는 단도직입적으로 질문한다.

"삶의 각본을 누가 결정하는가? 어떤 요소가 인간이 가고자 하는 길을 결정할 수 있는가?"

이 영화에서 소아마비 장애인인 어머니가 말한다.

"여성으로서 엄마가 되고 싶지만 내게 그것은 가닿을 수 없는 꿈일 뿐이다."

그녀는 사랑스러운 아이를 낳아 전동 휠체어에 태우고는 바람을 가로지른다. 감독의 카메라를 통해 보여지는 이 장면은 그야말로 한 편의 시, 한 폭의 그림처럼 아름답다.

어머니로 산다는 건 그들의 몸에서 일어나는 가장 아름다운 일이다. 굳이 그들이 뭔가 다르다고 말한다면 휠체어에 앉아 있다는

9 왕궈위王國羽(기획 진행자),「세 가지 각기 다른 장애 여성의 인생 경험: '여성'과 '장애'라는 정체성에서 본 역할 해석」,『연구성과 보고서』, 2009년 9월 10일, 44쪽.

것, 단지 그것뿐이다. 어머니로서 겪는 이런 경험은 어쩌면 험한 길이 될지도 모르지만, 또 보통 사람의 삶의 풍경과 하나도 다를 바 없지만 여전히 힘껏 쟁취할 가치가 있다.

그들은 넘실대는 돛단배처럼 미래의 순풍을 맞을 준비가 되어 있다.

6.

섹슈얼리티가
빠진

인권이라니

쇠 신발을 신은 소년

즈젠智堅과 알게 된 것은 꽤 오래전의 일이다. 당시 나는 무허가 방송국의 한 작은 프로그램에서 진행자를 맡았고 즈젠은 녹음 기사로 일했다. 매번 녹음할 때마다 음향조정실에 죽치고 앉아 그와 이런저런 잡담을 나누었다. 중간에 무슨 음악을 틀지 의논했고 짜증스러운 세상사에 불평을 해댔다. 수줍음을 잘 타는 즈젠은 언제나 미소를 지은 채 귀 기울여 듣기만 할 뿐 이렇다 할 자기 생각은 말하지 않았다. 세상사 온갖 풍파를 헤쳐온 그의 두 눈 가득한 온기는 내가 무슨 말을 하든 다 들어줄 거라는, 어떤 비밀이든 끝까지 지켜줄 거라는 확신을 주었다. 말로 표현하기 힘든, 이상할 정도의 확신이었다.

진행자를 그만둔 뒤로 즈젠과는 더 이상 만날 일이 없었다. 간혹 택시에서 그 방송국의 프로그램이 들려오면, 그가 정신을 집중해 귀 기울여 듣던 모습이 뇌리를 스치며 희미한 그리움 같은 것이 일었다. 전화를 걸어 안부를 물을까 생각지 않은 건 아니었지만, 귀찮은 건 딱 질색인 성격인지라 전화기를 들었다가도 다시 놓아버렸다. 그렇게 20년이 흘렀다.

다큐멘터리 감독 천쥔즈陳俊志와 타이베이로 돌아가는 고속철 안이었다. 천쥔즈가 무심결에 어떤 사람이 장애인에게 무료로 성서비스를 제공하는 단체를 만들고 있다는 얘기를 꺼냈다. 나는 그 말에 화들짝 놀라 말문이 막혔다. 그런 일을 기꺼이 하려는 사람이 있다고? 진짜야, 가짜야?

2년 정도의 시간이 더 지나서 손천사라는 이름의 자원봉사자 단체가 간담회를 열었다. 나는 호기심에 달려가 주위를 기웃거렸다. 빈센트Vincent라는 남자가 무대에서 논리 정연하게 창립 이념과 접수 사례를 말하고 있었다. 저런 생각과 태도는 내게 익숙한 것이었지만, 저런 큰 허우대와 넘치는 자신감은 내가 알던 즈젠과는 거리가 멀었다. 다가가서 아는 체를 해, 말아? 내가 사람을 잘못 본 것이라면? 혹은 그가 날 기억하지 못하면? 그거야말로 난처한 상황 아닌가? 소극장에서 공연이라도 하듯 마음속으로 몇 번이나 다가갔다 물러났다 하다가, 마침내 용기를 내서 그에게로 갔다. 즈젠의 뜨거운 포옹에 조금 전까지의 우려가 언제 있었느냐는 듯 말끔히 가셨다.

지난 시절 허약했던 문학청년은 자신만만하고 자유로우며 듬직하고 의연한 모습이 되어 있었다. 어떤 힘과 신념이, 어떤 지지와 감화가 그에게 이와 같은 거대한 변화를 불러왔을까?

"인생에서 어떤 것들은 이미 다 정해져 있어요. 다만 그것을 받아들일지 말지만 있을 뿐이에요. 저는 LGBT운동에 참여한 후로 '성'은 하나의 수단이고, '성'을 삭제하면 어떤 인권운동도 힘이 빠져 아무런 효과를 볼 수 없으며, 이는 하늘이 성소수자에게 준 가장 큰 무기라는 것을 깨달았죠. 만약 '성'에 들러붙은 오명을 뒤집어엎을 수 있다면 그것이야말로 능력이죠. 어떤 것을 두려워하면 할수록 그것에 잡아먹히고 말아요. 잡아먹힐 바에야 아예 그것을 부리고, 자신의 무기로 삼는 게 낫죠. 게다가 장애인 신분이니, 이미 이렇게 된 바에야 내 단점을 장점으로 바꾸지 않을 이유가 뭔가 하는 생각이 들더라고요. 이렇게 뒤집어엎고 나니 뭔가 굉장히 성공한 느낌이긴 해요."

즈젠은 원고도 없이, 단숨에 주옥같은 말들을 줄줄이 쏟아놓았다. 한마디 한마디가 명언이라 할 만했다. 다년간 사방팔방으로 다니면서 했던 강연과 투쟁의 경험이 과거 사람들과의 대면을 두려워했던 그를 장애인계와 성소수자계의 입지전적인 인물로 바꾸어놓았다. 나는 옛 친구를 찾은 것 같기도 했고, 새 친구를 사귄 것 같기도 했다.

즈젠이 장애인이라는 것은 단번에 알아보았다. 그의 휠체어 때문이다. 동성애자라는 사실은 예전에는 꼭꼭 숨기고 있었던 터라 아무도 몰랐다. '장애인'과 '성소수자' 둘 가운데 즈젠이 좀 더 받아들일 수 없었던 건 장애인 쪽이었다. 그는 삶의 전환 과정에서 맞닥뜨린 억압과 자기반성, 무력감과 고립에 대해 줄줄이 풀어놓았다.

태어난 지 1년 3개월째, 막 걸음마를 배웠을 때 즈젠은 소아마비를 앓았다. 얼마나 많은 의사를 만나고, 얼마나 많은 약을 먹었는지 헤아릴 수 없을 정도라 지금은 다 기억할 수조차 없다. 성장 과정에서 내내 어른거리던 우울과 고통, 삶에 대한 온갖 물음은 장애인의 숙명이라 여긴 채 기왕 이렇게 된 거라면 그냥 잊자고 생각했다. 어떤 기억은 아무렇지 않게 잊었지만, 어떤 기억은 아무리 잊으려 해도 잊히지 않았다.

그 일은 40년도 더 된 일이다. 어머니가 명의에게 도움을 구하려 즈젠을 데리고 산에 올랐다. 또 다른 소아마비 아들과 어머니도 함께 올랐다. 가는 길에 두 아이가 연신 경련을 일으켰다. 소아마비 바이러스에 감염되면 일반적으로 나타나는 증상이다. 즈젠의 어머니는 일말의 망설임도 없이 즉시 숟가락을 즈젠의 입에 쑤셔 넣었다. 즈젠이 혀를 깨무는 통에 죽을까 봐서였다. 하지만 또 다른 엄마는 속수무책인 채로 고통스러운 순간을 맞아야 했다. 아이가 경련이 일어 죽어가는 모습을 빤히 보면서, 그 최후의 몇 분 동안 미친 듯이 아들을 껴안고 고통스럽게 울부짖을 수밖에 없었다.

이러한 삶의 그림자를 즈젠은 반복적으로 호소하고 드러내기보다는 마음 밑바닥에 꼭꼭 숨긴 채 더 많은 알록달록한 기억들과 뒤섞어 스스로 감각하지 못하게 했다.

즈젠은 어린 시절 대부분의 시간을 집에서 보냈다. 침대로 기어오르고, 식탁 아래로 기어 내려가고, 방과 부엌을 기어 다니다 보니 발가락 관절은 두 발을 끌고 다니느라 닳아 찢기고 터졌다. 날마다 대문 틈으로 다른 아이들이 이리저리 뛰어다니며 노는 것을 바라보면서 하염없이 부러워했다. 열 몇 살에 일면식도 없는 한 할머니가 돌연 그를 향해 침을 뱉으며 표독스럽게 욕설을 퍼부었다.

"죽어도 싼 놈, 전생에 무슨 나쁜 짓을 얼마나 저질렀길래 다리가 저래. 벌을 받아도 싸지 싸!"

즈젠은 혼이 빠져나간 것처럼 온몸이 탈탈 털리면서 아득해지는 기분이었고, 마음에 뚫린 무수한 구멍 사이로 이루 헤아릴 수 없는 슬픔이 차올라 버티려 해도 버텨낼 수가 없었다.

암담했던 청소년 시기, 그는 늘 울었다. 오늘 울고 나면 내일 또 울었다. 태평양을 몇 번이나 채우고도 남을 눈물을 흘렸지만 언제나 필사적으로 슬픔을 숨기려 했다. 안 그래도 어려운 집에 부담을 지울까 봐서였다. 하지만 청춘의 마음은 언제나 예민해서 외부의 차가운 조소와 신랄한 비야냥거림에 죽고 싶다는 생각이 갈수록 잦아졌다. 바다에 뛰어들 생각이었지만 모래 위를 걷던 발걸음은 좀체 앞으로 나아가지 못했고, 언덕에서 뛰어내릴 생각이었지만 지팡이에 의지해서만은 산에 오를 수가 없었다. 또 자신에게는 그럴 수 있는 용기도 없었다. 장애는 과연 장애였다. 죽는 것조차 뜻대로 되지 않았다.

"예전에 고통과 좌절에 부딪히면 어머니한테 그랬어요. 그때 왜 나를 구했어, 죽게 내버려두지 왜 그랬어? 사는 게 얼마나 고통스러운지 알기나 해? 지금 생각해보면, 어떻게 그렇게 모질 수 있었는지. 어머니한테 어떻게 저런 말을 해요. 어머니한테 정말이지 미안했어요. 지금 제가 이렇게 노력하는 건, 이렇게 많은 일을 하는 건 한 가지 이유 때문이에요. 그건 바로 그렇게 죽을힘을 다해 나를 살린 어머니가 틀리지 않았다는 사실을 보여주고 싶어서예요."

여기까지 이야기하고서 즈젠은 연신 손으로 눈을 비벼댔다. 눈물을 흘리지 않으려고 말이다.

"아, 여기까지 이야기하고도 울지 않았네요. 진짜 좋네요! 나이

6. 섹슈얼리티가 빠진 인권이라니

들수록 눈물이 많아져서요. 울 수 있고 웃을 수 있는 인생은 사실 너무나 아름다운 인생이죠!"

꽤 오랜 시간 그는 자신이 두 사람처럼 느껴졌다. 한 사람은 한 없이 유쾌하고 밝은 사람, 또 한 사람은 한없이 열등감에 시달리 며 움츠러드는 사람. 하지만 즈젠이 밖으로 데리고 나온 사람은 언제나 밝고 환한 자신이었고, 수치스러운 자신은 옷장 속에 숨겨 놓은 채 남들이 알지 못하게 했다. 즈젠이 최선을 다해 슬픔을 감 추고 남들이 보지 못하게 한 건 그 자신조차 어떻게 해야 이 두 사 람이 한 사람이 될 수 있는지 몰랐기 때문이다.

시간이 흘러 나이가 들고 경험이 쌓이자 인생 최대의 난제는 다 름 아닌 자신의 신체를 받아들이지 못하는 것임을 깨달았다. 제자 리걸음은 삶을 병들게만 할 뿐이었고, 자신에게서 빠져나와야만 새로운 출발을 할 수 있었다. 그는 자신에게 익숙한 폐쇄적 환경에 서 걸어 나와 다른 가능성을 모색하기로 마음먹었다. 즈젠은 장애 인 사회단체에 참여하고, 활동을 통해 알게 된 사람들과 친구가 되 었으며, 길에서 만나는 낯선 장애인에게 미소를 던지기 시작했다.

신체의 결함을 태연하게 받아들이자 본디 삶에 방해가 되었던 것이 외려 성취와 긍정의 동력으로 바뀌었다. 스물아홉에 그는 자 신이 장애인이라는 사실을 받아들였고 동성애자임을 확인했다.

"간혹 드는 생각인데요. 진짜 안타까워요. 스물아홉이 되어서야 동성애자 그룹에 합류했어요. 인생의 삼분의 일만큼이나 늦은 거 죠. 아름다운 육체를 누군가에게 선보일 기회를 갖지 못했잖아요.

사랑을 말할 때
우리가 꺼내지 않았던 이야기들

저 자신에게 정말 미안해요. 젊고 팔팔할 때의 몸은 정말이지 자랑스럽잖아요! 전 그걸 누리지 못했죠. 지금은 환상을 통해서라도 그런 느낌을 상상해낼 수가 없어요. 아무리 노력해도 돌아갈 수가 없어요."

그가 반농담조로 말했다.

그의 애정 전선은 다소 순탄치 못했다. 고백은 거절당하기 일쑤였고 한 번, 또 한 번 거듭 좌절을 맛보면서 자신은 아무도 사랑해주지 않는 쓰레기더미가 아닌가 하고 느꼈다. 혼자 신新공원(타이베이의 228평화공원)을 배회할 때 미목수려한 남자가 와이셔츠를 벗어던진 채 탄탄한 식스 팩 복근을 드러낸 모습을 보았다. 정말이지 너무나 아름다운 장면이었다. 그는 고개를 숙이고 자신을 보았다. 근육 따위는 찾아볼 수 없는 몸뚱어리였다. 이 몸뚱어리로는 탄탄한 근육을 추구하는 성소수자 세계에서 하룻밤의 끌림조차 불가능하겠다 싶었다. 어떻게 하지?

그는 선제공격을 하듯이 대담한 모험을 펼치기로 마음먹었다. 문장력이 뛰어난 즈젠은 '미쳐 날뛰는 정자에 죽을 수도 있다'라는 글에서 장애인의 성욕과 속수무책을 생생하게 그려낸다.

얼마나 오랫동안 참고 참은 뒤에 신체 해방을 다짐했는지 기억조차 나지 않는다. 문밖에서 몇 번이나 배회했는지 모를 사우나에 갔다. 연달아 몇 번이나 건물 입구에서 바라보고 또 바라보았다. 개조한 삼륜차를 몰고 그 근처를 돌고 또 돌았다. 한밤중에 그 건물에 들고 나는 남자들을 보면서 얼마나 부러워했는지 모른다. 들어가서 긴장했던 신체를 보란 듯이 해방할 수 있는 사람들이 부러웠다. 경쾌한 걸음으로 문을 나서는 사람들이 부러웠다. 중샤오시루忠孝西路에 있는 육교는 극락을 향하고 있었지만, 나는 외려 그 밤에 발이 묶인 채 출구를 찾지 못하는 혼이 되어 환생하지 못하고 있었다.

솔직히 말해서 나는 미쳐 날뛰는 정자에 죽을 수도 있다고 생각한다. 마지막 이성마저 더는 이성적일 수가 없었다. 가자! 기어가는 한이 있어도 들어가야 한다. 욕망을 쏟아낼 수 있다면 죽는 것도 의미 있다! 쇠 신발은 집에 놔두고 지팡이에 의지하기로 했다. 네 바퀴는 각각 시속 50킬로미터로 돌진해 다판大番(한때 타이베이에서 가장 유명했던 남성 동성애자들을 위한 사우나-편집자)에 이르렀다. 나는 자신에게 일렀다. 생각하지 마! 아무것도 생각하지 마! 차를 세우면 무작정 한 걸음 또 한 걸음 걸어 들어가. 엘리베이터 벨을 누르고 문이 열리면 바로 다판이 있는 층을 눌러. 심장박동이 전투를 알리는 북처럼 쿵쿵쿵 울리고, 나는 마치 미지의 황량한 원시 밀림으로 들어가는 전사가 된 것 같았다. 엘리베이터 문이 열리기만 하면 손안의 방패와 화살을 들고 한바탕해보자. 앞으로 돌진해서 피의 길을 열기만 하면…… 잔뜩 겁을 먹고 있는데 엘리베이터 문이 열렸다. 희읍스름한 불빛 아래 실내가 뿌예서 잘 보이지 않았다. 손안의 방패와 화살을 꽉 그러쥐었지만, 느닷없이 머릿속이 텅텅 비고 식은땀이 줄줄 흘렀다(따뜻한 물에 몸을 담그기도 전에 온몸에 땀이 비 오듯 흘렀다). 그곳에 에어컨이 세게 돌아가고 있었는데도 말이다. 하지만 나는 "망했다! 내가 손에 든 건 지팡이이고, 지팡이를 본다는 건 곧 짐朕(나)을 보는 건데!"라는 생각뿐이었다. 내가 걸어 들어가면 '장애'의 흔적이 드러나 이내 실망하고 말 텐데……. 머뭇거리는 동안 엘리베이터 문이 닫히면서 '어서 오세요'라는 말이 점점 멀어져갔다. 누군가 엘리베이터에서 말했다. "1층이야!" 나는 또다시 인간의 땅으로 돌아왔다. "안 돼! 안 돼!" 나는 속으로 외치고 또 외쳤다. 바로 오늘, 오늘은 반드시 나를 위해서도 끝장을 봐야 한다. 이렇게 되는 대로 사느니 죽는 게 낫다! 그러면서 엘리베이터를 눌렀는데…….

죽기 살기로 결국 발을 내디뎠다! 돈을 내고 수건과 사물함 열쇠를 받아들고 탈의실로 갔다. 아무것도 생각하지 않고 입은 옷을 죄다 벗어던졌다. 옆에 있던 남자아이가 내게서 시선을 거둘 생각을 하지 않았지만, 나는 감히 눈길 한 번 주지 못했다. 어찌어찌 사물함을 잠그고 몸을 일으키는데, 나의 '새 다리만 한 가늘고 하얀 다리'가 거기에 있었다. 군말 없이 부랴부랴 수건을 두르고, 지팡이를

　　　　6. 섹슈얼리티가 빠진 인권이라니

짚고 샤워실을 찾아 들어가 서둘러 몸을 씻었다. 과감하게 사방을 둘러보지는 못했지만 이상야릇한 뜨거운 시선이 내 몸에 꽂히는 느낌이었다(어쩌면 아무도 쳐다보고 있지 않았는데 나 혼자 괜히 켕겨서 그런 것인지도 모른다!). 몸을 다 씻고 눈으로 근처의 찜질방을 찾아 바로 그쪽으로 건너갔다. 문을 닫고서야 작은 한 걸음을 내디뎠다. 바닥이 미끄러운 걸 모르고 그만 쫘당 넘어졌다. 사람이 내동댕이쳐진 소리뿐 아니라 지팡이가 바닥에 부딪히면서 내는 소리가 조용한 사우나를 유난히 크게 울렸다. 몸의 통증 따윈 신경 쓸 겨를도 없이 어떻게든 얼른 몸을 일으켜 옆의 나무 의자에 앉아야 했다. 소리가 요란했는지 누군가 달려와 괜찮으냐고 물었다. 체면을 세운답시고 나는 아무렇지도 않게 "괜찮아요. 지팡이가 바닥에 쓰러졌을 뿐이에요. 별일 아니에요. 괜찮아요"라고 말했다. 하지만 몸이 심하게 욱신거렸다. 그 후 사람들이 잇따라 들어왔지만 내게 관심을 보이는 사람은 없었다. 문득 쓸쓸함이 몰려왔다! 나는 모든 원한을 내 형제(에이, 뭘 생각하는 거야! 난 죽는 한이 있어도 나한테 의리를 지킬 내 지팡이를 말하는 거라고!) 탓으로 돌렸다. 수주대토守株待兔하는 마음으로 기다렸지만 아무것도 성사되지 않았다. 어쨌든 돈을 물에다 갖다 바칠 수는 없는 노릇이었다. 잔잔한 물결 하나 일지 않았다고! 나는 오늘 반드시 진지전을 펼치리라. 안 그러면 오늘

…… 집에 돌아가지 않으리라 마음을 다잡았다.

TV방에 가니 스쳐 지나가는 육체가 숲을 이루고 있었지만, 나는 마치 유령처럼 인파 속에서도 아무런 불꽃이 튀지 않았다. 기껏해야 도깨비불이니 뭐! 나는 투명인간처럼 투명해서 정말로 투명했다. 수건만 두른 벌거벗은 몸은 피장파장인데, 체! 결국 피곤해졌다. 그제야 나는 하는 수 없이 위층으로 기어 올라갔다(그 전에는 위층이 있는 줄도 몰랐다!? 맙소사! 기댈 만한 난간 없이 계단을 올라야 한다니! 피곤해 죽을 뻔했다. 안내 데스크에 위로 올라가는 엘리베이터는 없는지 묻고 싶었으나 그렇게 물으면 너무 웃긴 건 아닐까 하는 생각이 들었다. 사우나에도 장애 없는 환경이 조성됐으면 한다고! 게다가 안내 데스크까지 가려면 바닥이 미끄러운 사우나 구역으로 다시 돌아가야 하는 위험을 감수해야 해서 그만두었다). 휴식 구역에 있는 방에 들어가 잠시 쉬었다. …… 그런 다음 그제야 나는 도망치듯 그곳을 떠나왔다.

어? 했는지 안 했는지 묻고 있다고? 하하, 알면서. 내가 말했잖아. '터치다운' 못하면 집으로 돌아가지 않겠다고! 그렇게 고생고생을 했는데 몸과 마음의 해방을 이루지 못했다? 그러면 당신이 보는 지금의 나는 틀림없이 미쳐 있겠지(한데 중증 장애인인 내가 미쳤다 한들 중증 장애인밖에 더 되겠어)! 욕망을 풀 데가 없어 거의 돌았던 거지. 하지만 사우나에 다시 가라면 난 여러 번 고민해볼 거야. 수천수만

6. 섹슈얼리티가 빠진 인권이라니

의 정자가 쫓아오는데 달리고 달려도 막다른 골목인 그런 날이 오면 다시 고민해보지 뭐!

유머러스하고 재밌는 글이지만 즈젠이 적잖은 용기를 내어 적잖은 장애(계단, 턱, 희미한 불빛, 젖어서 미끄러운 바닥……)를 극복하고서야 그곳에 들어갔다는 걸 알 수 있다. 운이 나쁜 편은 아니어서 어쨌든 '터치다운'에 성공했고 별다른 사고도 없었다. 만약 넘어져 다쳤더라면, 그 사우나에서는 책임지려 했을까? 또 해명은 어떻게 했을까? 그 안에는 뭐라 분명하게 말하기 어려운 세세한 문제들이 너무나 많다.

당연히 즈젠이 추구하는 건 욕망만이 아니다. 사랑도 추구한다. 즈젠은 섬세하고 예민하게 사랑의 에너지를 쌓다가 운명의 사람이 나타났을 때 그에게 꽉 찬 사랑을 아낌없이 쏟아 부을 심산이었다. 친구의 소개로 그는 그레이트Great를 만났다. 두 사람의 로맨스는 그들 내부에서 동화 같은 사랑 이야기로 정평이 나 있다. 처음 2년 동안은 불꽃이라 할 게 없었다고 즈젠은 말한다. 그러다 밥을 먹으며 데이트를 하기로 한 어느 날이었다. 즈젠이 차로 약속한 장소에 막 도착했을 때 그레이트가 쏜살같이 운전석으로 달려와 그를 대신해 차 문을 열어주고 지팡이를 꺼내주었다. 이 의도치 않은 작은 행동에서 그레이트의 선량함과 배려를 본 즈젠은 그 자리에서 곧장 "좋아, 바로 이 사람이야!"라고 결정해버렸다.

그레이트의 자상함은 언제나 물 흐르듯 자연스러워 흔적을 남기지 않는다. 두 사람이 힘을 합쳐 산 집에 정식으로 입주하기 전의 일이다. 즈젠이 방을 정리하는 김에 걸레를 들고 앉아서 바닥을 닦고 있는데 그 모습을 본 그레이트가 고함을 질렀다.

"이러지 좀 마. 난 네가 이러는 거 싫어!"

즈젠은 순간 멍해졌다. 그레이트는 즈젠의 걸레를 낚아채더니 꿇어앉아 말없이 바닥을 닦기 시작했다. 그 순간 즈젠은 모든 것을 알 것만 같았다. 사람을 놀라게 할 정도로 고래고래 소리를 지르는 이면에는 나를 아끼는 마음이 자리하고 있구나, 나에 대한 사랑이구나 하는 것을 말이다. 이는 그의 인생에서 누군가 자신에게 관심을 기울이고 있다는 걸 처음으로 느낀 사건으로, 즈젠은 이 이야기를 하면서 행복한 마음에 눈물까지 글썽였다.

두 사람의 사랑이 아직 양측 부모의 인정을 받기 전에는 섣달그믐날 저녁식사는 각자 알아서 했다. 어느 해에 그레이트의 부모가 그레이트에게 전화를 걸어 "올해 섣달그믐은 와서 같이 보내자!"라고 했는데, 그레이트는 즈젠이 자기 가족들과 함께 설을 쇠지 못하면 자신도 가지 않겠다고 부모에게 정중하게 말했다고 한다.

"저는 그의 말에 감동해서 가슴이 벅차올랐어요!"

즈젠은 흡족해하며 자랑했다.

"지금은 그레이트의 부모님과 사이가 정말 좋아요! 두 분은 뭐든 저랑 얘기하죠. 어차피 자기 아들과는 별로 할 말이 없거든요!"

즈젠은 자기 인생에 그레이트가 있고, 또 안정적인 일자리도 있으니 자신만 잘 돌보면 세상이 좋아지리라 여겼다. 인연이 되어

6. 섹슈얼리티가 빠진 인권이라니

성소수자 프로그램을 만들기 전까지는 말이다. 오랜 세월 인파 속에서 표류하던 주변인이 마침내 라디오 방송이라는 의탁할 곳을 찾으면서, 과거 암흑 속에서 더듬고 주저하고 고뇌하고 버티던 모든 것에 얼추 긍정적인 해답을 얻게 되었다.

어렸을 때 라오스에서 나고 자라 중국어 발음과 쓰는 말이 다소 독특한 즈젠은 진행자의 꿈을 이루기 위해 방송국 연수 프로그램에 참여해 입담은 물론 담력과 식견을 키우려 했다. 그런데 그의 중국어 발음과 말투가 충분히 총명하지도 부드럽지도 않다고 여긴 선생님이 좋은 뜻으로 방송 배후의 일을 해보는 게 어떻겠느냐고 제안했다. 즈젠은 이 말에 수긍이 되기는커녕 오기가 생겼다.

"나라는 사람이 곧이곧대로 그런 제안을 받아들일 사람이 아니죠. 선생님의 제안은 염두에 두었지만, 제 약점을 오히려 큰 역량으로 만들어 상황을 뒤바꾸고 싶었죠. …… 제 안 좋은 점이라면 굴복하기보다는 부리고 싶어 한다는 거죠!"

얼마 후 기회가 찾아왔다. 10여 년 전, 즈젠은 빈센트라는 이름으로 '진심 퀴어queer'라는 라디오 프로그램을 맡았다. 성소수자들의 욕망과 권리, 에이즈 등 관련 의제를 다루면서 그들의 고통과 즐거움에 공감하고 사회의 명과 암을 들여다보는 프로그램이다. 그가 프로그램을 위해 작성한 아름다운 문장은 이렇다.

"당신이 의지할 데가 없을 때 이곳으로 오세요. 저는 당신이 다시 일어나도록 지팡이를 빌려드리겠습니다. 나중에 잊지 말고 돌려주세요. 그것이 없어도 당신은 더 무사히, 더 잘 걸을 수 있습니다.

당신이 자신을 찾았을 때 저와 함께 해주세요. 용감하게 자기 길을 걷다 보면 우리는 더 아름답고 새로운 세계를 보게 될 것입니다."

이때부터 집에 갇혀 살던 사람들이 일제히 전화를 걸어오거나 편지를 써 보내 자신의 비밀과 고통, 암흑을 털어놓았다. 그들은 빈센트만이 자신의 감정을 이해할 수 있다고 여겼다. 심지어 중국의 한 고위 간부가 편지를 써서 남모를 고충을 하소연하기도 했다. 즈젠은 그 내용이 까발려져 상대를 파멸시킬까 봐 메일을 본 뒤 바로 모든 내용을 지웠다.

황혼에 불빛 하나 내걸고 성소수자들의 지치고 초조한 마음을 다독여주면서 즈젠은 타이완과 중국, 홍콩에 이르기까지 두루 팬을 거느리게 되었다. 한번 시작한 프로그램은 10년을 훌쩍 넘겼다. 그 과정에서 그는 작은 지역 방송국에서 상업 방송국으로 진출하고 진중장金鍾獎(Golden Bell Awards) 후보에까지 올랐다. 이 소중한 인생 경험을 통해 그는 성소수자 문화에 대한 이해와 체험은 물론 성소수자들이 아무리 자기 본분을 충실히 지켜도, 아무리 더 나아지려 노력해도 주류 사회에 좀체 받아들여지지 못한다는 사실을 점점 더 명확히 깨달았다. 그는 인권운동에 뛰어들기로 결심했다.

외부의 지지와 인정에 즈젠은 감격과 온기가 차올랐지만, 신체의 결함은 그를 여전히 낙담에서 벗어나지 못하게 했다. 어느 해, 성소수자 시위행진 준비 모임에 참여했을 때다. 남성의 신체를 찍는 사진작가 Y모가 꼬드겼다.

6. 섹슈얼리티가 빠진 인권이라니

"빈센트, 당신을 찍어드릴게요!"

즈젠은 얼른 거절했다.

"미쳤어요? 이렇게 근육질의 몸매 좋은 퀴어가 넘쳐나는데 나 같은 장애인을 찍어서 뭐하게요?"

Y모가 말했다.

"사람은 누구나 아름다운 부분을 가지고 있어요. 당신이 보지 못할 뿐이죠."

즈젠은 대놓고 거절하기가 뭣해서 웃음으로 대답을 대신했다. Y모는 단념도 포기도 하지 않은 채 일정 기간을 두고 계속 제안했고, 결국 즈젠은 고개를 끄덕이며 수락하는 수밖에 없었다. 무엇이 그 일을 수락하게 했을까?

"제가 수락한 건 말이죠. 성소수자로서의 열등감이 사라진 뒤에도 제가 여전히 한 가지를 두려워하고 있더라고요. 바로 제 신체가 남들에게 보여지는 것이요. 저는 줄곧 제 몸을 굉장히 싫어했어요. 제 몸이 굉장히 추하다고 느껴왔어요. 그런데 어느 날 내 안에서 긍정의 에너지가 터져 나오더라고요. 저는 저 자신에게 말했어요. 좋아, 난 준비됐어. 용감하게 부딪쳐보지 뭐! 사진을 다 찍고 나니 마음이 홀가분하더라고요. 인생에서 마지막 부담을 덜어낸 기분이랄까. 배가 이미 만 겹의 첩첩 산을 지나(이백의 '아침에 백제성을 떠나早發白帝城'라는 시의 한 구절인 '輕舟已過萬重山'이다-옮긴이) 바다로 나아가는 느낌이었죠."

그는 의기양양하게 웃었다.

"그뿐이 아니에요. 사진을 찍고 난 뒤 제 팬이 굉장히 많이 늘었어요. 정말 뜻밖의 수확이죠!"

나는 그가 바닥에 앉아 힘껏 쇠 신발을 신는 사진을 보았다. Y모는 이미지를 통해 그의 삶에서 진귀한 보물을 포착해내듯 그의 마음 깊은 곳을 비추었다. 그 사진은 마음속에서 구르고 또 구르던 통증들을 즈젠이 정면으로 직시하게 했다.

"그 사진은 처음으로 쇠 신발을 신었을 때의 저를 떠올리게 했어요. 부모님이 운영하는 가게 앞에 앉아 있었죠. 오후 4시 30분이었고 초등학교 학생들이 학교를 파하고 우르르 가게 앞을 지나가면서 끈질기게 저를 쳐다보았어요. 그제야 저는 제가 그들과 다르다는 것을 알았어요. 사진은 의지할 데 없이, 영원히 홀로 거대한 고통을 견뎌내야 하는 저 자신을 바라보게 했어요. 당시의 저 자신이 너무나 가여워 사진을 보자마자 눈물이 터져 나왔어요. 저는 Y모에게 고맙다고 했어요. 그는 그때의 저 자신을 볼 수 있게, 여덟 살의 나를 가여워할 수 있게 해주었거든요."

즈젠은 장애가 있는 신체에 대해 느끼던 부자유함에서 벗어났지만 안타깝게도 우리 사회는 그렇지 않다.

공원에 버젓이 쓰인 '개와 휠체어 진입 금지'라는 팻말은 화가 난 즈젠과 장애인 친구들이 손을 맞잡고 항의하고 나서야 내려졌다. 지하철 엘리베이터 옆에는 "몸이 불편한 사람에게 먼저 양보해주세요"라고 명명백백 쓰여 있지만, 엘리베이터가 도착하면 사람들은 너나없이 우르르 밀고 들어갈 뿐 아무도 그에게 길을 터주

6. 섹슈얼리티가 빠진 인권이라니

지 않는다. 그는 정말이지 전동 휠체어로 대놓고 밀고 들어가 저 손발 멀쩡한 사람들에게 본때를 보여주고 싶지만, 말이 그렇지 그렇게 한 적은 없다.

그날은 즈젠이 그레이트와 집으로 돌아가려 버스를 기다리던 참이었다. 기사는 버스정류장 표지판 옆에서 두 손을 흔드는 그들을 보고도 멈추지 않고 태연히 지나쳤다. 이번에 분노한 사람은 즈젠이 아니라 한결같이 점잖은 그레이트였다. 즈젠은 그레이트가 쏜살같이 달려가 기어이 버스를 막아서고는 성난 목소리로 기사에게 해명을 요구하는 모습을 지켜보았다. 기사는 우물쭈물 휠체어용 램프(이동 경사로)가 고장 나서 사용할 수 없다고 둘러댔다. 어떻게 고장이 난 거냐고 물었지만, 기사는 구체적인 말은 없이 한참을 모호한 말들만 늘어놓았다. 두 사람이 몰아붙이자 그제야 마지못해 이동 경사로를 꺼냈다. 이동 경사로는 두 사람이 설치 방법을 설명하고, 마음 따뜻한 승객들이 힘을 합치자 순식간에 뚝딱 설치되었다.

장애인들은 일부러 보이지 않는 구석이나 구불구불한 컴컴한 골목에 몸을 숨기지 않는다. 그저 사람들이 보고도 못 본 체하는 것이다.

"그래서요, 권리는 하늘에서 저절로 뚝 떨어지는 게 아니에요. 스스로 노력해서 쟁취해야 한다고요!"

즈젠은 이렇게 한탄했다.

즈젠은 2010년 장애인과 그들의 가족, 사회복지사, 뜻있는 인사

사랑을 말할 때
우리가 꺼내지 않았던 이야기들

들과 함께 '만인장애인권익행동연대萬障權益行動聯盟(이후 천만장애인권익행동연대千障權益行動聯盟로 이름이 바뀌었다)'를 설립해 해마다 한 차례씩 거리 시위를 통해 이동권 보장, 교육 평등, 일할 권리 쟁취 등을 포함한 장애인의 처지와 필요를 드러내왔다. 2011년에 시위를 준비하면서 그들은 '물구나무서기 선생'으로 유명한 황밍정黃明正(행위예술가로 주로 물구나무서기를 선보인다-옮긴이)에게 시위에 참여해달라고 요청했다. 그러자 황밍정은 주최 측도 사람을 뽑아 함께 물구나무를 선보여야 주의를 끌 수 있다고 제안했다. 이에 즈젠이 "우리같이 늙고 병든 패잔병이 어떻게 물구나무를 서?"라고 이의를 제기하자 황밍정은 좀 덜 드러나는 자리에서라도 할 수 있지 않느냐, 중요한 것은 현장에서 장애인의 몸을 드러내 보이는 것이다, 이것이 천 마디 말보다 낫다고 했다. 한동안 침묵이 흘렀다. 그러자 황밍정이 아예 대놓고 이름을 언급했다.

"빈센트, 내 생각에는, 당신이 해요!"

"뜻밖에 다들 박수를 치며 통과시키더라고요. 휴, 좋은 국민당이라니까요(의사를 묻지 않고 일방적으로 결정하는 것을 과거 독재 정권 시절의 국민당에 빗댄 농담-옮긴이)."

즈젠이 크게 웃었다.

"제 습관이라면 습관인 게 남들이 하지 않는 일에 뛰어드는 거랍니다. '좋아, 하라면 하지 뭐!'라고 말하고 싶었죠."

행사 당일 즈젠은 속옷만 입었다. 자원봉사자의 도움을 받아 두 손으로 휠체어를 붙든 채 거의 2분 동안 물구나무를 섰다. 그것은

6. 섹슈얼리티가 빠진 인권이라니

더없이 간담이 서늘해지는 충격적인 장면이었다. 즈젠은 고통을 억지로 삼키고 쪼그라든 두 다리를 드러낸 채 물구나무를 섰고, 그것을 본 군중은 안타까운 심정에 눈물을 뚝뚝 떨구었다.

"그게 바로 제 목적이었어요! 그들이 내 육체의 욕망을 대신해 줄 수는 없어도 눈물을 흘려줄 수는 있죠. 그것도 나쁘지 않아요. 없는 것보다 낫죠. 다만 그날 제가 너무 바빠 허둥지둥 입었던 게 아주 못생긴 팬티였다는 거죠. 그만 제 게이 신분을 욕보이고 말았어요!"

말이 끝나기가 무섭게 우리는 참지 못하고 크게 웃었다.

그때 즈젠이 벗은 건 옷만이 아니었다. 깊은 곳에 감추고 있던 혐오감도 벗어던졌다. 그는 이렇게 자기혐오를 덜어내고 몸과 의식에 대한 주체성을 새롭게 구축했다.

신체는 매우 진실해서 부당한 도덕적 속박을 던져버리고, 끓어오르는 마음속 욕망을 직면하게 한다. 즈젠은 찾아 헤맨 끝에 그레이트를 만났고, 그와 함께해온 지 어느새 20년이 다 되어간다. 하지만 주위의 다른 장애인 친구들은 여전히 욕망 속에서 발버둥치며 부침을 겪는다. 즈젠은 그 모습을 지켜보며 괴로웠지만 그러한 고통에는 출구가 없는 상황이었다. 그가 『섹스 자원봉사セック スボランティア』[1]라는 책을 읽기 전까지는 말이다. 이 책은 그를 뒤흔

---

[1]   가와이 가오리河合香織, 귀위메이郭玉梅 옮김, 『섹스 자원봉사性義工』, 바팡출판八方出版, 2007(한국어판은 육민혜 옮김, 『섹스 자원봉사』, 아롬미디어, 2005-옮긴이).

들었고, 그는 자신이 대체 무엇을 할 수 있을지 고민에 잠겼다.

『섹스 자원봉사』는 일본의 장애인이 겪는 성생활의 어려움과 자원봉사자 및 사회복지사가 몸을 움직일 수 없는 사람들의 성적 필요를 어떻게 돕는지 그 경험을 기록한 책이다. 얼핏 봐도 신랄하고 충격적인 책이지만 굉장히 감동적이기도 하다. 저자는 한 편, 또 한 편 실제 사례를 통해 대단히 중요한 생각을 끌어낸다. 성은 금기가 되어서는 안 되며 평상심과 이성적인 관점으로 접근해야 하고, 이는 장애인의 성적 욕구에 대해서도 마찬가지라는 사실 말이다. 그 가운데서 즈젠이 가장 깊은 인상을 받은 건 바로 책에서 언급한 일본의 화이트핸즈, 네덜란드의 NVSH(성 개혁 네덜란드 협회), SAR(선택적 인간관계 재단) 등의 단체가 제공하는 장애인을 위한 성 서비스다.

타이완에 이런 방법을 가져온다면 장애인이 성적 욕망 속에서 즐거움을 얻도록 도울 수 있지 않을까? 속박이나 족쇄, 죄책감을 느끼는 게 아니라 욕망을 삶의 에너지로 바꿀 수 있도록 말이다.

더 많은 사람이 이런 주장에 관심을 갖고 뜻을 같이할 때만이 장애인의 필요가 밖으로 드러날 수 있고, 현실화될 수 있다. 이런 신념을 바탕으로 즈젠은 성소수자 운동을 함께해온 친구 정즈웨이鄭智偉를 포함해 6명의 게이와 자그마치 1년 동안 토론을 거친 뒤 2013년 타이완 최초의 성 자원봉사 단체인 손천사를 창립했다. 이 단체는 장애인에게 무료로 성 서비스를 제공한다.

즈젠은 본래 단체가 만들어지면 자신은 뒤로 빠져 지원하는 일

6. 섹슈얼리티가 빠진 인권이라니

만 맡고, 얼굴을 내밀어야 하는 나머지 일들은 말재간이 좋고 더 잘생긴 동료들에게 맡기려 했다. 하지만 절친한 친구 즈웨이가 즈젠이 나서야 한다고 한사코 설득하는 통에 그는 웃으며 이렇게 말했다.

"댁들 혹시 날 앞세우는 게 나는 휠체어에 앉아 있으니 도망가고 싶어도 갈 수 없기 때문인 거 아니야?"

하지만 즈웨이의 말은 그의 깊숙한 곳을 건드렸다.

"네가 나서면 손천사의 주장이 더욱 설득력을 얻는다고!"

이 말을 듣고서 즈젠은 마침내 자신이 그 중심에 서기로 마음을 먹고 최선을 다했다.

손천사가 결성된 초기에는 툭하면 즈젠과 즈웨이의 성소수자 신분을 크게 문제 삼는 사람들이 있었다. 그들은 "동성애자 물에서 노는 걸로 만족을 못해서 이젠 장애인이랑 놀겠다고?"라며 비난했다. 하지만 서비스를 신청하는 사람과 제공하는 사람 가운데 이성애자가 97퍼센트를 차지하고 자원봉사자 그룹에 동성애자는 물론 이성애자와 특수교사들이 대거 포함되었다는 사실이 알려지자 이런 비난의 목소리는 차츰 흔적도 없이 사라졌다. 그럼에도 외부의 무지와 오해는 여전히 웃을 수도 울 수도 없는 어처구니없는 상황을 수시로 초래했다. 아예 대놓고 "당신들 같은 사람도 '할 수 있다'고요?"라고 묻는 사람도 있었는데, 즈젠은 어쨌든 굉장히 예의 바르게 답해주었다.

"가능하죠. 저랑 한번 해볼래요?"

사랑을 말할 때
우리가 꺼내지 않았던 이야기들

휠체어에 앉은 그를 보고 기자가 잔뜩 미심쩍은 얼굴로 물었다.

"당신, 병이 난 거 아니었습니까? 그런데도 여전히 성욕이 있다고요?"

즈젠은 참을성 있게 해명했다.

"저는 병이 나지 않았어요. 단지 소아마비가 ING일 뿐이죠. 제가 진짜 병이 나면요. 예컨대 감기에 걸려 열이 나면 그때는 확실히 무슨 성욕이라고 할 게 생기지 않더라고요. 하지만 감기가 다 나으면 또 언제 그랬느냐는 듯 생기던데요!"

나는 즈젠의 강연을 여러 차례 들었는데, 즈젠은 매번 굉장히 명확하게 밝혔다. 손천사는 자위와 성욕 충족 등 순수하게 생리적 서비스를 제공하는 것은 물론, 성을 애매하게 보고 금기시하는 주류 사회의 태도에 도전하고자 한다고 말이다. 그들은 오직 이성적인 소통을 통해 더 많은 사람에게 장애인의 필요를 이해시켜야만 장애인이 '인간'으로서 존엄성을 가질 수 있다고 여긴다. 하지만 안타깝게도 언론은 그들의 신념에 그다지 흥미가 없고 보도는 늘 선정적으로만 흐른다. 즈젠은 그에 별로 개의치 않으며 그저 계획에 따라 차근차근 해나가면 된다고 생각한다. 어차피 운동을 한다는 건 신념을 퍼트리는 일이고, 전 세계가 다 볼 수 있게 대대적으로 떠들어야 하는 건 비상시에나 필요한 전략이니까.

외부의 비방과 칭찬은 잘 감당할 수 있으리라는 걸 알지만, 내가 걱정하는 건 유연하고 감성적인 성격의 그가 그렇게 많은 고통스러운 인생을 대면하면서 자신의 감정은 어떻게 처리할지, 나쁜

6. 섹슈얼리티가 빠진 인권이라니

영향을 받지는 않을지 하는 것이다.

즈젠은 한동안 말없이 가만히 생각에 잠기더니 천천히 자신이 경험했던 여러 개별 사례를 이야기했다. 하나같이 구구절절하고 피눈물 나는 사연들이었다. 제삼자가 들어도 차마 못 견디겠는데, 하물며 진정으로 마음을 내어주는 그는 어떻겠는가? 내가 알기로 서비스를 받은 수많은 사람이 지금까지 그와 연락을 주고받으며 어둠 한구석에서 헤매는 심정을 호소하고, 미래에 대한 불안과 막막함을 토로한다고 한다. 좋은 일이든, 나쁜 일이든, 재미있는 일이든, 슬픈 일이든 즈젠은 어떤 것도 빼놓지 않고 다 들어준다. 그는 휴대폰을 24시간 내내 감히 꺼놓지 못한다. 자신을 필요로 하는 한 통의 전화라도 놓칠까 봐서.

내 생각에 즈젠이 그들의 사연에 마음 아파하며 공감하는 것은 부분적으로 그들의 가냘픈 소리 때문인 것 같다. 즈젠은 마치 그 소리들이 자기 인생의 메아리인 것처럼 아주 멀리서도 말할 수 없는 슬픔을 감지해낸다. 그는 상대의 상처를 어루만지는 것이 곧 자신의 상처를 어루만지는 것과 같고, 희망 없는 영혼을 구출해내는 일에 자신도 커다란 책임이 있다고 여긴다. 다만 그레이트의 입장에서는 밤낮없이 뛰어다녀야 하는 사회운동을 즈젠의 허약한 몸이 견뎌낼 수 있을까 걱정이 앞선다. 그레이트는 자신을 너무 피곤하게 내몰지 말라고 즈젠을 타이른다. 하지만 즈젠은 모름지기 운동은 쉼 없이 몰아붙여야 한다고 생각한다. 더 이상 하지 않겠다고 결정한 것이 아닌 이상 자신은 운동을 멈추지 않겠다면서

사랑을 말할 때
우리가 꺼내지 않았던 이야기들

말이다.

과거 즈젠은 일이 뜻대로 되지 않으면 자신을 이런 말로 타일렀다. '적어도 쉰까지는 살려고 노력해보자. 쉰이 된 다음에는 이 세상을 떠나더라도 그다지 불효가 아니다.' 그가 어렸을 때 빌었던 소원 하나가 바로 쉰까지 살 수 있게 해달라는 것이었다. 그는 이미 쉰다섯이 되었다. 이는 하늘이 베푼 후한 대접으로, 그는 무언가를 더 하라는 뜻으로 받아들인다며 하루를 더 살 때마다 덤으로 날을 번 기분이 든다고 한다.

"어머니한테 그랬어요. '내 평생 그렇게 많은 일을 하려고 노력한 건 바로 어머니가 하늘에 있든 여전히 이 세상에 살아 있든 어느 날엔가 하늘의 손아귀에서 이 아들을 살려낸 일을 자랑스러워할 수 있기를 바라서예요. 언젠가 어머니한테 증명해 보일 거예요'라고요."

나는 그의 말끝에서 떨림을 느낀 것 같다.

즈젠이 슬픔에 저항하는 방식은 그가 어떤 사람이 되느냐를 결정했다. 수년간의 노력으로 즈젠은 마침내 암흑의 밑바닥에서 보리菩提(불교 최고의 이상인 불타 정각의 지혜-옮긴이)를 건져 올렸다.

손천사, 장애인을 위한 성 서비스

누구든 접촉과 애무, 보살핌이 필요하다. 이런 욕망이 신체 기능의 결함으로 인해 줄어들지는 않는다. 손발이 없다거나 청각장애나 시각장애로 인해 사라지는 건 더더욱 아니다. 그런데 눈앞에 놓인 현실을 보면, 장애인이 성과 사랑을 추구하는 데 무수한 난관이 겹겹이 늘어서 있다. 경제적 빈곤, 환경의 단절, 자신감 결여, 이동의 곤란 등등 그들은 근심 걱정에 빠져 허우적거리기만 할 뿐 자위조차 불가능하다.

즈젠의 친구 가운데 손가락이 뒤틀린 한 친구는 자위하다 뼈가 부러져 병원으로 실려 갔다. 막 이 이야기를 들었을 때는 그저 황당하기 짝이 없다고만 생각했는데, 차분한 어조로 하소연하는 즈젠의 말을 듣고 나니 믿기지 않는 그 일에 대해 순간 슬픔이 북받치면서 욱신거리는 통증이 가물가물 이어졌다. 이 말할 수 없는 고통을 이해하고, 나아가 도움의 손길을 뻗고자 하는 사람이 있을까?

〈유엔장애인권리협약〉 제9조 규정에 따르면 "장애인은 성관계 체험과 부모가 될 기회를 박탈당해서는 안 된다", "당사국은 장애인의 결혼과 성욕, 부모가 되는 것에 대중이 갖는 부정적 인상을 제거하기 위해 힘써야 한다"라고 되어 있다(〈유엔장애인권리협약〉의 한국어 번역문과 약간 차이가 있고, 이 내용은 제9조가 아니라 제23조 '가정과 가족에 대한 존중'이라는 항목에 나온다. 여기서는 저자의 의도를 살리기 위해 원문 그대로 번역했고 항목도 제9조로 그대로 두었다-옮긴이). 하지만 현실은 여전히 현행법의 한계와 사회적 통념에 갇혀 있다. 장애인이 성과 욕망을 추구하는 길에는 위험이 잇따르고 어려움이 가중되어 그야말로 산 넘어 산이다. 이는 손천사가 설립된 중요한 이

유이기도 하다.

손천사의 첫 번째 서비스 대상은 스티븐Steven이라는 청년이었다. 스티븐은 태어날 때 산소가 부족해서 뇌가 손상되었고 두 발과 두 손이 심각하게 쪼그라들어 다리를 대신해주는 전동 휠체어를 리모컨으로 작동해 움직인다. 자위할 힘조차 없어 휴대폰으로 포르노를 보면서 잠깐의 만족을 얻는다(컴퓨터로 보지 않는 건 가족이 갑작스럽게 들이닥치면 컴퓨터를 끄기에는 이미 늦기 때문이다. 휴대폰을 이용하면 언제든 바로 끌 수 있어 훨씬 편리하다). 즈젠은 그와 여러 차례 오랫동안 이야기를 나누어 그가 처한 상황과 필요를 충분히 이해하고 난 뒤에야 서비스 제공을 결정했다.

이는 스티븐에게도 처음이지만 손천사로서도 처음 제공하는 서비스이기에 양쪽 다 극도로 긴장했다. 특히 스티븐은 평소 가족과 상주 도우미가 한시도 떠나지 않고 곁에서 보살피기 때문에 적당한 시간을 내기가 어려웠다. 가까스로 가족도 없고 도우미는 아직 도착하기 전의 빈틈을 찾았다. 자원봉사자가 부랴부랴 스티븐의 집으로 들어가 재빠르게 적절한 환경을 만들고 허둥지둥 스티븐을 휠체어에서 침대로 옮겼다. 도우미가 들이닥치기 전에 간신히 서비스 제공을 끝내고 현장을 정리해 원래대로 돌려놓았다. 간담이 서늘했지만 특별한 변수 없이 무사히 임무를 완수했다.

손천사가 제공하는 서비스는 전적으로 무료다. 한 가지 사소한 요구가 있다면 서비스를 받는 사람은 반드시 감상문을 써서 제출해야 한다. 스티븐은 이렇게 감상문을 썼다.

'섹스'의 느낌은 시원하기 이를 데 없었다. '포옹'할 때의 체온은 너무나 따뜻했고, '육체'의 접촉은 정말이지 친밀했다. 이렇게 나이를 먹고서야 성 자원봉사자가 제공하는 서비스를 통해 첫 경험을 누렸다. 그야말로 내 인생에서 지울 수 없는 아름다운 추억이다.

…… 성 자원봉사자가 나를 도와 옷을 벗기는 것에서 시작해 포옹 → 안마 → 민감한 부분 애무 → 성적 대화 → 육체적 접촉 → 내가 '사정'하는 순간까지의 손길에 나는 정말이지 시원해서 미쳐버릴 지경이었다. 이게 끝이 아니었다. 사정한 후 침대에서 서로 꽉 껴안고 서로의 눈빛을 바라보면서 육체와 육체를 맞대고 두 발을 단단히 걸었다. 이런 과정들에서 나는 정말로 즐겼고 또한 엄청나게 감동했다. 섹스가 끝나고 현장을 정리할 때 성 자원봉사자는 한 번 더 나를 안고 키스해주었다. 나는 이렇게 끝이 나는 게 아쉽고 또 아쉬워서 눈물이 핑 돌았다. 언젠가 한 번 더 기회가 있기를 간절히 바라면서 시간이 여기에서 멈췄으면 싶었다.

이 보수적인 사회에서 우리 신체장애인의 성은 박탈되기 일쑤지만 그건 우리가 원하는 게 절대 아니다! 우리에게는 정말이지 이러한 성 서비스 자원이 절실히 필요하다. 이 자원이 인정과 지지를 얻고 받아들여지기를 간절히 바란다. 우리의 마음은 하나같이 건강하고 성 또한 수치스

사랑을 말할 때
우리가 꺼내지 않았던 이야기들

러운 게 아니기 때문이다. 오히려 건강하지 못한 건 사회의 이데올로기이다. 공감하는 마음으로 바라보지 않는 것이야말로 서글픈 현실이다.

이런 성 서비스를 제공하는 손천사에게 감사하지 않을 수 없다. 이 서비스는 반드시 계속 이어나가 널리 보급되어야 한다. 성 서비스가 절실히 필요해서 기다리는 장애인이 적지 않다고 확신한다. 나는 진심으로 손천사의 갖가지 준비와 노력에 감사한다. 또한 정말 진지한 태도로 성심성의껏 서비스해준 성 자원봉사자에게도 감사드린다. 설령 결국 가질 수 없다 해도 그것은 영원의 찰나였다.

…… 적어도 나는 죽어도 여한이 없을 것 같다. 소위 말하는 '한때'는 바로 아름다움 그 자체니까. 죽기 전까지 누군가와 섹스 한 번 해보지 못했다면 틀림없이 우울과 원망으로 점철된 인생이라 관에 들어가지 않으려 버텼을지도 모르겠다.[2]

---

2   스티븐, 「그렇게 시원해본 적이 있었던가」, 손천사 사이트, 2014년 3월 29일. 손천사 공식 사이트에는 성 자원봉사자와 서비스를 받은 사람이 쓴 수많은 글이 올라와 있다. 하나같이 읽어볼 만한 가치가 있는 문장과 내용이다. 나는 전담자가 글씨를 대신 써준 줄 알았는데 문의해보니 전부 당사자가 직접 썼다고 한다. 예를 들면, 서비스를 받은 시각장애인이 쓴 감상문에 틀린 글자가 있더라도 손천사는 고치지 않고 원래 모습 그대로 보존한다.

루쉰이 말한 것처럼 세상에 본래 없던 길이라도 걷는 사람이 많아지면 길이 된다. 경험이 쌓이고 긍정적인 입소문이 나면서 손천사는 천천히 길을 내왔다. 서비스를 예약한 사람 수와 자원봉사자의 참여가 갈수록 늘어나 3년 동안 10여 명의 루게릭병, 뇌성마비, 반신불수, 선천적 전맹의 장애인에게 서비스를 제공했고 심지어 정부 관련 부처에서도 그들의 작업 절차와 운영 모델을 이해하고자 했다.

무명에 가까웠던 자원봉사 단체가 꽤 영향력을 가진 장애인의 성과 젠더 조직으로 발전했다. 그들은 어떻게 해냈을까?

첫째, 손천사는 신청만 하면 서비스를 제공하는 게 아니다. 공식 사이트에서 "손천사의 서비스 신청은 한 장의 신청서로 끝나는 게 아니라 알아가고 이해해가는 과정 그 자체다"라고 말하고 있듯이 말이다. 그들은 사전에 서비스 대상과 밀도 높게 소통하여 상대의 성격, 신체 상태, 가정환경, 성적 취향, 사회에 대한 이해 정도 등을 알아간다. 그런 다음 다시 회의를 열어 그 안을 접수할지 말지를 결정한다. 안이 확정되면 다시 서비스 흐름과 규칙을 상세히 설명한다. 이렇게 왔다 갔다 토론하는 데만 몇 개월이 걸릴지도 모른다. 그 과정이 서비스 시간보다 몇 배는 더 길다.

소통과 면담을 맡고 있는 즈젠, 샤오치, 야원雅雯(여성 신청자를 맡는다) 세 사람은 모두 지체장애인이다. 같은 장애인의 처지에서 그들은 신청자들이 안심하고 자신이 체감하는 것들을 꺼낼 수 있었으면 한다. 즈젠의 경험에 따르면, 신청자들이 느끼는 가장 큰 장벽은 성에 대한 공포인 경우가 많다. 즈젠은 그러한 공포가 어디서 오는지 일일이 분석해 성적 욕망은 자연스러운 반응으로 조금도 수치스러운 게 아니라는 사실을 일깨운다. 잘 들어주고 기꺼이 나누는 즈젠은 상대의 상처받은 마음을 건드려 숨은 공포와 절망, 슬픔이 터져 나오게 하는 데 뛰어나다. 이렇게 점차 서로 신뢰하고 의존하는 관계를 구축해가는데, 이는 이후 세심하고 살뜰한 서비스를 제공하는 데 도움이 된다.

둘째, 손천사의 자원봉사자는 엄격한 기준에 따라 선발된다. 그들은 일체의 감정을 드러내지 않고 옆에서 신중히 관찰하고 귀 기울여 들으면서 자원봉사자가 무심결에 동정이나 연민을 드러내는지 아닌지 확인한다. 장애인이 필요로 하는 건 협조이지 시혜가 아니며, 공감이지 동정이 아니다. 한편 그들이 강조하는 '존중'의 원칙에 근거해 개별 사례에서 신청자가 자원봉사자에게 별 느낌을 받지 못하면 서비스 받기를 거절할 수 있고, 마찬가지로 자원봉사자도 서비스 제공을 거절하거나 그만둘 수 있다. 이 부분과 관련해 즈젠은 이렇게 설명한다.

"제 생각에는 많은 장애인이 지나친 보살핌과 보호에 노출되어온 탓에 남들의 호의를 거절할 능력이 거의 없다고 할 정도예요. 한 번도 '노'라는 말을 감히 꺼내지 못하고 언제나 그냥 꾹 참고 견뎌요. 저는 그들에게 알려주고 싶어요. 사람의 일생에는 얻는 것도 있고 잃는 것도 있으며, 이 세상이 바로 그렇고 친구를 사귀는 것도 마찬가지라는 것을요. 손천사는 자선하는 것도, 구제하는

　6. 섹슈얼리티가 빠진 인권이라니

것도 아니에요. 이런 태도를 받아들여야 한다고 몰아붙여요. 싫으면 거절할 수 있고, 이는 그들의 권리죠."

하지만 지금까지 서비스 받기를 거절한 사례는 없었다.

셋째, 손천사는 주도면밀한 서비스 제공 절차를 갖췄다. 행정을 맡은 자원봉사자가 먼저 장소(서비스 받는 사람의 집일 때도 있고 무장애 여관일 때도 있다)를 적절하게 꾸민다. 침대보를 새것으로 깔고, 조명을 켜서 분위기를 만들며, 노트북으로 성인물을 틀어준다(내용은 서비스 대상자의 성별과 성적 취향을 고려해서 결정한다). 즈젠은 서비스 대상자와 잡담을 나누면서 긴장된 마음을 풀어주는 일을 맡는다. 모든 준비가 끝나면 즈젠과 행정 자원봉사자는 물러나고, 성 자원봉사자가 들어간다. 시간은 90분이다. 서비스가 끝나면 자원봉사자 그룹은 다시 방을 원래 상태로 돌려놓고 아무런 흔적도 남기지 않는다. 내가 현장에서 살인 흔적을 제거하는 첩보원 같다고 농담을 하자 즈젠이 웃으며 고개를 끄덕였다.

"한번은 자원봉사자가 미처 현장을 떠나기 전에 서비스 대상자의 가족들이 문을 열고 들어왔어요. 다들 놀라 등골이 서늘했지요. 다행히 가족들은 이상한 점을 발견하지 못했어요."

특별히 인상 깊었던 사례가 있는지 묻자 즈젠은 한참을 생각하고도 끝내 아무런 말을 하지 않았다. 모든 사례는 저마다 유일무이한 경험이었으리라. 하나같이 마음을 나누고, 관심을 쏟고, 서로 얽혀 친구가 된 과정이었을 텐데 당연히 섣불리 대답할 수 없었을 것이다. 즈젠은 특별히 '왜 손천사는 여성에게 서비스하지 않는가?'라는 외부의 줄기찬 질의에 한숨지었다. 실은 그들이 그러고 싶어서가 아니라 여성 신청자가 없어서인데 말이다.

손천사가 결성된 지 3주년이 되어갈 무렵에서야 한 여성 지체 장애인이 즈젠에게 연락해 서비스 내용을 알고 싶다고 했다. 즈젠의 세심하고 다정한 태도에 상대방은 이내 경계심을 풀고 서너 시간 동안 허물없이 이야기꽃을 피웠다. 그 뒤로 그녀는 수시로 SNS를 통해 그와 잡담을 나누었다. 두 사람은 못 할 이야기가 없었지만, 서비스 신청 얘기만은 쏙 빠졌다. 상대는 자기가 매번 쓰레기통을 찾기라도 하듯이 그에게 온갖 감정의 쓰레기를 쏟아 붓느라 너무 많은 시간을 빼앗는다며 겸연쩍어했다. 이 말에 즈젠은 오히려 마음이 쓰라렸다. 친구인 이상 잡담만큼 당연한 일도 없는데 미안해할 필요가 뭐가 있단 말인가? 그녀의 마음 깊은 곳에 들끓는 온갖 심사를 지금까지 묻거나 들어주는 사람이 없었음을 미루어 짐작할 수 있었다.

"진심으로 하는 말인데요, 그녀가 그렇게 말했을 때 저는 정말 속상했어요. 많은 장애 여성이 저와 굉장히 사적인 일을 이야기하고 싶어 해요. 일종의 신뢰겠죠. 저는 '완벽귀조完璧歸趙(『사기史記』에 나오는 고사성어로 국보급 보물을 무사히 완전하게 고국인 조나라로 돌려보낸 고사에서 유래한 말이다. 여기서는 허물없이 온갖 이야기를 털어놓고도 정작 가장 중요하고 내밀한 이야기는 하지 않는 것을 빗댄 말이다-옮긴이)' 하고 싶지 않은 마음을 너무나 잘 이해해요. 그들의 마음속 고통이 느껴지기도 하고요. 5000년 동안 이어져온 억압 때문에 그들은 이야기하지 않는 것에 익숙해졌죠. 말해봤자 좋은 것 하나 없이 비난이나 받기 일쑤고요."

이는 즈젠이 가장 한계를 느끼는 부분이다. 마음 아프지만 아무것도 해줄 수가 없다. 유일하게 해줄 수 있는 일은 귀 기울여 듣고 세심하게 기다려주는 것뿐이다.

얼마 후 즈젠이 신이 나서 내게 알려왔다. 그녀가 신청서를 냈으니 기대해달라고. 그녀가 바로 메이뉘美女(가명)로 손천사가 서비스를 제공한 첫 번째 여성이다. 황금 같은 한창 시절을 살던 그녀가 모험을 위해 마침내 걸어 나왔다.

손천사 서비스가 실제로 수행되기 전까지는 이 일이 얼마나 자질구레하고 사소한 사항들을 포함하고 있는지, 불확정성이 초래할 스트레스가 얼마나 클지 상상하기 어렵다. 메이뉘의 소망을 이루어주기 위해 그들은 부러 인터넷에서 섹시한 속옷을 샀다. 그녀의 가족들이 알아차릴까 봐 즈젠이 대신 속옷을 우편으로 받아 세탁해서 서비스 당일 메이뉘에게 가져가기로 했다. 여기까지 이야기하고서 즈젠은 왜 신체에 장애가 있다고 해서 아름다움에 대한 추구, 사랑에 대한 추구를 상실해야 하느냐고 한탄했다. 그는 이보다 더 잔혹하고 우스꽝스러운 편견이 어디 있느냐고 말했다.

따뜻한 접촉과 다정한 키스가 어떤 것인지 한 번도 느껴보지 못했던 메이뉘에게 마침내 그날이 찾아왔다. 서비스를 받은 후에 그녀는 이렇게 말했다.

…… 중증 지체장애 여성인 나는 그동안 성적 욕망을 얼마나 억눌러왔는지 모른다. 서비스를 받기 전에는 인기척 없는 깊은 밤에 남몰래 포르노를 보곤 했다. 이어폰이 자꾸만 빠지는 통에 어쩔 수 없이 컴퓨터 스피커를 끄고 보는 수밖에 없었다. 간혹 한쪽 이어폰을 껴봐도 여자 배우가 뭐라고 소리를 내는지 이해할 수가 없었고 그저 시끄럽게만 느껴졌다. 훗날 누군가 내게 성인용품을 살 수 있다고 알려주었다. 호기심이 발동해서 여성을 위한 성인용품인 바이브레이터를 사서 '나와 내가' 놀아보았지만, 상호 작용하고 대화를 나눌 수 있는 대상이 있는 게 아니라 몇 번 가지고 놀고 나니 아무런 흥미가 일지 않았다. 더는 나 자신과 놀고 싶지 않았다. …… 서비스를 받을 때는 남자가 실제로 나를 안아주었다. 그는 내 마음을 몹시 따뜻하게 해주었다. 그가 나를 상대로 말한다. 웃는다. 움직인다. 키스해준다. 그는 내가 안을 수 있고 만질 수 있고 키스할 수 있는 진짜 남자다. 그는 아무것도 느낄 수 없는 차디찬 체온의 포르노나 바이브레이터의 남자 주인공이 아니다.

우리는 매슬로의 인간 욕구 단계 이론을 잘 안다. 매슬로는 인간의 욕구를 생리적 욕구, 안전 욕구, 애정과 소속 욕구, 존중 욕구, 자아실현 욕구 등 다섯 단계로 나눈다. 그 가운데 애정과 소속 욕구가 세 번째 단계를 차지한다. 이것만 봐도 장애인(신체장애) 여성이 자신을 사랑해주는 남자를 얼마나 필요로 하는지 알 수 있다. 왜 타이완의 수많은 부모는 우리의 애정 욕구를 보지 못하는가? 당신도 틀림없이 곤혹스럽거나 당황스러워할 것이다.

중년의 나이에 이르면, 일반 여성은 일찌감치 남자와 몇 번을 했는지, 남자를 몇 번 안았는지 셀 수 없을 정도에 이른다. 그런데 나는? 나는 여전히 엄마가 가르쳐준 전통적 성 관념에 사로잡혀 있다. 뜻밖에도 질이 어디에 있는지 그 정확한 위치조차 잘 알지 못한다. 그런 내가 놀랍게도 처음으로 안절부절못하면서 남자의 나체와 음경을 만졌다. 나는 뜻밖에도 신청이라는 방식으로 나의 성적 욕망을 이루었다. 나는 정말로 나 자신에게 화가 치민다. 왜 나는 어리석게 마흔다섯까지 기다렸을까? 마흔다섯이 되어서야 진짜 해보게 되었을까? 나는 보통 여성보다 자그마치 25년이나 늦었다. 왜 그랬을까? 나는 정말이지 할 말을 잃은 채 하늘에 묻는다.[3]

장애인의 몸과 마음이 이해받지 못하는 욕망을 만났을 때 그 복잡한 심정은 당사자 외에는 아마 손천사의 자원봉사자가 가장 깊게 느낄 것이다.

3　메이뉘, 「성욕에 눈뜨기 시작한 나」, 손천사 홈페이지, 2016년 10월 10일.

첫 번째 여성 신청자인 메이뉘의 등장은, 손천사가 그녀에게 '서비스'를 제공했다기보다는 그녀가 우리와 이 사회에 여성 장애인의 욕망을 마주할 기회를 준 것이라 말하는 쪽이 맞을 것이다. 그녀가 성에 대해 가졌던 동경, 상상, 기대, 나아가 그것을 실제로 해본 뒤에 알게 된 것과의 차이 등을 포함해서 말이다. …… 여성 장애인은 성장 경험에서 자신이 원하는 욕망이 어떤 것인지 사유할 기회가 거의 없다. 더군다나 '이 서비스를 신청했다가 더러운 여자로 전락하는 건 아닌가' 하는 너무나 깨기 힘든 죄책감은 말할 것도 없다. 이 때문에 극소수의 여성 장애인이 문의는 했지만, 하나같이 이해의 단계에 머무를 뿐이다. 현재까지 두 번째로 신청한 여성 장애인은 등장하지 않았다.[4]

삶의 가장 취약한 부분을 인정하고 돌아볼 수 있다면, 이는 인생 전환의 계기를 열어젖히는 것이라 할 만하다. 내가 알기로 적잖은 장애인이 손천사의 서비스를 받고 난 뒤 더 이상 삶을 고통스럽고 구차하게 이어가지 않고, 적극적으로 앞을 향해 나아가겠다고 마음먹었다. 본래 자기 비하에 빠져 있던 스티븐은 승마와

---

4 아쿵阿空, 「메이뉘에게 서비스를 제공하고 1년 후」, 손천사 홈페이지, 2017년 12월 27일.

6. 섹슈얼리티가 빠진 인권이라니

수영, 행글라이더를 배우려 하고 남자친구를 사귀고 싶어 한다. 28년 동안 집을 떠나본 적 없는 ND는 무력한 두 손으로 휠체어를 밀고 집 밖으로 나와 고백할 대상을 찾으려 한다. 반신불수로 누운 지 9년이나 된 어린 왕자는 독학으로 그림을 그리고 복학을 준비하면서 자기 신체를 어디까지 '개발'할 수 있는지 적극적으로 보고하면서 여자친구 사귈 준비를 끝냈다.

"인정해요. 우리는 욕망을 이용해 장애인을 도와요. 그들이 욕망을 삶의 힘으로 바꿀 수 있게 격려하지요. 서비스를 받은 많은 사람들이 그런 역량을 펼쳐 나가는 것을 실제로 보기도 하고요. 욕망이 좋은 게 아니라고 말할 수 있나요? 왜 우리는 이렇게 성과 욕망을 두려워하죠?"

즈젠이 진지하게 말했다.

손천사가 주장하는 건 장애인의 신체 해방만이 아니다. 중요한 것은 지식과 태도의 해방이다. 장애인들이 신체에 대한 자기 비하와 초조함을 던져버리고, 평상심을 가지고 성의 자연스러운 움직임과 다변화, 시도, 혁신을 바라보도록 돕는다. 손천사가 추진하고자 하는 건 '성 서비스'를 훨씬 넘어서는 것이다.

여성 장애인 의제에 관해 말하자면, 장애인 공동체 내부와 사회에서 서로 다른 성별의 장애인을 대할 때 어떤 다른 기준이 적용되고 어떤 개선이 요구되는지를 조사한다. 하지만 이는 단지 '양성'의 차원에 머무를 뿐이다. 성적 취향과 성 정체성이라는 의제를 통해 보면 우리 사회가 동성애 장애인, 트랜스젠더 장애인, 양성애 장애인, 범성애 장애인 등에 관해서는 여전히 상상력이 부족하다는 사실을 알게 된다. 장애인 그룹 내부조차 이들이 안심하고 '커밍아웃'할 수 있는 공간은 아니라고도 말할 수 있다. 아이러니하게도 대중은 대체로 장애인을 무성애자(모든 사람에게 성욕이 있다고 하는 건 맞지 않지만, 낭만적인 사랑이라면 가능할 것이다)로 간주하고는 알려고 하지 않는다.

'성적 취향 때문에 생기는 압박'을 계속 확장하다 보면, '성 해방'은 '성교 선호'라는 의제까지 포함하게 된다. …… 장애인이든 건강한 사람이든, '비장애인'과 성관계나 혼인 관계를 맺으면 반드시 더 행복한가? 자신의 손상 상태를 매우 좋아한다거나, 혹은 소위 디보티를 만났을 때 가족과 친구, 사회는 지지해주는가? 아니면 건강한 사람을 좋아하는 것만을 정상이라고 하는가? 사회는 왜 '난 네가 장애인이라서 좋아'와 '난 네가 뚱뚱해서 좋아'라는 선호에 다른 잣대를 들이대는가?

이런 주제는 비록 현행 장애인 인권 의제와는 굉장히 거리가 먼 것처럼 보이지만 실은 그렇게 먼 것도 아니다. 사실 타이완에도 이미 이를 실천하는 사람이 있다. 그런 사람이 아주 드물고, 또 대개는 이상한 사람으로 취급당하기는 하지만 말이다. 우리가 원하는 건 대화의 공간을 여

6. 섹슈얼리티가 빠진 인권이라니

는 것이다. 그래야만 서로 '성'과 '장애'의 압박에서 해방
될 수 있다.[5]

   손천사가 해온 일들을 생각할 때마다 나는 늘 성경의 "너희가
여기 내 형제자매 가운데 지극히 보잘것없는 사람 하나에게 한 것
이 곧 내게 한 것이다"라는 구절이 떠오른다. 손천사는 절박하지만
드러내놓고 말할 수 없는 장애인의 욕망에 주목한 뒤 도움의 손길
을 뻗어 그들이 미쳐 날뛰는 맹수의 상태에서 벗어날 수 있게 돕는
다. 한 걸음 한 걸음이 굉장히 지난하고 고생스러웠지만 그래도 그
들은 버텨냈다. '천사'가 아니라면 이런 일을 누가 감히 해낼 수 있
겠는가?
   손천사는 '천사'의 정의를 가장 급진적으로 해석해냈다.

인간됨에 대한 도전

   『섹스 자원봉사』에 나오는 장애인들은 감히 남들에게 말하기
어려운 경험을 토로한다. 그 가운데 내게 가장 충격적으로 다가온
것은 거의 일흔에 가까운 다케다竹田 선생의 사연이다.
   선천성 소아마비인 다케다는 쉰 살이 되어서야 처음으로 섹스

----

   5   아쿵, 앞의 글.

를 경험한다. 그는 홍등가를 배회하며 열다섯 군데 윤락업소를 찾아갔고, 마침내 열여섯 번째 업소에서 그를 받아주었다. 처음으로 여자의 몸을 본 그는 그저 '아름답다'는 말밖에는 할 수 없었다. 그러나 그 아름다운 여성은 그를 보고는 질겁하는 기색을 감추지 못했다. 기관지 절개로 목에 구멍이 뚫려 있어 말을 할 수 없는 다케다는 글자판을 통해 표현했다.

"그녀가…… 동의…… 나에게…… (성기를) 집어넣게…… 실은 동정이었……."[6]

일본에는 다케다와 같은 사람이 수두룩하지만 사람들은 그들을 보고도 못 본 체하고 그들이 존재하지 않는 척한다. 하지만 누군가는 보았다. 바로 화이트핸즈다.

화이트핸즈는 2008년에 만들어졌다. 주 고객층은 뇌병변장애인이고 일부 중증 지체장애인도 있다. 비용은 3500엔에서 9500엔까지 제각각이다. 그들의 서비스 절차는 대략 이렇다. 돌봄과 의료 지식을 가진 여성 서비스 직원이 고객과 다정다감하게 이야기를 나눈 뒤 고무장갑을 끼고 따뜻한 수건으로 하체를 닦아주면서 발기를 돕는다. 고객을 대신해 콘돔을 끼워주고 손을 이용해 사정할 수 있게 돕는다.

양측은 옷을 벗을 필요도, 포르노나 성인물로 분위기를 띄울 필요도 없다. 전체 프로세스는 대략 5~10분이다.

---

6 가와이 가오리, 앞의 책, 22~23쪽.

6. 섹슈얼리티가 빠진 인권이라니

잡지 『바이스』에서는 화이트핸즈를 대상으로 〈의학적인 성 노동자Medical Sex Worker〉라는 단편영화를 찍어 다나카 사유리田中小百合의 서비스 경험을 기록했다. 다나카는 전문 간호사로 지적장애인과 정신장애인의 의료와 자활을 돕는 사람이다. 그녀가 화이트핸즈에 참여하기로 마음먹은 것은 장애인들이 신체에 대한 인식과 개념이 부족하고, 왜 발기하는지도 이해하지 못할뿐더러 몰아치는 욕망을 해소할 길이 없어 초조하고 불안해하면서 자학까지 서슴지 않는 모습을 보아왔기 때문이다. 그녀는 화이트핸즈에 참여해 장애인이 좀 더 편안한 나날을 보낼 수 있도록 돕기로 했다.

화이트핸즈의 창립자이자 본래 노인 돌봄 종사자였던 사카즈메 신고阪爪真吾는 장애인의 성은 개인의 문제가 아니라 사회의 문제라고 지적한다. 화이트핸즈가 제공하는 서비스는 유흥도 아니고, 성매매는 더더욱 아닐뿐더러 '삶의 질을 높이고' '존엄과 자신을 지키는' 전문적인 일이라 말한다. 그들은 일본의 열여덟 곳의 도도부都道府에서 서비스를 제공하고 정기적으로 성 간호 커리큘럼을 운영하며 검정시험을 실시한다. 판매할 교재와 백서를 제작하고, 정부에 장애인의 섹스를 사회복지에 편입시키자고 제안한다. 사카즈메 신고는 CNN과의 인터뷰에서 이렇게 말했다.

"일본은 모순적인 사회입니다. 텔레비전, 만화, 도시의 거리 등에서는 성과 관련된 화면이 차고 넘치는데 정작 진지한 토론은 찾아볼 수가 없습니다. 현재 일본에는 성을 이해하고 어떻게 낭만적인 관계를 구축할지 배울 만한 곳이 없습니다."[7]

화이트핸즈와 비슷한 프랑스의 APPAS(섹스파트너촉진협회) 역시 장애인을 대상으로 성 서비스를 제공하는 조직이다. 창립자 질 뉘스Jill Nuss는 콜걸 출신이다. 뉘스는 언젠가 장애인을 대상으로 서비스를 할 때 자신이 장애인을 얼마나 낯설어하고 장애에 무지한가를 깨닫고는 깜짝 놀랐다.

> 나는 그를 안아 휠체어에서 옆의 소파로 옮겼다. 그는 스스로 옷을 벗지도 입지도 못하고, 당연히 자위도 하지 못한다. 나는 차츰 '그렇지. 이 사람은 수시로 도움이 필요한 장애인이지'라고 의식하게 되었다. 나는 그 전까지 이런 것들을 생각해본 적이 없었다. 엄청난 무지와 편견으로 '사지가 마비된 사람이 어떻게 감각이 있지?' 하고 착각해왔다. 사실 그는 다리는 마비되었지만, 허벅지 위쪽으로는 감각이 살아 있었다. …… 하지만 그는 성욕이 있음은 물론 감각할 수도 다른 사람을 만족시킬 수도 있다.[8]

질 뉘스는 스위스에서 성 카운슬러 양성 프로그램을 듣고 와서

---

7   관련 자료는 일본 화이트핸즈 홈페이지(http://www.whitehands.jp/e.html) 참조.

8   후샤오투胡小塗, 「작은 일 - 신체장애인에게도 생리적 욕구가 있다」, 『이두壹讀』, 2017년 2월 7일(http://read01.com/D45KeB.html).

6. 섹슈얼리티가 빠진 인권이라니

장애인에게 성 서비스를 제공하기 시작했다. 훗날 그녀는 근육수축증이라는 중증 장애를 가진 마르셀 뉘스Marcel Nuss를 알게 되었다. 두 사람은 결혼 후 APPAS를 창립했다. 프랑스에서 처음으로 장애인에게 섹스 파트너를 연결해주는 일을 하는 이 단체는 플랫폼을 구축해 장애인을 대신하여 성 카운슬러와 소통하고 정기적으로 성 카운슬러 양성 프로그램도 진행한다. 왜 이런 일을 하는지 사람들이 물어오면 질 뉘스는 이렇게 대답한다.

제가 만난 사람들은요, 보통 아침에 간호사나 마사지사가 왔다 가요. 가장 많이 접촉하는 사람이 바로 이들 의료진이에요. …… 그들은 전라의 몸이지만, 상대는 멀쩡히 옷을 입고 있죠. 이런 장면을 상상해보면 정말이지 기울어진 운동장이라 느껴져요.

한 줌의 상냥함과 따뜻함을 기대한다는 건 그들에게 그야말로 사치스러운 일이죠. 어떤 사람들은 의료 시스템의 기계적인 환경에 너무 오래 노출되다 보니 상냥함과 따뜻함이 어떤 느낌인지조차 잊은 채 한때 보통의 아름다운 시절을 보낸 것만으로도 이미 충분하다고 여기죠. 저는 늘 비슷한 요구를 받는데요. 그들은 섹스를 하는 것보다 옷을 벗은 채 전라인 나와 함께 누워 있길 더 원해요.

…… 우리가 그렇게 하는 건 그들을 동정하거나 연민해서가 아니고 선심을 쓰는 것은 더더욱 아닙니다. 전혀 그렇

지 않아요. 우리가 바라는 건 그저 다른 사람에게 관심을 기울이고 그들을 돌보는 일이에요.[9]

스위스의 SEHP(성과 장애), 이탈리아의 LoveGiver(사랑을 주는 사람), 네덜란드의 PassieFlower(열정꽃), 체코의 Freya(사랑의 신) 등은 합법적으로 면허증을 받은 성 도우미sex assistant를 통해 마사지 이완, 자위, 성교 등의 유료 서비스를 제공하는 단체다. 이들 단체는 전부 '유럽 장애인 섹스 도우미 플랫폼European Platform Sexual Assisstance for Persons with Disabilities'[10] 회원이다. 이 플랫폼에서는 섹스 도우미 양성 프로그램과 매칭 서비스를 제공할 뿐 아니라, 관련 의제 토론과 정책 초안 작성을 적극적으로 추진하여 장애인의 섹스할 권리를 사람들에게 환기시킨다. 그들은 이것이 장애인의 '심신 건강' 증진에 매우 중요한 수단임을 확신한다.

많은 성 도우미가 타인의 육체적·정신적 장애가 자신에게 윤리적 고통을 초래하고, 그런 고통은 현실에서 출구를 찾을 수 없기에 관련 일에 뛰어들기로 결심한다. 하지만 이러한 직업적 선택은 다른 사람들에게 좀처럼 인정받지 못한다.

프랑스 리옹에 사는 파브리스 플라쾰Fabrice Flageul이 바로 이

---

9 앞의 글.

10 만약 이들 단체에 관해 좀 더 상세히 알고 싶다면 '유럽 장애인 섹스 도우미 플랫폼' 홈페이지(http://www.epseas.eu/en)에서 다시 개별 사이트로 들어가 참조하면 된다.

러한 사례다. 마사지사인 플라죌의 첫 번째 고객은 두 팔이 없는 사람으로 결혼한 지 35년이나 되었으나 아내조차 팔이 없는 그의 몸에 닿으려 한 적이 없었다. 플라죌이 그의 몸을 가볍게 주무르고 두드리자 상대의 얼굴에서 희열이 흘러넘쳤다. 플라죌은 이렇게 단순한 신체 접촉으로도 상대방에게 어마어마한 위안을 줄 수 있다는 걸 깨달았다. 이 경험은 플라죌을 완전히 뒤흔들어놓았다. 그는 아내의 격려 속에서 APPAS의 제1회 카운슬러 양성 프로그램에 참여한 뒤 전문적인 성 도우미가 되었다. 하지만 그의 부모는 굉장히 못마땅해했다. 특히 그가 텔레비전에서 인터뷰하는 장면을 본 아버지는 그가 남자 매춘부가 되려는 것과 진배없다고 생각했다. 플라죌은 속으로 탄식하지 않을 수 없었다.

> 프랑스에서 개인 매춘은 합법이지만 부도덕한 것으로 여겨진다. 대중의 삶에서 도덕의 심판은 위법 처벌보다 더 큰 영향력을 발휘한다. …… APPAS의 일은 전부 자발성을 띠지만 툭하면 '매춘 알선'이라는 꼬리표가 따라붙는다. 협회는 오히려 누군가 고발해주기를 바란다. 그렇게 되면 외려 대중의 관심을 불러일으킬 수 있으니까. 하지만 안타깝게도 여태 고소한 사람은 없다.[11]

---

11   관련 자료는 일본 화이트핸즈 홈페이지 참조.

플라췰이 처한 곤경은 손천사의 처지이기도 하다. 손천사가 제공하는 무료 성 서비스는 '대가성 성매매'가 성립될 경우의 위법 처벌은 피했지만, 〈사회질서유지법〉 제81조 규정에 따라 '성매매 알선'[12] 의도가 있어 소송에 걸릴 가능성이 여전히 존재한다. 즈젠은 손천사의 설립 목적이 바로 이데올로기를 널리 퍼트리는 것이기 때문에 기존의 체제 및 법과 충돌할 수밖에 없고, 만약 자신들이 수사를 받거나 기소되는 날이 오면 자신은 감옥에 갈 준비가 되어 있다고 했다.

"어차피 저는 이제 더 바랄 게 없어요. 잃을 것도 없고요. 진짜 붙잡힌다면 저는 몹시 즐거워할 겁니다."

즈젠은 웃으면서 말했다.

"두려워하지 않으면 신체야말로 가장 큰 무기가 되죠. 게다가 그것을 꺼내 싸워도 질 리가 없어요. …… 왜냐하면, 감히 장애인의 신체를 때리는 사람은 없거든요."

현재 손천사의 서비스는 단순히 애무와 자위에 머물러 있을 뿐 형법에서 정의하는 '성교'[13]는 아니다. 게다가 서비스 장소도 여관이 아니라 개인 거주지여서 공연음란죄도 성립되지 않는다. 뿐

---

12 〈사회질서유지법〉 제81조에서는 "아래 각 호의 어느 하나에 해당하는 사람은 3일 이하의 구류에 처하고 타이완 달러 1만 원 이상 5만 원 이하의 벌금에 처한다. 일의 경위가 중한 사람은 5일까지 가중 구류한다. 1. 성매매 알선. 단, 전 조 제1항 단서 규정에 준하는 성매매를 알선한 사람은 여기에 적용되지 않는다. 2. 공공장소나 대중이 출입해야 하는 장소에서 성매매 알선을 의도로 하는 호객 행위"라고 규정하고 있다.

6. 섹슈얼리티가 빠진 인권이라니

만 아니라 양측은 대가성 관계가 아니다. 자원봉사자가 아무런 답례도 받지 않기 때문에 집행 기관에서 위법으로 규정하기가 쉽지 않다.[14] 이처럼 법적 회색지대를 돌아다니면서 법망을 피하는 것에 반대하는 사람도, 찬성하는 사람도 있다. 커뮤니티 사이트에는 '법을 어기고 규율을 어지럽힌다', '도덕을 무시한다'는 비판이 난무한다.

나는 성인의 성은 '합의와 자기결정권'에 따라야지, 국가가 보호라는 미명하에 실제로는 처벌을 행해서는 안 된다고 생각한다. 이는 제도로 성인의 성 충족 기회를 제한하는 것에 그치지 않고, 서로를 이해하고 대면하며 소통하고 책임지고자 하는 능력을 방해하는 것이기도 하다. 손천사는 성인 장애인의 필요를 보았고, 그것을 이해하고 도와주고자 한다. 양측은 금전으로 엮이지도, 개인의 의사에 위배되지도 않을뿐더러 그저 사적으로 하고 싶은 일을 하는 것일 뿐이다. 여기에 무슨 도덕이나 치안이 끼어들 여지가 있단 말인가? 남들이 무슨 말참견을 할 여지가 있단 말인가?

13 형법 제10조 제5항의 규정에 따르면 "성교 행위자란 정당한 목적에 기초하지 않는, 아래 열거한 성 침해 행위를 일컫는다. 1. 성기를 타인의 성기, 항문, 구강에 삽입하거나 접합하게 하는 행위 2. 성기 이외의 다른 신체 부위나 도구를 타인의 성기, 항문, 구강에 삽입하거나 접합하게 하는 행위"라고 되어 있다.

14 일본의 화이트핸즈가 제공하는 것은 유료 서비스다. 하지만 일본의 〈풍속영업법〉이나 〈매춘방지법〉에 의거해도 화이트핸즈를 금지할 법적 근거를 찾아내지 못해 집행 기관에서는 골머리를 썩이고 있다.

우리 사회가 보편적으로 부족한 건 다양한 가능성을 받아들이는 일이지, 법률로 특정한 도덕 기준을 들이대는 일이 아니다. 손천사, 화이트핸즈, SEHP, APPAS, LoveGiver 이들 단체의 방식이 완벽하지 않을지도 모른다. 하지만 적어도 이들은 자신의 더듬이를 뻗어 아무도 관심을 갖지 않는 영역으로 들어가 과거에는 하잘 것없다고 여겨지던 문제로 파문을 일으키고, 중요하지만 아무도 생각하지 않고 아직 뚜렷하게 규명되지 않은 의제를 우리가 생각해보게끔 했다.

장애인의 성을 이해하는 것은 사회가 그들을 어떻게 대하는지를 이해하는 일일 뿐 아니라, 사회가 어떻게 '정상'을 규정하고 '차이'를 대하는지를 연구하는 출발점이기도 하다. 이 부분에 대해서라면 우리가 알고 있는 것이 너무나 미천한 수준이다. 인간됨과 관련한 한 차례의 도전이 이제 막 시작되려 한다.

6. 섹슈얼리티가 빠진 인권이라니

7.

욕망의
출로

성 서비스, 복지인가 모욕인가

함께함은 차이를 드러내지만, 차이가 만드는 호기심과 의혹, 탐문을 열어젖히기도 한다.

청각장애인이 저마다 허심탄회하게 털어놓은 욕망 앞에서 나는 그들의 깊고 무거운 무력감을 느낄 수 있었다. 그들의 경험이 보이거나 받아들여지기는커녕 박탈되었기 때문이다. 어느 장애인의 농담처럼 그들은 고작 5센티미터의 계단 앞에서도 천당과 지옥을 경험한다. 이 5센티미터의 계단이 사우나 앞에 버젓이 놓여 있을 때, 들어가고 싶지만 들어갈 수 없는 그와 같은 사람 이외에 호텔이나 사우나가 무장애 시설을 갖추었는지 신경 쓰는 사람이 있기나 할까?

장애인의 욕망은 끊임없이 폄하되고 제한될 뿐 아니라 언제나 그 문제를 가족, 간호사, 상주 도우미, 활동보조인 등에게 미룬다. 이들은 장애인 곁에 꼭 붙어 있어야 할뿐더러 친밀하게 접촉할 것을 요구받는다. 장애인이 성적 욕구나 충동을 느낄 때 말로 위로하거나 마음으로 이끌어주는 것 이외에 뭘 또 해줄 수 있을까? 장애인이 자신의 욕구를 암시하거나 소란을 피우거나 혹은 대놓고 요구할 때면 또 어떻게 대답할 수 있을까? 진지하게 대할 필요 없이 웃으면서 문제를 회피할 것인가? 아니면 바로 반격하고 욕설을 퍼부으며 돌아설 것인가? 아무리 견뎌내려 해도 더는 그럴 수가 없어 아예 다른 곳으로 배치해달라 할 것인가?

이런 문제들은 기준이 되는 답도 없을뿐더러 현재까지는 표준적인 처리 절차도 없다. 각자 알아서 출구를 찾는 수밖에 없다.

약 10여 년 전, 화롄위리花蓮玉裏병원의 시커우溪口 단지에 한 선례가 있었다. 이 병원은 정신질환자를 위해 '무릉도원방'이라는 자위실을 두었다. 간호사가 환자의 의식 상태와 정신 상태, 인지 능력을 평가해 병세가 안정되었다고 여겨지면 예약 신청을 할 수 있었다. 독립된 공간에서 스스로 해결하는 방식이었다. 그 방에는 29인치 텔레비전, 비디오 플레이어, 수십 편의 포르노, 콘돔, 티슈, 섹스돌 등이 준비돼 있고 '성을 돕는' 야한 미녀도가 붙어 있었다. 병원 측은 이렇게 하면 밖으로 나가 성을 살 위험을 줄이고, 통제가 안 돼서 타인을 건드리는 문제를 피할 수 있다고 여겼다.[1] 하지만 훗날 무슨 이유에서인지 '무릉도원방'은 사라졌고, 이를 벤치마킹하는 다른 기관도 등장하지 않았다.

2016년, 체이슬리Chaseley의 한 요양원에서 입소자들을 위해 성서비스를 주선했다는 소식이 전해져 큰 파문이 일었다. 이 기관의 전임 책임자 헬레나 배로우Helena Barrow에 따르면, 장애인들이 항상 욕구 불만으로 위축되어 있다 보니 직원의 몸을 만지는 일이 자주 발생해서 어쩔 수 없이 원 사람들을 대신해 전화나 인터넷으로 합법적 성 산업 종사자를 찾아주고 뒷일은 그들 자신이 알아서

1   쉬자후이許佳惠·닝웨이위甯瑋瑜,「정신병원 자위실, 타이완에 최초로 만들어지다」,『핑궈일보』, 2007년 11월 5일.

하게 했다고 한다. 배로우는 성 산업 종사자가 장애인을 대상으로 서비스를 제공하는 게 법적으로 금지된 일도 아닐뿐더러 이런 조치는 '포괄적 서비스를 제공하는 기관이 마땅히 해야 할 일'이라고 지적한다. 하지만 이는 현지 주민의 강력한 반발에 부딪혔고, 더군다나 지방의회에서는 '장애인 착취와 학대'가 초래되지 않을까 우려했다.

카일리헤리티지재단Chailey Heritage Foundation에서 사회적 돌봄을 책임지고 있는 데니스 뱅크스Denise Banks는 생각이 다르다. 그녀는 장애인이 필요를 느낀다면 기관은 반드시 협조해야 하고, 거절한다면 이는 인권법 정신에 어긋난다고 생각한다. 기관은 응당 프라이버시와 존엄을 지킬 수 있는 장소를 제공해 장애인이 유쾌하게 성 관련 일을 처리할 수 있게 해야 함은 물론 관련 정책도 이에 맞게 제정해야 한다고 밝힌다. 영국의 '성 건강과 장애인 연대Sexual Health and Disability Alliance'의 간사 오언스Dr. Tuppy Owens 역시 견해가 같다. 영원히 끝나지 않는 좌절 속에서 살아가는 장애인은 성적 욕망을 충족시키고 싶어도 전화를 거는 일조차 할 수가 없다. 이에 기관은 응당 협조해야 하며, 하물며 그렇게 한다고 한들 법을 위반하는 것도 아니다. 진짜 위법적인 건 장애인이 마땅히 가져야 할 권리를 부정당하는 것이다.[2]

---

2 Telegraph reporters, "Investigation launched into prostitutes at a care home," *Telegraph*, 29 Jan. 2013.

타이완의 돌봄 기관은 이 같은 서비스를 제공하는가? 내가 알기로 그런 곳은 없다. 타이완에서 '성'은 여전히 금기시되고 모호하게 취급되는 일인 데다 성매매가 합법화되지 않은 상황에서 이 같은 책임과 위험을 감수하려 드는 기관은 없다. 하지만 나는 도우미나 사회복지사들이 개별적으로 몰래 장애인을 사창가에 데려간다는 이야기를 분명히 들었다. 장애인을 이해하기 때문에 생기는 자비이리라.

2012년 공포된 〈장애인 개인 돌봄 서비스 방법〉 규정에 따르면, 의료 서비스를 제공하는 기관, 사회복지 단체, 가정교육 단체 등은 반드시 장애인 성교육과 성상담을 제공해야 하며, 그 가운데 '성상담'의 정의는 "18세 이상의 장애인에게 신체의 탐색과 이해, 성 존엄 구축, 성행위 모델, 성 파트너 관계 등에 관한 상담 서비스를 제공한다"라고 되어 있다. 하지만 '성교육'과 '성상담'의 구체적 내용과 업무 절차가 무엇인지에 대해서는 아무도 명확하게 말해주지 않는다.

보통 북유럽 국가들이 상대적으로 개방적인 성 관념을 갖고 있다는 건 알지만, '개방적인 관념'의 배후에 '성'에 대한 진지한 태도가 자리 잡고 있다는 사실은 알지 못한다. 덴마크의 〈사회서비스법〉을 예로 들면, 중증 장애인의 개인 도우미personal assistant는 목욕, 탈의, 식사, 이동 등을 도울 뿐 아니라 반드시 성적 필요에도 협조해야 한다. 옷 벗기, 침대에 오르내리기, 성 구매 등의 도움을 포함해서 말이다. 덴마크 정부가 제작한 『장애인 성 도움 지침』의

명문에는 그룹 홈group home(장애인, 노인, 행동 부자유인 등을 포함한 주민)의 직원과 개인 도우미가 성 보조 기구 사용, 자위, 성 종사자 연락 등과 관련해 어떻게 협조해야 하는지 규정하고 있다. 서비스 대상자가 자위하고자 하면 먼저 보조기구나 물건을 배치하고 자세를 조정할 수 있도록 도와준 뒤 약속 시간까지 기다렸다가 다시 들어가 방을 정리한다.[3]

한편 스웨덴에서는 이와 달리 서비스 대상자의 요구가 자신의 노동 권익이나 가치관에 저촉된다고 느끼면 개인 도우미는 서비스를 거절하거나 그만둘 수 있다. 학자 줄리아 바너Julia Bahner의 연구에 따르면 스웨덴의 개인 도우미는 임금이 지나치게 낮고, 일을 하는 동안 존중받지 못하며, 돌봄 방식도 정해진 절차 없이 서비스 대상자에 의해 모든 게 일방적으로 결정된다. 이러한 비대칭 고용 관계에서 개인 도우미가 협조할 의향이 크게 떨어지는 건 당연한 일이다.

개인 도우미 PA(개인 도우미의 약자이자 인터뷰 응답자의 가명이다)가 바너와의 인터뷰에서 밝힌 바에 따르면, PA는 집에 포르노 잡지가 가득 쌓여 있는 사람에게 서비스를 제공한 적도 있고, 자기 앞에서 대놓고 자위하는 사람도 만났는데 그런 상황이 곤혹스럽고 화가 치밀었다고 했다. PA는 누구나 성적 욕구를 표현할 수 있다는

---

3 이상은 홍쭤왕洪作網, 「남성 지체장애인의 성적 욕구를 어떻게 만족시키고 협의할 것인가」, 양밍대학 위생복리대학원 석사 논문, 2016 참조.

7. 욕망의 출로

것에는 동의하지만, 자기 방에서라면 당연히 관여할 사람이 없겠으나 개인 도우미로서 현장에서 그 모든 것을 목격하고 싶지는 않다고 말했다.

> 솔직히 인정하면 저는 나체와 성적인 태도에 대해서는 아무렇지도 않아요. 그런데 그 사람(서비스 대상자)처럼 그렇게 젊은 남자가 나같이 젊은 여자 옆에 앉아, 그건 정말이지 너무…… 너무 이상하죠. 하지만 저도 이해해요. 그건 전적으로 그의 권리라는 것을요. 하지만 전 제가 반드시 그 방에 있어야 할 의무가 있다고 생각진 않아요.[4]

하지만 PA 역시 서비스 대상자가 중증 장애인이면, 그들의 대화가 아무리 직접적이고 노골적이어도 불편해하지 않을 것이라 인정했다. 이는 실제로 많은 이론과 연구가 거듭 지적하듯이 장애인이 줄곧 무성의 존재로 취급받아왔음을 보여주는 사례다. 상대방이 성생활을 도와달라고 요구할 때 어떻게 하겠느냐는 질문에 PA는 이렇게 대답했다.

4　PA의 설명은 이렇다. "I don't want a sexualized workplace! - Personal assistance services and sexuality issues."(Julia Bahner, 2010). 원문은 스웨덴어의 긴 글이고 내가 본 것은 짧은 영문판이다(http:// enhemlighet.se/wp-content/uploads/2012/09/SW2234.-J.-Bahner.-Vetenskapli g-artikel.-Personal-assistance-and-sexuality-issues..pdf).

설령 서비스 대상자와 매일 함께 생활한다고 해도 저는 자기 프라이버시는 지켰으면 해요. …… 그러니까 제 말은 저는 섹슈얼리티로 가득 찬 직장에 있고 싶지 않아요. 그게 제 일이라 해도요. 제가 떠난 뒤에 그런 일들을 했으면 해요. 하지만 저도 이해해요. 돌봄을 받는 대다수의 사람은 그게 불가능하다는 것을요. 그들이야말로 도움이 필요한 사람들이니까요. 하지만 저는 들리고 보이는 곳에 있고 싶지도 않을뿐더러 더더욱 그런 일은 아예 돕고 싶지도 않아요. 어쩔 수 없어요. 다른 사람이 돕고자 한다면 그건 상관없어요. 당연히, 저는 그 자리를 반드시 뜨겠죠. 아이를 데리고 산책을 하러 간다든지 하면서요.[5]

같은 북유럽 국가인데 왜 덴마크와 스웨덴은 이처럼 다를까? 바너는 덴마크는 성매매가 합법인 국가이고, 스웨덴은 그렇지 않은 데 이유가 있다고 생각한다.

이 추론은 성매매 비범죄화를 요구하는 코스와스COSWAS(Collective of Sex Workers and Supporters, 성 노동자와 후원자 조합)를 떠올리게 한다. 코스와스는 누구에게나 친밀한 관계가 필요하다고 주장한다. 장애인이든, 노인이든, 가난한 사람이든, 부랑자든 타인의 권익을 침해하지 않는 한에서 성을 추구할 기회는 이해받고 존중

---

5 앞의 글.

받아야 하며, 성매매 비범죄화는 경제적 조건, 정보 채널, 행동의 자유가 턱없이 부족한 약자 집단이 성적 욕구를 해결하는 근본적인 방법이라고 주장한다. 우리는 코스와스 회원의 투서에서 그 주장의 맥락을 이해할 수 있다.

> 성적 욕망과 관련한 자원과 조건은 피라미드 구조와 같아서 상층의 사회적 위치로 갈수록 필요를 만족시키기 수월하다. 한편 가난한 중증 장애인은 피라미드의 최하층에 자리 잡고 있다. …… 근육수축증을 앓고 있는 서른여섯의 중증 장애인 저우즈원周志文을 예로 들어보자. …… 그가 성과 사랑이 일치하는 천상의 배필을 만나기란 불가능한 임무에 가깝다. 첫째, 배우자는 최소한 매달 타이완 달러 7~8만 원(한화 대략 265~300만 원)의 고소득을 원하지만 일을 할 수 없는 즈원의 수입은 저소득가구 보조금이 전부다. …… 둘째, 시간을 내서 즈원을 돌봐야 한다. 침대에 오르내리기, 식사, 목욕, 잠, 몸 뒤집기, 호흡기 사용 등 하나같이 손길이 필요하다. …… 또한 즈원의 장애로 인해서 여성 상위 체위로만 섹스를 할 수밖에 없기 때문에 배우자는 관계를 끝내면 초주검이 되지만 한밤중에 서너 번은 깨서 즈원의 몸을 뒤집어주어야 한다. 생활에서 이런 부담을 다 감당하면서도 한결같이 즈원을 사랑할 수 있어야 하는데 이게 정말로 가능한 일인가? 타이완의 현 정책

은 중증 장애인의 모든 필요를 죄다 가정에 떠맡기는 실정으로 가족과 배우자가 돌봄과 경제적, 성적 필요를 포함해서 모든 것을 떠안아야 한다. 결혼이 바로 이런 구조의 재생산을 떠받치고 있다. 타이완의 적잖은 중증 장애인이 결혼을 통해 합법적이고 합리적으로 성적 필요를 만족시키고 싶어 한다. 하지만 이를 너무 오랫동안 학수고대한 나머지 이제는 결혼 여부 자체가 성공한 인생인지 아닌지의 지표가 되어버렸다. 많은 가족이 이런 처지에 놓여 있고, 몇 십만 타이완 달러를 낼 수 있다면 신부를 사 온다. 그렇게 해서 가족 부양은 물론 돌봄 인력과 성적 자원을 한꺼번에 해결하고자 한다. 하지만 이런 결혼은 대부분 오래 가지 못한다. ……

좋은 조건과 자원을 가진 장애인은 다른 방식으로 사적 서비스를 구매해 모든 필요를 만족시킬 수 있겠지만…… 기층의 취약 계층인 중증 장애인은 그저 눈이 빠지도록 기다릴 뿐이다. 중증 장애인에게 결혼보다 더 절실한 것은 필요에 부합하는 인력을 지원하여 가족의 부담을 덜어 주는 일이다. 성매매 비범죄화는 결혼할 수 없거나 결혼했지만 성적 욕구를 충족시킬 수 없는 사람들에게 해결의 채널을 제공한다. ……

수많은 타이완 사람이 중증 장애인의 '성'을 일부러 못 본 척하기 때문에 그것은 특정 방식으로만 존재할 수 있을

7. 욕망의 출로

뿐이다. 심지어 눈을 감은 채 밟고 지나가면서 장애인의 성적 자원과 욕망의 출로를 실제로 대면해 해결하려 들지 않는다. …… 우리는 중증 장애인과 성을 구매하는 다른 약자들이 유대 관계, 정욕, 성적 필요 등을 만족시키는 근본적인 방법은 다름 아닌 성매매 합법화에 있다고 생각한다. 그렇게 되면 중증 장애인, 나아가 그 가족들이 결혼을 통해서만 성적 욕구를 해결하는 한계에서 벗어나 또 다른 상상의 가능성을 가질 수 있을 것이다.[6]

성적 자원이 자본과 정비례한다는 건 너무나 자명한 사실이다. 하지만 코스와스는 공공연히 '계급 때문에 성적 자원에 격차가 생겨서는 안 된다'라는 것을 성매매 비범죄화의 이유로 든다. 이 주장은 찬성하는 사람은 적고 반대하는 사람은 많다.

리신勵馨재단The Garden of Hope Foundation, 여성의 전화, 타이완 엑팟ECPAT(국제 아동 성매매 관광 근절 단체) 등 10여 개 단체로 구성된 성착취반대연대는 성매매 합법화를 반대하는 타이완의 대표 단체라 할 수 있다. 이 연대는 성매매에 종사하는 여성은 '결핍에 의한 선택'이기에 그들이 스스로 주도권을 가졌다 인정한다 해도 사회나 성 산업에서는 여전히 대상화되는 객체라고 본다. 2011년

---

6 저우즈원·라이쭝위賴宗育·샤오이팅蕭怡婷·궈페이하오郭姵好,「1퍼센트의 인생승리팀 오토다케 히로타다 VS 99퍼센트의 루저남 중증 장애인」,『평찬메이風傳媒』, 2016년 3월 29일.

해당 연대는 성명을 발표해 다음과 같이 주장했다.

> 성 산업에는 사실 심각한 젠더 지배 문제가 내재돼 있다.
> …… 여성이 판매자가 되고, 남성이 구매자가 되는 이 같
> 은 생태가 오랜 세월 지속되면서 성 산업 내 여성의 성적
> 대상화를 줄곧 강화해왔다. 그러므로 오늘날에 이르러 누
> 군가는 성 노동에 종사하는 여성이 소위 자주권을 가졌다
> 고 생각할지도 모르겠으나, 실제 사회에서든 성 산업에서
> 든 여성을 도구화하고 대상화하는 시선은 어디에나 존재
> 하고, 그곳에 몸담은 여성은 이미 젠더 권력 관계에서 지
> 배를 당하는 객체가 될 수밖에 없다.
> 그 밖에도 국내외 경험이 일관되게 보여주는 건 성매매가
> 합법화된 지역에서는 집행 기관이 들어가 수사할 수가 없
> 어 인신매매 피해자의 강제 성 착취가 발생해도 구조할
> 기회를 좀체 얻지 못한다는 점이다. 게다가 윤락업소가
> 성 착취 피해자에게서 취하는 폭리가 다른 성매매 종사자
> 여성의 수준을 훨씬 넘어서는 데다가, 성매매 시장에 만
> 연한 상업화 시도와 새로운 수법들이 윤락업소로 하여금
> 고수익이라는 유혹을 좇아 합법의 이름으로 불법을 두둔
> 하며 범죄를 은닉하게 한다. …… 법적인 측면에서 보면
> 성매매 합법화는 타이완의 법률 가치 체계와 충돌한다.
> 타이완의 입법 가치상 사람의 신체를 대상으로 한 거래는

일괄적으로 '공공질서와 선량한 풍속에 저촉되는' 것으로 여겨 무효로 한다. 또한 유상의 방식으로 진행하는 신체 관련 시장 교환은 아예 불가능한 것으로 여긴다. 예컨대 타이완의 '신체장기이식 조례'에서는 장기 매매를 금지하고 있다. 게다가 소위 '사람을 노예로 삼는' 약정은 무효한 계약으로 본다. '부부관계를 한 번 할 때마다 대가를 지불해야 한다고 약정한다'와 같은 부부 약정 등도 현재까지는 법적 가치의 선택 과정에 있다. 현재까지는 사람의 신체와 관련된 유상 거래를 반드시 합법으로 전환해야 한다거나 그것이 법률이 보호할 만한 가치라는 주장은 여전히 인정받기 어렵다.

거기에 더해 성인의 성매매가 합법화된다면, 이는 곧 성매매가 합법적으로 선택할 수 있는 직업이라는 것에 타이완 사회가 동의한다는 뜻이 된다. 이렇게 되면 미성년(18세 이하)의 성매매 종사는 또 왜 금지해야 하는가? 성매매가 합법화되면 사회복지 단체가 아이들을 교육하는 과정에서 어떤 가치관을 전달해야 하는가? 학생들에게 취업지도를 할 때 '성매매'도 선택할 수 있는 직업으로 포함시켜야 하는가?

마지막으로, 언급하는 사람은 좀체 없지만 굉장히 중요한 부분으로, 성매매가 합법화되면 성 구매자와 성 산업에서 파생하는 문제, 예컨대 성을 구매하는 행위가 부부간의 유대 관계를 심각하게 훼손한다거나 상황을 모르는 아내나 여자친구에게 성병을 전염시킨다거나 하는 등등 적잖은 여성과 가정에 악몽을 초래한다. 성 산업의 거대한 이익은 불법적인 이익이 유통되는 경로를 형성해 인신매매를 불러오고, 마약이 증가하고, 범죄 조직의 폭력이 난무하는 등 우리 사회에 지대한 해악을 초래할 것이다.[7]

요약한다면, 성착취반대연대가 성매매 합법화를 반대하는 이유는 '입법 가치 체계와 충돌한다', '미성년자가 성매매에 종사하는 것을 막을 수 없다', '성 구매 행위가 부부간의 유대 관계를 심각하게 훼손한다', '성 산업의 방대한 이익이 불법적인 이익이 유통되는 경로를 형성한다' 등이다. 해당 연대는 성명에서 정부가 반드시 "여성 친화적 복지와 취업 정책을 내놓고 이미 성매매에 종사하는 여성에게 다양한 도움을 주어야 한다"고 제안하지만 장애인의 성적 필요가 이로 인해 영향을 받는지에 대해서는 언급하고 있지 않다.

성매매 합법화가 장애인의 성적 욕구를 해결하는 근본적인 방법인가? 장애인연대 사무총장 텅시화滕西華는 이는 굉장히 복잡한 문제이고, 사회의 여론과 토론도 양극단으로 갈려 한동안은 명

---

7 리리펀李麗芬, 「왜 성매매 합법화에 반대하는가 - 성착취반대연대의 주장」, 『신사회정책』, 2011년 2월.

확한 결론을 내리기 어렵다고 본다. 하지만 그녀 역시 2001년 타이베이시가 공창제公娼制를 폐지한 이후로 사회복지사로서 다소 곤혹스러웠다고 솔직하게 털어놓는다. 개별 사례로서 정신장애인 C의 성적 욕구를 어떻게 해결할지 난감했기 때문이다.

C는 마흔이 넘은, 정력 왕성한 남자다. C는 해소할 길 없는 욕망이 자신을 하지 말아야 할 일을 하도록 이끌지는 않을까 두려운 나머지 자발적으로 텅시화에게 도움을 요청했다.

"사회복지사로서 저와 이런 문제를 의논하고 싶어 하는 사례가 있다는 건 굉장히 기뻐할 일이죠. 적어도 C가 자신의 곤혹스러움을 나한테 털어놓으려는 거니까요. 전 그쪽으로는 굉장히 열려 있어요. 당시에는 타이베이시에 아직 공창이 있을 때였죠. C가 스스로 멋대로 찾아가는 건 위험할 것 같고, 제가 찾는 게 낫겠다 싶었어요!"

텅시화는 C의 소개로 공창을 찾아가 C의 심신 상태를 적극적으로 설명했다. 이를 이해한 상대가 손님으로 받겠다고 승낙하자 C에게 그 과정에서 지켜야 할 예의를 신신당부했다. 사전에 목욕을 하고 예의를 지키며 반드시 콘돔을 사용해야 한다고 말이다. C는 콘돔을 사용하고 싶지 않다고, 안 해도 되느냐고 흥정하듯 말했다. 텅시화는 사용하지 않으면 병이 생길 수 있고, 아래쪽이 썩으면 다음은 없을뿐더러 상대가 하지 않으려 할 것이라고 명확하게 알려주었다. 중간에서 왔다 갔다 하면서 정성을 쏟은 끝에 두 사람에게 서로의 상황을 충분히 이해시켰고, 쌍방이 주의해야 할 점을 세심하게 일깨워주었다. 이제 남은 것은 그들 자신의 일뿐이었다.

"사회복지사가 나서서 이런 일을 중재한다는 것이 불편하다거나 곤혹스럽다거나 하지는 않았나요?"

"아니요."

텅시화는 명쾌하게 대답했다.

"별로 중재랄 것도 없었어요. 본인이 이미 그 채널을 알고 있었고, 저는 그저 거기서 한 걸음 더 나아가 얼마나 위험해질 수 있는지 일깨워주었을 뿐인걸요. 사회복지사 양성 과정과 윤리 교육을 통해 제가 배운 건 개별 사례에서 무슨 말을 하든, 무슨 일을 하든 그것을 금기로 여겨서는 안 된다는 거였어요. 그래서 전 그들에게 개인적인 호불호를 거의 갖지 않아요. 공창이 합법적인 이상 제가 하는 건 그 채널에 문제는 없는지, 윤리적으로 충돌하지는 않는지 확인할 뿐이죠. 개별 사례에서 공창을 찾아가는 걸 도울 것인가? 도울 수 있죠. 살인과 방화는? 당연히 안 되죠."

텅시화는 다소 한탄하며 덧붙였다.

"이런 일은 전문적인 시스템에서는 전혀 언급되지 않아요. 그저 스스로 방법을 찾는 수밖에 없어요!"

공창제가 폐지된 후 합법적 통로가 없어졌다. 그렇다고 사창私娼을 찾을 수도 없고, 개별적인 필요가 굉장히 곤혹스러운 난제가 되었다.

"그 일은 제게 굉장히 큰 도전이자 갈등이었어요. 저도 알죠. 그 개별 사례만 생각해서 전체 성 산업이 여성에 대한 착취를 기반

7. 욕망의 출로

으로 한다는 사실을 무시해서는 안 된다는 것을요. 하지만 장애인의 입장에서 보면, 해결의 통로가 없어지는 거잖아요. 어쩌면 평생 자신의 두 손에만 의지해서 만족하는 수밖에 없을지도 모르고요. 그러면 어떻게 하죠? 성매매를 통하는 게 좋은 방법일 수는 없겠지만, 욕망을 억압하는 것으로 문제가 해결되지는 않잖아요. 그런 방식은 오히려 성적 안전, 성적 예의, 성적 건강에 대해 이해할 기회를 뺏는 거예요. 사람과 어떻게 상호 작용하고, 교류하며, 친밀한 관계로 발전해나갈지를 배울 기회는 더더욱 말할 것도 없고요."

텅시화는 부정하거나 주의력을 흩뜨려 욕망을 줄이는 방식은 오히려 죄책감만 불러일으키고, 자신에 대한 편견을 만들어 스스로를 병적이고 추하고 사랑받을 가치가 없는 존재로 여기게 하는 역효과만 불러온다고 본다. 그녀는 건강하고 온전한 성을 강조한다. 다시 말해, 성의 생리적 부분은 물론 심리적 부분까지 포괄하는 것이다. 보통 장애인의 성적 욕구를 언급할 때 '성의 생리적 필요'에만 지나치게 집중한 나머지 성의 심리적 부분이 주는 즐거움은 등한시한다. 텅시화는 장애인들이 성을 바르게 이해할 수 있도록 돕는 성교육 기회와 채널이 더 많이 필요하다고 말한다. 예를 들면, 전문적인 성상담을 통해 성이 무엇인지, 욕망이 무엇인지, 어떻게 올바른 사회 연결망을 통해 만족을 얻을 수 있는지 등등을 알아가는 것이 우리가 노력할 수 있는 방향이다. 정부나 민간단체가 직접 성 서비스를 제공해야 하는가? 누가 제공할 것인가? 또

사랑을 말할 때
우리가 꺼내지 않았던 이야기들

어떻게 규범화해야 하는가? 이런 문제들에 관해서는 텅시화 역시 그것이 어떤 상황일지 상상하지 못할뿐더러 찬성이나 반대 의견을 밝히는 것을 난감해했다.

밴쿠버의 '착취당한 목소리 연대Exploited Voices Allies'의 제스 마틴Jess Martin은 '장애인이 주체가 되는' 관점에서 '성매매가 장애인의 필요를 해결해줄 수 있다'는 견해에 반대한다. 마틴은 성매매가 진정한 유대 관계를 구축하는 데 방해가 될 것이며, 또한 사회적으로 소외된 여성을 통해 장애 남성에게 성 서비스를 제공하는 데는 그 어떤 정당성도 없을 뿐 아니라, 이는 전적으로 '에이블리즘ableism(장애차별주의 혹은 비장애인중심주의)'의 산물이라고 본다.

> 나는 비장애인이 성매매를 장애인의 인권이나 성적 표현 등과 관련된 의제로 취급할 때마다 화가 치민다. 이런 논점에는 잘못된 전제가 내포돼 있다. 일테면 장애인은 성적 매력이 없다든가, 그 누구도 무상으로 그들과 성관계하길 원치 않는다든가…… 장애인은 친밀한 관계나 친밀한 성을 위해 매매춘 제도가 필요한 게 아니다. …… 장애 남성의 성욕이 여성의 평등에 우선할 수는 없다. 파트너 식의 섹스가 인간의 권리라 할지라도 성매매 제도가 정당화될 수는 없다. 이는 뿌리 깊은 불평등 제도다. …… 설령 장애 남성이 주도적으로 성관계 대상을 찾을 수 없다 해도 가장 소외된 여성들을—그 가운데는 생리적, 지

적 혹은 발달장애를 가진 이들이 많다—통해 이 '서비스'를 제공하는 게 정당한가? 나는 그렇게 생각하지 않는다. 이 두 약자 집단이 서로 이익을 다투고 맞서게 하는 상황은 정말이지 받아들일 수 없다.

나는 장애인이 더 쉽게 성적 필요를 채우고, 더 즐겁게 누릴 수 있도록 사회가 나서야 한다고 확고하게 생각하지만, 그렇다고 성매매가 진보한 것이라 생각지는 않는다. 사실 이는 대립적이다. 우리는 통신과 과학기술을 발전시키는 방향으로 나아가야 하고, 대중교육을 통해 성매매 제도를 대체해야 한다. …… 장애인에게 성매매를 제공하는 것으로 서로 만족하고, 그것을 대가 없는 성관계의 대체품으로 삼는 사회는 의심할 여지없이 퇴보한 사회다.[8]

두 성인 간의 합의된 성매매에 공권력이 개입하는 것이 적절한가? 개입한다면 어디까지 개입할 수 있는가? 그렇게 개입했을 때 그건 협조인가 아니면 감금인가? 법의 허가나 국가의 승인을 통해야만 얻을 수 있는 성이라면 인권의 기본 정신에 위배되지는 않는가? 설마 모든 사람이 반드시 사회가 보편적으로 인정하는 성 관념과 행위 모델에 부합해야 하는가? '법에 따른 욕망', '법에 의

8 Jess Martin, "The notion that it's OK for disabled men to pay for sex is rooted in misogyny and ableism", *Feminist Current 11*, Nov. 2014.

사랑을 말할 때
우리가 꺼내지 않았던 이야기들

거한 성교'?

성과 장애의 관계에는 여전히 예민하고 심오한 의제가 매우 많아서 한 걸음 더 나아간 규명 작업이 필요하다.

실험과 논쟁, 그리고 해방

『섹스 자원봉사』를 읽은 독자라면 네덜란드 정부가 '성 보조금'을 제공한다는 사실에 상당히 놀랐으리라. 대개는 그런 방식을 들어본 적도 없을뿐더러 감히 상상도 하지 못했을 테니까. 이 책의 저자는 2002년 네덜란드에 인터뷰를 하러 갔을 때 SAR(또 하나의 관계 매칭 재단)의 마가리타 회장을 통해 이 정보를 알게 되었다. 마가리타는 해당 국가의 36개 자치 도시에서 장애인에게 보조금을 제공한다고 언급했다. 보조금을 받은 적이 있는 한스 빅이 이를 확인해주었다. 빅에게 보조금을 지급한 도르드레흐트 시 정부는 저소득층이면서 성 파트너가 없고 자위를 할 수 없는 등의 조건을 만족시켜야만 보조금을 신청할 수 있는데, 10년 동안 이 조건에 부합한 사람은 고작 5명이었다고 밝혔다. 그런데 저자가 사실 여부를 확인해달라고 다른 도시에 문의하자 돌아온 답은 하나같이 '지급된 적이 없다'였다. 알고 보니 해당 정책은 시민의 공감대를 형성하기는커녕 그들이 인정하고 싶어 하지 않는 부분이었다.[9] 2016년 홍콩여성기독교협회의 '장애인 성 연구팀'이 직접 네덜란드로 가서 조사한 결과에 따르면 10여 년 전에는 확실히 이 같은 복지가 있었지만 최근 들어 그런 정책은 거의 들을 수 없게 되었다.[10]

물론 네덜란드의 경험은 드문 사례이긴 하지만, 최소한 장애인의 성적 욕구를 사회적 돌봄의 일환으로 볼 수 있을까 하는 도전적인 사유와 시각을 제공한다. 2006년 유엔이 공포한 '장애인권리협약Convention on the Rights of Persons with Disabilities(CRPD)'의 제25조 '건강'에 관한 규정에 따르면 당사국은 반드시 "성과 재생산 건강과 전 국민 공중 보건 프로그램을 포함하여 다른 사람들과 동일한 범위, 질과 수준의 무료 또는 부담할 수 있는 비용의 건강 관리 및 프로그램을 장애인에게 제공한다"라고 규정한다. 그런데 장애인의 성과 재생산 건강 관련 필요는 어떻게 평가해야 하는지에 대해서는 여전히 모호하다. 공공 부문이 나서서 대답해주기를 바라는 건 그야말로 나무에 올라 물고기를 구하는 격이다. 위생복리부 공무원은 이렇게 털어놓는다.

9 가와이 가오리, 앞의 책, 164쪽 및 170~171쪽 참조. 저자는 마가리타가 언급한 "네덜란드의 36개 자치 도시에서 성 보조금을 지급한다"라는 말을 인용한 것 외에 도르드레흐트 시 정부가 밝힌 "10년 동안 이 조건에 부합한 사람은 고작 5명이었다"는 사실도 지적하고 있다. 하지만 중화권 언론의 보도와 자료는 한결같이 마가리타의 말만 인용할 뿐 도르드레흐트 시 정부의 설명은 생략해 사람들이 네덜란드의 성 보조금 지급이 굉장히 보편적인 일인 것처럼 오해하게 만든다.

10 홍콩여성기독교협회, 「2016년 네덜란드 장애와 성적 권리 고찰」 (중문판, http://www.youtube.com/watch?v=cCPLKPhobhw).

당장은 자원이 상당히 제한되어 있고, 이렇게 제한적인 자원을 사적 영역, 심지어 성 서비스에 할당할 것인가에 대해서는 현재 어떤 계획도 없습니다. 무엇보다도 어떤 측면에서는 여전히 논쟁적이잖아요. (기자: 말씀하시는 논쟁적이라는 건 무슨 뜻입니까?) 바로 '가장 우선하는 복지 서비스 항목이 아닌 것' 같은 데 정부가 자원을 제공한다는 것이죠. 정부가 그쪽으로 고민을 안 해본 건 아닙니다. 사실 그쪽으로는 보류하자는 의견이 많습니다. 자원이 제한적인 상황에서 반드시 우선순위에 놓아야 할 서비스들이 있잖아요. 어떤 서비스들은 현 상황에서는 언제쯤 고려할지조차 알 수 없습니다. 우선시해야 할 필요들이 끊임없이 등장하기 마련이니까요.[11]

성매매 합법화가 사회적 공감대를 형성하기 힘들다면, 영화 〈세션: 이 남자가 사랑하는 법〉의 마크 오브라이언이 고용했던 섹스 대리인sex surrogate은 고려해볼 만한가?

'섹스 대리인'은 윌리엄 매스터스William Masters와 버지니아 존슨Virginia Johnson이 1970년에 제시한 치료법이다. '성의 문제'는 다름 아닌 '파트너의 문제'라고 본 두 사람은 반드시 쌍방이 함께

11　왕웨이팅王韋婷, 「나의 천사인 당신의 손(2): 헤어나기를 기다리는 속박」, 타이완국제방송 홈페이지, 2016년 7월 26일.

　　　　　　　　　　　　　　　7. 욕망의 출로

치료를 진행해야 한다고 주장했다. 포옹, 마사지 등으로 촉각을 자극하고, 신체적 쾌감을 누리게 하여 유대 관계 형성에 대한 두려움과 초조함을 극복하게 해주어야 한다는 것이다. 클라이언트에게 반드시 고정적인 파트너가 있는 건 아니어서 그들이 섹스 대리인을 모집하거나 클라이언트가 자체적으로 대리 파트너replace-ment partner를 찾아 치료 과정에서 파트너 역할을 하게 했다.

1980년대에 오브라이언은 캘리포니아 로스앤젤레스에 위치한 성과 장애 센터Center on Sexuality and Disbility의 주선으로 전문 섹스 대리인 셰릴 코헨 그린Cheryl Cohen Greene을 만나 수차례 유료 치료를 진행했다. 그린은 세심한 애무와 터치를 통해 오브라이언이 자신의 성감대를 이해하도록 도우면서 몸의 감각을 일깨우고 영혼을 전율하게 했다. 한번은 그린이 거울을 보여주면서 오브라이언에게 거울에 비친 전라의 자신이 어떤지 말하게 했다. 여섯 살 때부터 자기 몸을 본 적이 없던 오브라이언은 이번에는 거울을 통해 꼼꼼하게 구석구석 뜯어보면서 자신의 신체가 상상만큼 그렇게 공포스럽거나 비틀어지지 않았음을 발견한다. 이 일이 있고 나서 오브라이언은 친구에게 그린과의 경험이 인생을 바꾸어놓았고 '승리, 순정, 위안'을 느낄 수 있었다고 털어놓는다.[12]

그린은 대체 어떤 기교와 태도로 오브라이언에게 이처럼 독특한 느낌을 준 것일까? 그린은 자서전 『한 번 해도 될까요?』[13]에서

---

12 Mark O'Brien, 앞의 글 참조.

자신의 일은 클라이언트의 경험이 부족하거나, 정서적 유대 관계를 겁내거나, 발기부전이거나, 수치심을 느끼거나 하는 문제를 해결하도록 돕는 일이지 단순히 쾌감을 얻게 하는 것이 아니라고 토로한다. 그린은 많은 시간을 들여 키스하고 애무하고 대화하면서 해부학과 성욕의 관점에서 클라이언트가 신체의 기능을 이해하도록 이끈다. 그렇게 하는 목적은 '건강한 유대 관계를 형성하는' 것이다. 유대 관계 구축의 중요성은 단순한 성적 욕구 해소를 훨씬 뛰어넘는다.

> 누구에게나 섹스를 통해 만족과 사랑을 얻을 권리가 있다. 내 경험에 의하면, 섹스 역시 어느 것 못지않게 견실한 소통, 높은 자신감, 탐구하려는 의지를 가져다줄 수 있다. 사람들이 솔직하고 두려움 없는 마음으로 이 목적에 도달하도록 일깨워주는 주는 것이 내 임무다.

그린은 몸소 보여주는 방식으로 어떻게 '사랑할지'를 클라이언트에게 가르친다. 치료 과정에서 신뢰할 수 있고, 포용적이며 개방적인 분위기를 조성해 상대방이 안심하고 진정한 자신을 드러

---

13 Cheryl Cohen Greene · Lorna Garano, *An Intimate Life: Sex, Love and My Journey as a Surrogate Partner*, Soft Skull Press, 2012(한국어판은 셰릴 T. 코헨 그린 · 로나 가라노, 조윤정 · 이병무 옮김, 『한 번 해도 될까요?』, 다반, 2013 -옮긴이).

낼 수 있게 한다. 그린은 자신이 제공하는 건 '성' 서비스만이 아니라 '사랑'의 치료라고 강조한다.

'섹스 대리인'이 장애를 가진 사람의 성적 문제를 해결하도록 돕는 일은 의료 행위에 해당하는가? 이 문제는 오늘날까지 여전히 논쟁 중이다. 당시 마스터스와 존슨은 '섹스 대리인'을 테라피스트(치료사)라기보다는 협력자helper로 여겼다. 그 안에는 전문가의 확정이 필요한 일도 있기 때문이다. 예컨대 '섹스 대리인'이 하는 일을 어떻게 규정할 것인가와 관련해서는 의료 행위라고 생각하는 사람, 감각을 일깨우는 모험이라 여기는 사람, 매춘이라 치부하는 사람 등등 일치된 견해가 없다. 거기에 더해 심지어 그들 가운데 자칭 '섹스 대리인'이라지만 실상은 허울 좋은 간판을 내건 포르노 업자인 경우도 허다하다. 현재 미국에서 '섹스 대리인' 인증기관은 '미국 성교육자 및 상담사 협회American Association of Sexuality Educators and Counselors' 한 곳뿐이다. 인증을 신청하기 위해서는 반드시 사회복지사 혹은 정신과 의사 면허증이 있어야 하기 때문에, 이 조건에 부합하는 합법적 '섹스 대리인'이 많지는 않으리라 미루어 짐작할 수 있다.

당연히 모든 장애인이 '섹스 대리인' 방식을 지지하는 건 아니다. 뇌성마비 페미니스트 작가인 에린 테이텀Erin Tatum은 섹스 대리인이 장애인의 성 문제를 해결해준다고 기대하는 건 그야말로 문제를 지나치게 단순화하는 것이라 비판한다. 〈세션: 이 남자가 사랑하는 법〉과 같은 부류의 영화가 빠지기 쉬운 상투적인 패턴

처럼 말이다. 일테면 장애인이 성매매를 선택하는 건 단순히 총각 혹은 처녀 딱지를 떼고 싶어서라거나, 사회 규범에 저항하고 싶어서라거나, 고독하기 때문이니 첫 경험만 하면 어떤 어려움도 자연스럽게 해결된다는 식 말이다.

어찌 됐든 이 담론과 관련해 솔직하게 이야기하자면, 장애인의 성은 언제나 존중받지 못했다. 그런 행위가 어느 정도 받아들여진다 해도 장애인은 여전히 때때로 '우리의 성적 욕망은 언제나 의도적인 계획을 통해서만, 출산과 양육의 고통을 배제한 상태에서만 충족이 가능하구나' 하는 사실을 상기하게 된다. 어쨌든 장애인을 욕망의 대상으로 진지하게 바라보는 사람은 없다. 이런 문화적 오명은 지금껏 의심받아본 적도 없거니와 되레 갈수록 견고해지고 있다.

…… 누군가 성매매를 하겠다고 결정한다면 그건 그들의 선택이다. 하지만 이것이 우리의 유일한 선택지여서는 안 된다. 우리가 원하는 게 단지 성만이 아니라면? 우리가 원하는 게 대화라면? 데이트라면? 반려자라면? 매력적인 사람과 어울리면서 그 상대에게 혐오나 가소로움이 아니라 영광스럽다는 느낌을 주고 싶다면? …… 성이 인류의 기본적인 경험으로 여겨지면서 누군가가 이런 경험을 할 수 있게 협조하는 것이 주류 사회가 죄책감을 더는 수단

　　　　　　　　　　7. 욕망의 출로

이 되고, 장애인들이 자신이 사회적 평등을 이루었다고 믿도록 '허락'된다면 제기랄, 이것이야말로 (말장난하려는 게 아니라) 정말이지 가소롭기 짝이 없다.[14]

장애인연대의 전 사무총장이자 입법위원인 왕룽장王榮璋은 반드시 전문가의 상담과 평가를 거쳐야만 자기 욕망을 충족시킬 수 있다는 결정이 내려진다면, 과연 장애인 가운데 섹스 대리인을 통해 그 목적을 얻으려는 사람이 있을까 회의한다. 그는 흥미로운 예를 들어 설명했다.

"그건 말이죠. 오늘 루러우판魯肉飯(덮밥처럼 밥 위에 볶은 고기를 올린 것으로 저렴한 가격에 간편하게 먹을 수 있다-옮긴이)을 먹으려는데 누군가 나를 대신해서 이 음식이 먹기에 적절한지 아닌지 평가해주고, 또 나를 대신해 왜 닭고기덮밥이 아니라 루러우판을 먹어야 하는지를 분석해주는 것과 같다고 할 수 있죠. 제 생각에는 그 평가가 끝날 때쯤에는 대개 입맛이 뚝 떨어질 것 같은데요. 하물며 사람마다 먹는 양이 다르잖습니까. 한 끼에 한 그릇이면 충분한 사람도 있고, 한 끼에 세 그릇을 먹어야 하는 사람도 있죠. 이런 필요는 어떻게 따지고 어떻게 평가해야 하죠? 정말이지 상상이 안 돼요!"

---

14 Erin Tatum, "Why Getting Laid Isn't the Answer to Ableism", *Everyday Feminism Magazine*, 28 Jan 2014.

왕룽장은 '성'과 '관계 형성'은 동전의 양면과 같아서 후자는 외부에서 제공할 수 있는 게 아니라고 밝힌다. 현재 이 문제에 대한 토론이 성 자체에만 지나치게 집중한 나머지, 관계 형성의 중요성은 소홀히 한다고 본다. 만약 정부가 이 같은 서비스를 좀 더 앞당겨 내놓을 의향이 있어 성매매가 합법화되기 전에, 특별히 일부 대상(예를 들면 노약자와 장애인)에게만 법적 규제를 풀어 합법적으로 성매매를 할 수 있게 한다 해도, 혹은 별도의 규범을 마련하고 전문가의 평가를 거쳐 어떤 조건(어떤 조건인가?)에 부합할 경우 매매할 수 있게 한다 해도 그는 유보적인 입장을 취한다.

"저는 장애인은 스스로 사회에서 멀어져서는 안 된다고 생각합니다. 정부가 장애인을 특수화해서 타이완 전체에서 그들만 한정적으로 매춘을 할 수 있게 한다거나, 전문가의 평가를 통해 섹스 대리인을 찾을 수 있게 하는 것이야말로 장애인에 대한 가장 큰 차별입니다!"

왕룽장은 손천사의 출현에 관해서는 지금까지 아무도 건드리지 않았던 의제를 외부에서 주목하게 했다면서, 그들이 성공하기를 기꺼이 바란다. 그러나 정부나 민간에서 직접적이든 간접적이든 관련 서비스를 제공하고자 한다면? 섹스 대리인 제도는 실험인가, 해방인가, 혹은 새로운 논쟁을 불러오는 것인가? 이와 관련해서는 사회 전체의 성에 대한 태도, 장애인에 대한 태도가 철저히 전복되지 않는 한 문제가 끝까지 해결되지 않으리라고 본다.

척수장애인 '자객'이 하는 말처럼 말이다.

정말로 섹스만 하고자 하는 게 아니다. 우리가 진짜 하고 싶은 건 자신이 보통 사람과 마찬가지로 연애할 수 있고, 사랑하고 사랑받을 권리가 있으며, 성생활을 할 수 있음을 증명해 보이는 일이다. 기존의 사회적 관념과 통념에 사로잡혀 하고 싶다는 마음의 소리를 외치지 못하고 삼키는 것이 아니라. 대체 누가 신체장애인은 성 생활을 할 수 없고 그저 속박당한 채 들이댄 확대경에 감시당해야 한다고 규정하는가? 성적 욕망의 발산은 다른 모든 사람과 마찬가지다. 다만 형식과 느낌이 다를 뿐이다. 관계 형성과 친밀한 상호 작용을 통해 우리 신체장애인도 인간의 기본 권리와 가치를 누릴 수 있다.[15]

인류의 모든 차이는 오명을 뒤집어쓸 가능성이 있다. 주류 사회가 툭하면 장애인의 성을 병리 현상으로 취급하거나 악마화하는 것처럼 말이다. 그러는 통에 인권운동가들은 제한된 자원과 조건 속에서 길을 모색하는 수밖에 없고, 심지어 상처와 고통을 끌어안은 채 홀로 비틀거리며 걸어가는 수밖에 없다. 하지만 이데올로기의 변화는 절대로 단번에 성공할 수 없다. 어떻게 저 높고 높은 곳과 낮고 낮은 곳 사이에서 해결의 길을 모색할 것인가?

15 자객, 「말할 수 있는 비밀」, 장애인 서비스 정보 네트워크, 2010년 9월 28일.

어쩌면 지금 우리에게 당장 필요한 건 법이나 제도의 개혁이 아니라 성 관념의 해방인지도 모른다. 성의 범람이 아니라, 지식과 마음의 해방 말이다. 성 혹은 성교육 이야기를 꺼내기만 하면 그룹 섹스, 동성애, 근친상간, 원 나잇 스탠드, 수간 등을 떠올리면서 성적 욕구를 전적으로 문제시하고 불안해하는 태도야말로 더 넓고 자유로운 미래로 나아가기 위해 반드시 뛰어넘어야 할 마음의 문턱이다.

신체는 인류가 자아를 장악하는 도구이자 외부와 소통하는 수단이다. 단지 육신이 존재하는 곳일 뿐만 아니라, 인간이 세계로 진입하는 중요한 통로다. 타인의 고통과 기쁨에 공감하고, 사회의 명과 암을 이해하는 일은 모든 사람이 반드시 배워야 하는 과제다. 머지않은 미래에는 모든 사람의 성이 보장받거나 해방될 필요 없이 누구나 다 유일무이한 육체를 통해 사랑과 욕망의 한가운데서 속박이나 족쇄, 죄책감이 아니라 진실한 쾌락을 얻었으면 한다.

인간으로서의 존엄을 모든 장애인에게 돌려주자. 이는 인도주의적인 동정이 아니라 인간의 본성을 펼쳐 보이는 일이다.

7. 욕망의 출로

암흑을 걸어 나오면서

_ 황즈젠(손천사 창립인)

유폐는 내 인생의 출발점이다. 하느님은 어찌나 잔인한지, 걷는 느낌이 어떤 것인지 전혀 기억하지 못하도록 내가 막 걸음마를 배우던 한 살 하고도 3개월째에 유행을 좇아 이름도 알지 못하는 '죄업'—소아마비에서 지금의 노아老兒마비까지—을 평생 짊어지게 했다. 겉으로는 낙천적인 이미지지만, 내 마음속의 길고 긴 유폐를 들여다볼 수 있는 사람이 몇이나 될까? 나는 그저 이렇게 말하는 수밖에 없다. 낙관은 삶을 지탱하는 자양분이고, 일체의 해탈은 죽어 흙으로 돌아가야만 먼지가 될 수 있다고.

암흑은 내 인생의 전환점이다. 스물아홉 해 동안 불구不具[1]와의 항전을 겪은 나는 마침내 그것과 어떻게 공존공영해야 할지를 깨닫고는 모든 속박에서 벗어나 자유롭게 인생길을 걷기 시작했다. 하지만 그림자처럼 따라다니던 하느님은 스물아홉 살 그해에 또 다시 나를 암흑의 나라로 집어넣어 친구로 지내던 이성애자 남성을 사랑하게 했다. 나는 밤의 왕국의 신공원을 거니는 서자가 되었다(이 또한 일종의 유행인가? 누군가 동성애가 유행이라고 말했다). 하느님은 몹시 흐뭇해하며 또다시 나를 영원히 가두었다고 여겼지만, 하하, 나는 손오공이 여래불의 손바닥에서 어떻게든 벗어나고 싶어 하는 그 심정을 똑같이 느낄 수 있었다. 손오공은 실패했다! 하지만 스물아홉 해 동안 장애에 감금되었던 노아마비의 나는 이미 그 안의 오묘함을 깨달아버렸다!

하느님, 당신 날 어쩌시려고요?

1 지금의 50대가 태어난 시대에는 '장애인'을 '불구자'라고 불렀다(타이완에서 장애인을 부르는 명칭이 잔장자殘障者에서 장애자障礙者라고 변화한 과정을 설명하고 있다. 독자의 이해를 돕기 위해 잔장자를 '불구자', 장애자를 '장애인'이라고 옮겼다—옮긴이). 훗날 전 입법위원 쉬중슝徐中雄이 심신장애인身心障礙者이라는 용어를 제안해 불구자를 대체했다. 나는 개인적으로 '불구자'라는 용어를 싫어하지만, '심신장애인'이라는 용어는 더 싫다. 이름을 바꾼다고 더 나아지는가? 만약 정말 그렇게 된다면, 나는 당연히 두 손 들어 지지할 것이다. '심신장애인'이라는 용어는 오히려 자신이 불구라는 사실을 받아들이지 못한다(이는 여전히 자기 비하와 자기 도피라는 심리 현상이다)는 뜻일 뿐 아니라, 그런 말을 쓴다고 '심신장애인'을 위한 복지가 더 나아질 리도 없는데 무슨 의미가 있는가? 나는 수년간 불구라는 이 용어를 끌어안고 있었지만, 오히려 더 용감하게 불완전함이라는 현실을 직면하고 받아들였음은 물론 한 걸음 더 나아가 이를 불구라는 오명을 뒤엎어버리는 동력으로 삼았다. 이것이야말로 소아마비와의 공존공영을 구현한 것이라 생각한다. 그래서 나는 이 글에서 여전히 불구라는 용어를 고집스레 사용할 것이다. 이런 나를 이해해주기 바란다. 하지만 나는 여전히 불구든 심신장애든 각자가 원하는 용어를 사용할 자유를 존중한다.

추천의 글

거짓말이 아니다. 내가 아주 어렸을 때 임신 7개월째인 어머니가 나를 업고 먀오산苗山[2]에 올랐다. 선단仙丹(신선이 만든다고 하는 장생불사의 영약-옮긴이) 한 알을 구해 그것이 내 소아마비를 치료해주길 바라면서 말이다. 어머니는 여느 때처럼 처절하게 실망했고, 어린 나는 어머니의 상실감을 이해하지 못했다. 하지만 스물아홉 해 동안 불구의 몸으로 겪었던 학대와 시달림 속에서 나 역시 고독하고 처참하게 선단—불완전함 속에서 완전함을 체험했다—을 빚어낸 것만 같다. 이 선단은 내가 오명과 함께 앞으로 나아갈 수 있게 했고, 그 오명을 뒤집어엎을 힘을 갖추게 했다. 하느님한테는 죄송하지만, 나는 이미 나의 불구 인생을 뒤집어엎을 능력이 있고, 동성애라면 더더욱 뒤집어엎을 능력을 갖췄다. 동성애는 장애에 비하면 식은 죽 먹기다! 소아마비와의 공존공영을 시작하고부터 나는 줄곧 오명에 직면해 뒤집기를 나의 방패로 삼아왔다. 하지만 점차 나이가 들면서 하느님이 나를 얼마나 애지중지하는지 알아차렸다. 알고 보니 하느님은 동성애자라는 정체성을 내 고생스러운 불구 인생에 상으로 준 것이 아닌가. 장애와 동성애는 내 인생에서 가장 큰 장점이고, 또한 내가 LGBT 운동과 장애인 인권운동에 계속해서 뛰어들 수 있게 하는 자양분이다.

'암흑의 나라(이 책의 원제-옮긴이)'라는 이 책의 제목을 처음 본 순간 나는 가슴이 덜컥 내려앉았다. 자오루가 정말이지 날 위

***

2 먀오산은 내가 태어난 라오스에 있는 산간지대다.

사랑을 말할 때
우리가 꺼내지 않았던 이야기들

해 썼구나 하고 착각할 정도로 내 인생에 딱 들어맞는 제목이 아닌가. 지금 생각해보면 정말 사람은 자기 얼굴이 못생긴 걸 모르고, 말은 자기 얼굴이 긴 걸 모르는 꼴이었다. 오해를 해도 너무 크게 하는 바람에 주제도 모르고 이 글을 쓰겠다고 승낙해버렸다. 감히 자오루 앞에서 내가 무슨 덕과 능력이 있다고! 하지만 입을 놀려 덜컥 약속을 해버렸으니 완성된 이 원고를 부지런히 읽고 (내 남자친구는 나를 향해 고개를 절레절레 내저으며 책 읽는 게 어찌나 느린지 거북이보다 더하다고 놀렸다. 나는 뒷부분을 읽다가 앞부분을 까먹어 다시 앞으로 돌아가 한 번 더 읽어야 했다. 내가 아직 채 한 장도 읽지 못했을 때 그는 이미 전체를 다 읽은 뒤였다. 나는 어렸을 때 읽었던 '거북이와 토끼'의 거북이처럼 부단히 노력했지만, 아직도 결승점에 도착하지 못했다) 가장 진지한 마음으로 독자들과 내 생각을 나누고자 한다. 다행스러운 건 자오루의 이 역작에 한구석이나마 힘을 보탤 수 있다는 것이고, 불행은 전적으로 내 문제인데 내가 가방끈이 너무 짧다는 것이다. 하지만 나는 최선을 다해서 자오루와 편집자가 내게 보여준 신뢰 (틀림없이 격려이리라. 하지만 농담이 아니고 이들 역시 진짜로 죽음을 무서워하지 않는 것 같다!)를 저버리지 않을 것이다. 그런데 제발 나의 이 글이 이 책의 수준이라고는 생각지 말기를. 자오루의 이 책은 베테랑 장애인인 나를 정말로 감동시켰다. 나는 학술적인 글로 장애 의제를 연구하고 토론하는 걸 별로 좋아하지 않는다. 오로지 현실 생활에서 장애인이 경험하는 희로애락과 그들이 처한 상황을 들여다보는 것만을 좋아한다.

추천의 글

자오루가 찾아낸 인터뷰 대상자들이 풀어놓은 장애 인생의 사연을 하나하나 읽을 때마다 나는 놀라지 않을 수 없었다. 자오루는 어떻게 이런 수완을 발휘할 수 있었을까? 자오루가 쓴 글에 빠져들면서 나는 손천사에서 일하며 자원봉사자들의 인터뷰를 맡았을 때, 그리고 서비스 대상자(신청자)와 한 달 반가량 인터뷰를 진행하며 그들의 삶으로 들어가 우리가 장애인으로서 겪는 기쁨과 슬픔을 함께 느껴보던 때로 되돌아간 기분이었다. 손천사는 줄곧 평등하고 계급 차별 없는 태도로 서비스하기를 견지해왔다. 그래서 서비스 대상자와의 인터뷰 자원봉사는 전부 장애인이 맡아왔다. 우리가 만나서 인터뷰할 때는 굳이 많은 말을 하지 않아도 평등의 이념이 실현된다. 인터뷰는 자연스럽게 진행되고, 깊이 생각할 필요도 없이 우리는 장애인 삶의 공통 언어를 이해할 수 있다. 심지어 인터뷰를 하다가 순식간에 친구 사이가 되기도 한다. 그들은 힘든 적은 없었느냐며 장난 섞인 조롱의 말을 건네기도 한다. 나는 기분이 좋아 죽겠는데! 그런 농담은 오로지 친구 사이에서나 감히 할 수 있는 것이다. 그렇지 않은가? 이런 이유들로 나는 더 빨리 그들의 삶으로 들어갈 수 있다. 끝 모르고 이어지는 대화를 통해 나는 성 자원봉사자와 행정 자원봉사자가 서비스 대상자에 대해 더 상세히 알 수 있도록, 그래서 당일에 더 완벽한 서비스를 제공할 수 있도록 돕는다.

이 책의 독자인 당신 역시 자오루가 솔직하게 쓴, 장난 섞인 조롱을 당하는 그녀의 모습에 미소 짓지 않을 수 없으리라(맞다. 인정한다. 이 기회를 빌려 자오루를 놀리려는 게 맞다). 자오루의 인터뷰를 읽으며, 나는 그녀가 인터뷰를 진행하는 그 순간에 자신을 인터뷰 대상자와 같은 자리에 두고 있다는 걸 느낄 수 있었다. 내가 감탄하는 지점이 바로 이 부분이다. 잔인하게 말하면, 이 사회가 장애인을 대할 때 은연중에 드러내는 것은 '내가 당신에게 시혜를 베푸니 나는 당신보다 한 단계 위'라는 식으로 상대를 내려다보는 태도다. 시혜자는 무감각한데, 수혜자는 또 다른 집단 따돌림, 즉 일종의 계급에 따라 나뉜다는 치욕스러운 느낌을 받는다. 특히 사랑이라는 이름일 때는 어찌나 혐오스럽기 그지없는지. 그러므로 손천사의 서비스에서는 이런 종류의 또 다른 집단 따돌림을 느끼지 않도록 신경 쓴다. 자오루의 글에서도 그 같은 평등 의식이 드러나서 굉장히 감명 깊었다.

책에서 여성 장애인들의 인터뷰를 보았을 때는 온몸이 오싹할 정도로 감동적이었다! 여성은 욕망에 직면할 때 입을 떼기가 쉽지 않다. 대개는 주변의 동료나 가족들에게서 압력이 가해지고, 그에 더해 보이지 않는 전통 관념이 여전히 족쇄를 채운다. 일반 여성들 대부분이 이런 상황이니, 하물며 중증의 장애 여성이야 더 말해 뭐하겠는가. 감히 입을 열어 성에 대해 이야기하면, 같은 여성인 친구도 대개는 받아들이지 못한다. 손천사가 만들어진 지 5년이 되었는데, 겨우 2년 전에야 가까스로 '메이뉘'라는 가명의 여성에게 서비스를 제공할 수 있었다. 나를 힘들게 한 일이 하나 있었다. 재작년의 '아이메이아이메이礙美愛美(발음을 염두에 두고 행사

명을 만든 것 같아 번역하지 않고 그대로 두었다. '장애의 아름다움, 사랑의 아름다움' 정도로 옮길 수 있다-옮긴이)' 행사에서 손천사는 헤어디자이너와 스타일리스트를 불러 중증 장애인들을 정성껏 꾸미고, 사진작가를 통해 그 아름다운 모습을 사진으로 남겼다. 우리가 한 가지 좋은 일로 기뻐하고 있을 때 그 가운데 한 여성 중증 장애인이 하는 말이 들렸다. 친구가 자신의 파마한 머리를 보고는 뜻밖에도 한두 번도 아니고 거듭 이렇게 지적했다는 것이다.

"몸이 이렇게 장애인인데, 무슨 파마를 하러 가니?"

이 말을 듣고 나는 정말로 눈이 휘둥그레졌다. 행사에 참여한 그녀를 보며 마음이 아팠고, 그녀에게 지적질을 한 친구 때문에 속이 상했다. 설마 그녀가 장애의 긴고주緊箍咒(서유기에서 삼장법사가 손오공의 머리에 씌운 금테를 조일 때 사용하는 주문으로 사람을 구속하는 사물이나 골칫거리를 일컫는 말이다-옮긴이)에 갇힌 것도 모를까 봐. 정말이지 내가 지금 무슨 고대에 와 있는 건 아닐까 착각할 정도였다. 예뻐지고자 하는 욕망조차 이렇게 장애로 첩첩이 둘러싸여 있다. 자오루가 인터뷰한 여성 장애인들이 결혼을 하는 과정에서 부딪힌, 상상조차 하지 못했던 장애물들을 보면서 눈물을 글썽이지 않을 수 없었다.

자오루의 인터뷰는 장애인의 결혼과 출산 문제도 건드린다. 어떤 사람들은 장애인이 어떻게 아이를 돌볼 수 있느냐며 줄곧 이를 반대해왔다. 내가 이해할 수 없는 건 이런 거다. 오늘날 마마보이 젊은이들이 결혼해 낳은 아이들을 두고, 그런 사람들이 어떻게 아이를 돌보겠느냐고 우려하는 사람은 없다. 하지만 그들 대부분이 결국 부모에게 아이를 떠넘겨 부모가 대신 돌본다. 내 말은 아이를 낳아 부모에게 떠넘기라는 뜻이 아니라, 왜 지적장애인과 마마보이는 이토록 천양지차의 대우를 받아야 하는지 이해할 수가 없다는 것이다. 유럽과 아메리카 선진국의 장애인 복지정책을 주목해보면, 그 나라들은 지적장애인이 임신했을 때 출산 전에 아이를 어떻게 돌볼지를 가르치는 등 세심한 준비를 해두었다. 이에 반해 타이완의 장애인 복지정책은 아직 그 정도까지 발전하지 못했다. 너무나 안타까운 일이다. 심지어 사람들은 지적장애인이 가정폭력이나 아동학대, 아동 유기 같은 일을 저지르지 않을까 우려한다. 한번 신문을 펼쳐 보시라. 가정폭력, 아동학대, 아동 유기 같은 뉴스의 가해자가 비장애인인가, 아니면 지적장애인인가. 어느 쪽이 더 많은가?

이 책에서는 타이완으로 시집온 외국인 신부들도 언급하고 있는데, 그들의 이야기에 마음이 쓰라렸다. 그들의 사연에 얽힌 복잡함과 잔혹함은 한마디로 뭐라 말하기 힘들다. 감정을 이입해서 본다면 한두 가지 이해 못할 바도 아니겠지만, 인간적으로 이는 약자가 약자를 괴롭히는 처참한 지경에 빠지는 격이다. 바꾸기 쉽지 않은 현 상황에서 우리가 외국인 신부들에게 좀 더 마음을 열어 이웃으로 대할 수 있다면, 우리의 부족한 점을 채울 수 있지 않을까? 이 현상은 장애인 고용주가 외국인 노동자를 잔인하게 착취하는 모습과 판에 박은 듯 똑 닮았다. 환경이 더 나아지고, 인간

추천의 글

마음의 중심이 달라져 이 처참한 지경에 처한 사람들이 고통의 바다에서 헤어 나오기를 진심으로 바란다.

나는 자원봉사 단체 손천사를 만들고 나서야 나와 다른 장애를 가진 사람들이 감수해야 했던 고통을 더 깊이 체감할 수 있었다. 그런데 자오루는 직립인(이는 최근 몇 년 들어 지체장애인이 사지 멀쩡한 사람을 부르는 호칭이다)이면서도 깊은 공감을 느끼며 장애인의 삶으로 들어왔고, 그것을 한 권의 책으로 엮어 사회의 대중 독자들에게 창문 하나를 활짝 열었다. 설교하는 방식이 아니라 하나하나의 사연을 간곡하게 전하여 사람들을 생각에 잠기게 하고, 겹겹의 장애를 하나씩 해체했다. 책 전반에 걸쳐 인터뷰를 통해 한 사람 한 사람 삶의 이야기를 끌어내고, 선동하기보다는 그저 담담하게 서술해 나가다가 간간이 자신의 감정을 진솔한 글로 살그머니 드러낸다. 이는 창작이 아니라, 현실 사회에서 대부분의 사람이 등한시하는 변방의 모퉁이에 관한 기록이다. 나는 한 글자 한 글자 읽어 나가면서 우리 손천사와 자오루가 같은 이념을 가지고, 같은 걸음을 내딛고 있음을 보았다. 다시 말해서 우리는 장애인이 처한 현실을 드러내고자 노력하고 있다. 눈에 보여야만 이해받을 기회가 있고, 바뀔 기회 역시 있다.

손천사는 한 걸음 또 한 걸음 타이완의 장애인을 위해 '장애인의 성적 권리가 곧 인권이다'를 외쳐왔다. 하지만 나에게는 남모를 큰 걱정이 있다. 자오루가 책에서 언급하고 있듯 위생복리부의 2016년 성범죄 통계에 따르면, 타이완의 한 해 성범죄 발생 건 수는 8000여 건이고 그중 10퍼센트가 넘는 피해자가 장애인이다. 손천사의 서비스를 통해 확인한 바로는 일반적으로 장애인에게는 성적 욕망이 없다고 여겨질 뿐 아니라, '성적 욕구가 있는 것이야말로 잘못된 것이다'라는 그릇된 교육 때문에 장애인들이 자신의 신체와 욕망을 이해하기는커녕 자신을 보호하지도 못하는 상황이 되고 말았다. 이런 사정은 무엇이든 교육에서 시작해야 한다는 뜻이기도 하다. 하지만 유감스럽게도 타이완의 동성애 반대 단체들이 종교 단체와 연합하여 단순히 동성애를 반대하려는 목적으로, 최근 몇 년간 성과를 내던 양성평등교육과 성교육을 학교 밖으로 쫓아내려는 무리한 시도를 하고 있다. 이는 단지 청소년들이 자신의 신체를 올바르게 이해하고, 욕망을 대면하도록 돕는 교육을 내던져버리는 문제에 그치지 않는다. 무엇보다 슬픈 예감은 장애인 성교육이 어쩌면 무한정 연기될지도 모른다는 점이다. 이는 내 마음속의 커다란 걱정거리다! 이는 또한 성교육에 뜻이 있는 인사들이 대수롭게 넘겨서는 안 되는 중대한 교육적 퇴보이기도 하다.

암흑의 반대말은 광명이다. 이는 동전의 양면과도 같다. 자오루에게는 대중이 장애인들의 암흑을 볼 수 있었으면 하는 마음이 있다. 다행스럽게도 나와 자오루는 각자의 영역에서 노력하고 있다. 나는 버드나무가 우거진 후에 꽃이 만발하듯이 암흑의 막다른 곳에서 새로운 희망이 움트기를 기대한다. 나는 유폐된 채 태어났지만 암흑에서 걸어 나와 햇빛이 찬란하게 쏟아지는 길을 이미 걸

고 있다. 더 많은 장애인 친구들이 암흑에서 걸어 나올 수 있기를
희망한다.

■ 이 글을 쓴 황즈젠은 손천사의 창립인이자 '장애인퀴어타이완
장애인동성애단체' 창립인이다. 또한 타이완장애희망프로젝트
협회 이사장, 진심퀴어동성애방송 프로그램 진행자이다.

나는 지금 비장애인이다. 물론 내가 언제 사고를 당할지, 내 몸의 기능이 언제 고장날지 모르는 일이기에 잠재적인 장애인이기도 하다. 비장애인으로서 장애인의 성과 사랑을 다룬 책을 번역하면서 내가 아무렇지도 않게 혹은 무심결에 장애인을 비하하는 용어를 쓰지는 않을까, 장애와 장애인에 대한 내 무지와 감수성이 들통 나지는 않을까 걱정이 되었다. 나는 과연 장애와 장애인에 대해 얼마나 알고 있을까.

내 인생에서 장애인을 본격적으로 의식하기 시작한 시기는 2000년대 초반 타이완에 머물 때였다. 당시 나는 타이베이의 다안썬린大安森林 공원을 제 집 드나들 듯 수시로 거닐었다. 태양이 작열하는 날도, 소나기가 퍼붓는 날도, 마음이 울적한 날도, 밥이나 술을 먹은 다음에도, 친구와 재잘거릴 때도 늘 다안썬린 공원

315

의 어느 한 곳을 거닐고 있었다. 그때마다 휠체어에 앉은 사람들과 그 뒤를 따르는 외국인 여성 노동자들이 눈에 띄었다. 언제 가더라도 늘 거기에 있었기에 자연스럽게 눈에 들어왔다. 타이완에 유독 장애인이 많은 건 아닐 텐데, 한국에서보다 훨씬 더 자주 일상에서 장애인들을 만날 수 있었다. 타이완의 장애인들은 집 안에 갇혀 있지 않고 밖으로 나와 움직이고, 사회는 그것을 자연스럽게 받아들인다는 느낌이 들었다.

타이완 사회는 2000년대 초반에 이미 동남아에서 온 외국인 여성 노동자들을 통해 유아나 노인, 장애인 돌봄 문제에 대처하고 있는 듯 보였다. 당시 한국 식당에서 아르바이트를 한 적이 있는데, 부부와 동남아 출신 보모가 갓난아이를 안고 들어오는 모습을 흔히 볼 수 있었다. 대개는 여자와 보모가 먼저 식사를 하는 동안 남자가 아이를 돌보고, 보모가 식사를 마치면 그제야 남자가 식사를 시작했다. 보모가 아이를 돌보는 동안 부부는 느긋하게 식사를 즐기며 이야기꽃을 피웠다. 대부분 맞벌이를 하는 타이완에서는 거의 집집마다 아이를 돌보는 외국인 보모가 있었다. 이 외국인 여성 노동자들은 육아나 가사뿐만 아니라 노인과 장애인의 돌봄도 상당 부분 감당하고 있었다. 이 책에 등장하는 외국인 여성들의 이야기는 이런 사회적 조건을 배경으로 한다.

그 무렵 친구를 따라서 3년간 장애인휠체어테니스대회에 자원봉사를 하러 간 적이 있다. 거기서 이상한 점 하나를 발견했는데 한국에서 온 장애인 선수들은 하나같이 산재나 교통사고로 중간에 장애인이 된 사람들이었고, 타이완의 대회 운영자나 선수들은 대개 소아마비를 앓았거나 골형성부전증이 있다거나 해서 어려서 부터 장애를 가진 사람들이었다. 휠체어 테니스 선수가 되려면 무 엇보다 돈이 필요하다고 한다. 일단 테니스용 휠체어가 무지 비싸 고, 매일 연습을 해야 하기 때문에 생업이 따로 있으면 곤란하다. 실력이 월등해서 기업의 후원을 받는 게 아니라면, 순전히 자비를 들여서 선수 생활을 해야 한다. 기업의 후원을 받으면서 선수 생 활을 하는 사람은 극소수라고 하니, 장애인 휠체어 테니스 선수들 은 나름 생계 문제가 해결된 사람들이라는 얘기다. 한국 선수들은 대부분 중간에 교통사고나 산재로 장애가 생겼기 때문에 보험이 나 연금을 받아서 선수 생활을 하고 있었고, 타이완 선수들은 어 려서부터 장애가 있었기 때문에 자비로 선수 생활을 하는 경우가 많았다. 이를 통해 타이완의 장애인들은 어느 정도 생계 문제를 해결할 수 있는 조건에 놓여 있다고 본다면 지나친 비약일까?

장애인휠체어테니스대회를 계기로 알게 된 한 장애인에게 저녁 식사 초대를 받았다. 지하철역 근처에서 만나 식사 장소로 가기로 했다. 나는 역 근처에서 신경을 곤두세우고 도로를 주시했다. 그가 당연히 차를 몰고 올 것이라 생각했기 때문이다. 내 예상을 보란 듯이 깨고 그는 휠체어를 타고 내 앞에 나타났다. 그는 엘리베이 터를 타고 내려가 지하철을 타고, 다시 엘리베이터를 타고 지하철 을 갈아탄 뒤 가고자 하는 역에 도착했다. 그런 다음 다시 엘리베 이터를 타고 지상으로 올라와서 식사 장소로 향했다. 나는 그와 함

옮긴이의 말

께 이동하면서 처음으로 우리를 둘러싼 물리적 환경이 어떻게 구성되어 있는지 생각해보게 되었다. 그동안은 물고기가 물을 의식하지 않듯이 너무나 당연해서 의식하지 않았던 부분이다. 그와 함께 움직이는 동안 나는 물리적으로 불편하지 않았고, 사람들의 낯선 시선을 받지도 않았다. 내가 일상적으로 지하철을 타는 것처럼, 그에게도 지하철은 일상이었다. 모든 사람에게 지하철이 일상이 되려면 역마다, 환승 구간마다 엘리베이터가 설치되어 있어야 하고, 휠체어를 탄 사람들을 남다른 시선으로 바라보지 않아야 한다는 것을 비로소 깨달았다. 장애는 장애인이 극복해야 하는 문제가 아니라 우리 사회가 극복해야 하는 문제라는 말이 떠올랐다.

이 일을 경험하고 얼마 후 한국에 들어왔을 때 지하철역에서 리프트를 이용하는 장애인을 보았다. 그는 공중에 붕 뜬 채 대롱대롱 매달려 있는 듯한 위태로움을 감수해야 했을 뿐 아니라, 리프트 이용이 끝날 때까지 자신에게 쏠리는 수많은 시선을 받아내야 했다. 그 모습을 보며 그 잠깐의 시간이 그에게는 얼마나 길게 느껴졌을지, 그는 얼마나 무섭고 또 수치스러웠을지 감히 상상도 할 수 없었다. 장애인을 위한 시설이 오히려 장애인에게 집 밖으로 나오지 말라, 나왔다가는 죽을 수도 있다고 위협하는 으름장처럼 느껴졌다. 이 일은 2005년의 경험이고, 그 이후 상당수의 리프트가 엘리베이터로 교체되었다. 그러나 여전히 리프트를 이용해야 하는 역이 남아 있고, 서울교통공사는 리프트 철거 및 엘리베이터 설치를 미루고 있다고 한다(2019년 6월 14일 지하철 역사 내 장애인용

리프트를 철거하고 장애인 이동 편의를 제공할 것을 요구한 '지하철 역사 내 리프트로 인한 장애인 차별구제청구소송'이 1심에서 기각되었다). 모든 사람의 편리하고 안전하게 이동할 권리를 보장하는 '대중교통'에서 여전히 배제되고 차별당하는 사람들이 있는 것이다.

이런 배제와 차별이 더 확연히 드러나고, 또 장애인 당사자가 스스로 그것을 강화하기도 하는 부분이 바로 사랑과 연애의 문제다. 타이완 장애인휠체어테니스대회를 통해 장애인 여성 A를 알게 되었다. A는 대회 기간 내내 거의 모든 행정 업무를 담당하는 사람이었다. 아마 그 일은 전적으로 자원봉사였을 것이다. A는 휠체어를 타고 대회장을 종횡무진 누비며 작고 사소한 문제는 물론 크고 중요한 문제들도 재깍재깍 해결했다. 골형성부전증으로 인한 작은 체구, 조그맣고 깜찍한 얼굴, 커다란 안경에 가려진 똘망똘망한 눈, 그리고 무엇보다 낭랑한 목소리로 조곤조곤 따지는 말솜씨가 압권이었다. 뛰어난 영어 실력에 활달한 성격, 멋진 직업까지 어느 것 하나 빠지는 게 없었고, 자신감도 넘쳤다.

어느 날 얼굴에 비해 유독 큰 안경을 쓴 A가 잠시 안경을 벗는 순간이 있었는데, 가을날의 물처럼 맑고 투명한 눈에 나는 화들짝 놀랐다. 커다란 안경에 뿌옇게 가려져 있던 눈이 카랑카랑 반짝이고 있었다. 내가 지금까지 본 사람 중에서 가장 아름다운 눈을 가진 사람이었다. 안경을 썼을 때와 벗었을 때의 느낌이 그야말로 천양지차였다. 나는 A에게 왜 안경을 쓰고 다니느냐고, 이제부터는 벗고 다니라고 했다. A에게서 돌아온 답에 나는 아연실색하고

옮긴이의 말

말았다. A는 자신의 눈이 예쁘다는 걸 잘 알고 있었다. 그래서 오히려 안경으로 눈을 가린다는 것이다. 사람들이 자기 눈에 반하지 못하도록. 그렇다. 이 책에 등장하는 장애 여성들처럼 A도 누군가가 자신을 좋아하게 될까 봐, 혹은 자신이 누군가와 사랑에 빠질까 봐, 그래서 결국에는 상처받을까 봐 자신을 방어하고 있었다. 사랑은 자기와 무관한 것이라 여기면서. 알고 보니 A에게도 영화 〈조제 호랑이 그리고 물고기들〉에 나오는 조제의 할머니와 같은 할머니가 있었다. "네 주제를 알아야지. 너는 몸이 불편하잖아. 몸도 불편한데 조심하고 살아야지. 아무짝에도 쓸모없는 게 남 노는 대로 놀다간 벌 받는다"라면서 조제를 보호하는 동시에 세상과 단절시켰던 그 할머니 말이다. 누구보다 일 처리가 똑 부러지고 자신감 넘치는 A에게도 넘어서지 못하는 벽이 있었다. 들리는 소문에 따르면, 훗날 A는 한국에서 온 테니스 선수와 사랑에 빠졌다가 그 남자의 배신으로 헤어졌다고 했다. 어쩌면 지금의 A는 커다란 안경을 벗고 자신의 빛나는 눈을 자랑스러워하며, 무엇보다 사랑하고 사랑받으며 살아가고 있을지도 모른다.

내 인생에서 장애인과 관계를 맺었던 일은 이 정도가 전부다. 그 전에도, 이후에도 나는 장애인을 개인적으로 만나본 적이 없다. 그래서 장애인에 대해 잘 안다고는 말할 수 없다. 잘 모른다는 사실은 두려움을 낳는다. 이 책에서 저자가 인용했던 "살면서 두려워할 것은 아무것도 없다. 삶은 그저 이해되어야 할 뿐이다. 이해하는 것이 많아질수록 두려움은 줄어든다"(80쪽)라는 마리 퀴리부인의 말처럼 말이다. 내가 참여하는 독서토론 모임에서 자기 마을에 장애인 학교가 들어설 계획이라면 찬성할 것인가, 반대할 것인가를 놓고 이야기를 나눈 적이 있다. 세 사람이 하나같이 반대하지 않을까 하는 답을 내놓았다. 집값이 내려가기 때문이라는 노골적인 이유에서가 아니라 무섭고 위협적이라는 게 이유였다. 장애인의 뒤틀린 신체와 돌발적인 행동이 혹여 자기 아이에게 위협이 되지는 않을까 하는 우려 말이다. 결국은 두려움 때문이고, 그 두려움은 그들의 신체나 행동을 한 번도 제대로 들여다보지 않아서 생긴 무지, 낯섦, 오해, 편견에서 비롯한 것이다.

이 글을 번역하던 중에 「중증 장애인 최영은·이상우 씨 결혼 "비장애인처럼 잘 살 수 있다는 걸 보여주고 싶어요"」라는 경향신문 기사에 달린 댓글을 보고 가슴이 철렁 내려앉은 기억이 있다. 그 말을 그대로 옮기고 싶어 다시 찾아보니 댓글이 지워지고 없다. 대충 이런 내용이었다. 그 댓글은 거의 울먹이는 심정으로 "청년들은 취직할 데도 없이 하루하루 겨우 버텨나가면서 결혼은 언감생심 꿈도 못 꾸는데 장애인이 결혼은 무슨 결혼이냐. 국민이 낸 세금으로 결혼하는 장애인이 부럽다"라고 읊조리고 있었다. 장애인은 이러이러해야 한다는 편견이 고스란히 드러나는 내용이다. 그리고 그 편견의 틀에서 벗어나는 모습이 보이면 자신의 문제나 어려움을 약자에게 전가하는 전형적인 모습이다. 저자의 말처럼 "장애(장애인)에 대한 오해와 편견 때문에 우리는 의수와 의족에 의지해 산을 오르는 운동선수, 휠체어를 탄 댄싱 퀸과 댄싱 킹, 상처로 패인 얼굴을 한 모델, 사지가 없지만 성공한 위인 등은 받아들일 수 있지만, 비장애인과 별반 다를 바 없는 장애인의 성적 욕구는 상상하지 못한다."(25~26쪽)

고백건대 나 역시 장애인의 성과 사랑에 대해서는 한 번도 진지하게 생각해본 적이 없다. 그저 장애인이라면 성과 사랑을 추구하기가 참 어렵겠구나 막연히 생각해왔다. 이런 나를 위해, 그리고 그 내밀한 세계를 한 번도 들여다본 적 없는 사람들을 위해 저자 천자오루는 엄청난 수고를 마다하지 않았다. 장애인과 그 가족을 만나고, 전문가와 사회복지사를 만나고, 시민단체를 만나 그들의 들끓는 목소리를 들었다. 그에 더해 자료를 찾고 사례를 수집하고 이론을 정리해 베일에 싸여 있던 장애인의 성과 사랑의 맨살을 속속들이 드러냈다. 천자오루의 언어는 단정하게 다듬어져 있지만, 그 맨살은 펄펄하게 살아 있어 뜨겁다. 장애인의 성과 사랑도 비장애인과 다를 바 없다. 그러나 그들이 장애로 인해 겪는 고통과 절망, 속박과 구속, 차별과 냉대, 속수무책과 난처함은 우리가 상상하는 것보다 훨씬 넓고 커서 거대한 심연을 들여다보는 느낌이다. 여기에 젠더라는 측면이 더해지면 문제는 훨씬 복잡해진다. 이 책에는 논쟁적인 의제가 아주 많이 등장한다. 이 의제들 앞에서 천자오루는 어느 한쪽에 서지 않는다. 상충하는 입장을 덤덤하세, 그러나 매우 촘촘하게 보여준 뒤 판단은 독자의 몫으로 남겨둔다.

장애인에 대한 무지와 편견, 오해, 낯섦은 그냥 가만히 있으면

깨지지 않는다. 각자의 신체를 저마다의 방식으로 움직이며 이야기하는 목소리를 들어야 한다. 누군가의 돌발적인 행동이 나를 위협하는 것이 아니라, 무엇인가를 말하고자 하는 것일 수 있음을 이해하려는 노력이 필요하다. 이 책은 장애인에게 필요한 것이 단지 생존뿐이라는 편견과 맞서 싸우는 책이다. 장애인은 당연히 무성애자가 아니다. 장애인이든 비장애인이든 모든 사람은 성적 욕망을 가지고 있고, 그것이 충족되기를 갈망하며, 사랑하고 사랑받기를 원한다. 장애인은 이러이러해야 한다며 '욕망하는 장애인'을 상상하지 못하는 무지를 더는 데 이 책이 기여할 수 있다면 좋겠다. 장애의 유무나 성별, 성 정체성 등과 상관없이 모든 사람 안에 펄펄하게 살아 있는 욕망과 들끓는 목소리에 귀를 기울이는 우리가 되었으면 좋겠다. 누구도 배제되거나 차별받지 않는 세상을 위해.

옮긴이의 말

사랑을 말할 때
우리가 꺼내지 않았던 이야기들

장애인의 성과 사랑 이야기

2020년 1월 28일 1판 1쇄

지은이 천자오루 **옮긴이** 강영희

편집 이진·이창연 **디자인** 김민해
제작 박흥기 **마케팅** 이병규·양현범·이장열
홍보 조민희·강효원

인쇄 천일문화사 **제책** 정문바인텍

펴낸이 강맑실 **펴낸곳** (주)사계절출판사
등록 제406-2003-034호 **주소** (우)10881 경기도 파주시 회동길 252
전화 031)955-8588, 8558 **전송** 마케팅부 031)955-8595 편집부 031)955-8596
홈페이지 www.sakyejul.net **전자우편** skj@sakyejul.com
블로그 skjmail.blog.me **페이스북** facebook.com/sakyejul
트위터 twitter.com/sakyejul

값은 뒤표지에 적혀 있습니다. 잘못 만든 책은 서점에서 바꾸어 드립니다.

사계절출판사는 성장의 의미를 생각합니다.
사계절출판사는 독자 여러분의 의견에 늘 귀기울이고 있습니다.

ISBN 979-11-6094-536-2 (03300)

이 도서의 국립중앙도서관 출판시도서목록(CIP)은
서지정보유통지원시스템 홈페이지(http://www.seoji.nl.go.kr)와
국가자료공동목록시스템(http://www.nl.go.kr/kolisnet)에서
이용하실 수 있습니다. (CIP제어번호: CIP2020001948)